信阳师范学院商学院 学术文库

JINGJI GAOZHILIANG FAZHAN BEIJINGXIA
TISHENG QUANYAOSU SHENGCHANLÜ DE
XINLUJING YANJIU

经济高质量发展背景下提升全要素生产率的新路径研究

上官绪明 ◎ 著

中国财经出版传媒集团
经济科学出版社
Economic Science Press

图书在版编目（CIP）数据

经济高质量发展背景下提升全要素生产率的新路径研究/上官绪明著.
—北京：经济科学出版社，2020.5
ISBN 978-7-5218-1589-4

Ⅰ.①经…　Ⅱ.①上…　Ⅲ.①全要素生产率-经济增长-研究-中国　Ⅳ.①F249.22

中国版本图书馆 CIP 数据核字（2020）第 081230 号

责任编辑：顾瑞兰
责任校对：郑淑艳
责任印制：王世伟

经济高质量发展背景下提升全要素生产率的新路径研究
上官绪明　著
经济科学出版社出版、发行　新华书店经销
社址：北京市海淀区阜成路甲 28 号　邮编：100142
总编部电话：010-88191217　发行部电话：010-88191522
网址：www.esp.com.cn
电子邮箱：esp@esp.com.cn
天猫网店：经济科学出版社旗舰店
网址：http://jjkxcbs.tmall.com
北京财经印刷厂印装
710×1000　16 开　13.5 印张　200 000 字
2020 年 6 月第 1 版　2020 年 6 月第 1 次印刷
ISBN 978-7-5218-1589-4　定价：65.00 元
（图书出现印装问题，本社负责调换。电话：010-88191510）
（版权所有　侵权必究　打击盗版　举报热线：010-88191661
QQ：2242791300　营销中心电话：010-88191537
电子邮箱：dbts@esp.com.cn）

总　序

商学院作为我校 2016 年成立的院系，已经表现出了良好的发展潜力和势头，令人欣慰、令人振奋。办学定位准确，发展思路清晰，尤其在教学科研和学科建设上成效显著，此次在郑云院长的倡导下，拟特别资助出版的《信阳师范学院商学院学术文库》，值得庆贺，值得期待！

商学院始于我校 1993 年的经济管理学科建设。从最初的经济系到 2001 年的经济管理学院、2012 年的经济与工商管理学院，发展为 2016 年组建的商学院，筚路蓝缕、栉风沐雨，凝结着教职员工的心血与汗水，昭示着商学院瑰丽的明天和灿烂的未来。商学院目前拥有河南省教育厅人文社科重点研究基地——大别山区经济社会发展研究中心、理论经济学一级学科硕士学位授权点、工商管理一级学科硕士学位授权点、理论经济学河南省重点学科、应用经济学河南省重点学科、理论经济学校级博士点培育学科、经济学河南省特色专业、会计学河南省专业综合改革试点等众多科研平台与教学质量工程，教学质量过硬，科研实力厚实，学科特色鲜明，培养出了一批适应社会发展需要的优秀人才。

美国是世界近现代商科高等教育的发祥地，宾夕法尼亚大学沃顿于 1881 年创建的商学院是世界上第一所商学院，我国复旦公学创立后在 1917 年开设了商科。改革开放后，我国大学的商学院雨后春笋般成立，取得了可喜的研究成果，但与国外相比，还存在明显不足。我校商学院无论是与国外大学相比还是与国内大学相比，都是"小学生"，还处于起步发展阶段。《信阳师范学院商学院学术文库》是起点，是开始，前方有更长的路需要我们一起走过，未来有更多的目标需要我们一道实现。希望商学院因势而谋、应势而动、顺势而为，进一步牢固树立"学术兴院、科研强院"的奋斗目标，走内涵式发展之路，形成一系列有影响力的研究成果，在省内高校起带头示范作用；进一步推出学术精品、打造学术团队、凝练学术方向、培育学术特色、发挥学术优势，尤其是培养一批仍处于"成长期"的中青年学术骨干，持续提升学院发展后劲并更好地服务地方社会，为我校实现高质量、内涵式、跨越式发展，建设更加开放、充满活力、勇于创新的高水平师范大学的宏伟蓝图贡献力量！

"吾心信其可行，则移山填海之难，终有成功之日；吾心信其不可行，则反掌折枝之易，亦无收效之期也。"习近平总书记指出，创新之道，唯在得人。得人之要，必广其途以储之。我们希望商学院加快形成有利于人才成长的培养机制、有利于人尽其才的使用机制、有利于竞相成长各展其能的激励机制、有利于各类人才脱颖而出的竞争机制，培植好人才成长的沃土，让人才根系更加发达，一茬接一茬茁壮成长。《信阳师范学院商学院学术文库》是一个美好的开始，更多的人才加入其中，必将根深叶茂、硕果累累！

让我们共同期待！

前　言

中国经济已由高速增长阶段转向高质量发展阶段，推动经济高质量发展是当前和今后一段时期经济发展思路、制定政策的根本要求。如何提高全要素生产率对经济发展的贡献，是理论界和实际工作者需要思考和关注的热点问题。党的十九大报告作出了中国经济已由高速增长阶段转向高质量发展阶段的重大判断，提高全要素生产率是经济高质量发展的动力源泉。近年，随着中国劳动年龄人口转向负增长，人口抚养比提高，传统人口红利加快消失，生产要素驱动的经济增长难以为继。因此，中国经济要保持中高速增长、不断迈上新台阶，就必然要转向以全要素生产率为主要驱动力的高质量发展路径。改革开放40年，中国开放型经济从低成本优势竞争参与国际分工，到融入全球价值链分工体系，为世界经济发展作出了巨大贡献。中国开放型经济发展在速度、规模和影响力等方面都发生了深刻变化，中国需要进一步提高全要素生产率对开放经济质量、效率和效益等方面的贡献，这是新时代中国开放经济转型升级的内在要求，也是中国改革开放与经济发展进入新阶段的必然选择。

学术界也已认识到，评价经济增长绩效，不应只关注速度，更应考察质量。如何评价经济增长质量，学术界一致认为，由技术进步和创新驱动的增长是高质量的体现。可见，提高技术进步和技术效率对经济增长的贡献是中国经济转型能否成功的关键，也是中国学者急需解决的现实问题。内生增长理论认为，技术进步和技术效率提升主要源自国内研发投入和技术创新。随着全球化的广化和深化，新贸易理论认为，在开放经济条件下，技术进步和技术效率提升不仅依赖于国内研发投入和技术创新，而且也依赖于国外研发投入。追赶文献也证实了，对外开放会产生技术溢出效应，技术落后国家通过进口或 FDI 等渠道获取技术先进国的产品和设备的同时，也创造了学习、模仿先进技术和管理经验的机会，还可以节约研发成本，进而实现跳跃式发展。目前，现有文献多是将国际技术溢出与国内技术进步直接关联起来研究，忽略了技术溢出与技术进步之间的吸收环节。这会引发误认为国外先进技术只要输入到本国或本地区就会促进技术进步的逻辑思维，导致政策制定者在制定相关政策时只重视技术溢出环节，忽视或轻视吸收环节。针对现有研究的不足以及中国经济所面临的现实问题，本书以内生增长和新国际贸易理论为基础，使用吸收能力理论补充文献缺少的国际技术溢出与国内技术进步的吸收环节。在此逻辑框架下，结合中国开放的历史经验，探讨技术溢出、吸收能力与全要素生产率提升间相互作用机制，旨在为中国更好利用国际技术溢出促进技术进步，为制定提升经济发展质量的相关政策提供切实可行的理论依据。

为了更完整地刻画从技术溢出到国内全要素生产率提升的路径，通过梳理和归纳现有相关文献发现，国内外已有不少学者对吸收能力或技术溢出进行了深入研究，但是缺乏将技术溢出和吸收能力纳入统一框架下研究。也有学者同时关注了技术溢出与吸收能力对技术进步的影响，但是只是将吸收能力作为国际技术溢出促进国内技术进步的一个影响因素或条件，同时也是一个缺乏考虑反馈机制的静态理论框架。现有理论的这些不足正是本书采用吸收能力理论对其补充和拓展的出发点。在界定核心概念的内涵和外延基础上，本书分析了现有吸收能力模型在区域层面使用的优点和不足，将识别、获取、消化区域内外技术的能力合并为潜在吸收能力，将转化、利用和再创新区域内外技术的能力合并为现实吸收能力，简化了吸收能力过程，更易与实证模型对接。

本书在总结归纳国际技术溢出和吸收能力理论的基础上，将吸收能力视为国际技术溢出到国内技术进步过程中不可或缺的环节，克服了以往研究只是将吸收能力作为一个影响因素或条件的不足，更好地刻画了国际技术溢出到国内技术进步的过程。借鉴博弈思维，考虑国内技术进步会借助潜在吸收能力对国际技术扩散产生反馈机制，进一步对国际技术溢出到国内技术进步的过程进行刻画，最终构建了全要素生产率提升路径的一般动态分析框架。进而从演化经济学的视角刻画出技术溢出与吸收能力演化过程的作用机理，揭示了国际技术溢出的一般过程，也更好地诠释了技术溢出路径和规律。

为了检验全要素生产率提升路径的动态演化过程及作用机理，需要对技术进步进行测度。技术进步包含了技术创新和技术效率改进两方面，多数文献采用全要素生产率对其衡量。本书研究过程中选择 Malmquist 指数法估计了国家、区域及省际层面的全要素生产率，并分解为技术创新和技术效率改进两方面，为了保证结果的可靠性，采用索洛法进行了再估计，显示估计结果具有稳健性。总体估计结果从时间维度来看，全要素生产率形成了一定的增长趋势，且波动幅度在减小；从空间维度看，区域差异在进一步扩大。波动的减小和差距的扩大为实证检验全要素生产率提升路径的理论模型及演化过程提供了有效的样本。

技术溢出和吸收本质上是一个从外到内再到外的动态演化过程，虽然理论分析框架和模型很好地刻画了技术溢出和吸收的动态过程，但是构建的分析框架和理论模型存在一定的主观性。鉴于此，借助面板计量模型对样本期内数据进行检验，由于技术进步对技术溢出具有反馈效应，可能造成技术溢出变量具有内生性，导致 OLS 估计产生偏误，为此本书采用工具变量法进行了再估计。由分析框架和作用机制可知，当期全要素生产率水平对前期水平具有依赖性，为了捕捉技术进步的路径依赖性特征，在计量模型中引入 TFP 的滞后项，对动态化了的计量模型采用 FD – GMM 和 SYS – GMM 两种方法进行再估计。为了保证结论的可靠性，采用 LIML 估计法、Bootstrap 法、剔除样本异常点及考虑滞后效益四种方法进行了稳健性检验。

与实体资本只能固定于某一特定空间区位不同，技术可通过人才流动、区域间贸易、产学研合作等形式实现其在不同空间区位的同步重复使用，具有空间溢出效应。由于线性结构模型设定形式的局限性，以往针对国际技术溢出效应的检验只能考察国际技术在本地的首次溢出效应。虽然物化的知识和技术只能存在于首次溢出效应之中，但非物化的知识和技术却既可以存在于国际技术对其所在地的首次溢出效应之中,也可能以空间扩散的形式溢出到其他地区。学术界也注意到忽略了国际技术的区域间再次溢出效应,会得出与现实情况偏差的结论,开始尝试将区域间技术溢出效应和国际技术溢出效应共同纳入分析框架,试图全面研究区域间在经济互动中所获得的空间技术溢出,但遗憾的是,现有研究只是通过地理距离折算相关变量代入估计方程。少量借助空间经济理论研究区域间技术溢出的问题,也只是在国际技术溢出直接到国内技术进步的旧框架下进行的,缺乏对吸收能力环节的考虑,得出的结论同样不具有可靠性。为了追踪技术区域间的溢出空间路径,本书进一步将空间经济理论引入理论模型。通过构造空间相邻、地理距离、经济距离及技术距离四种空间权重描绘技术的空间交互和空间依赖性,分别采用了莫兰指数 I、吉尔里指数 C 及 Getis-Ord 指数 G 检验空间自相关性的存在性。无论是全局指数还是局部指数仅仅是提供是否存在空间自相关的初步检验,为了获得更强有力的结论,本书采用静态和动态空间面板模型进一步检验了技术溢出的空间效应,并通过考虑内生性、滞后效应及剔除异常样本点三种方法进行了稳健性检验。

通过理论分析和实证检验,本书得出了以下主要结论。

(1) 溢出和吸收路径对全要素生产率提升同等重要。本书研究发现,忽略了溢出路径与全要素生产率提升之间的吸收环节,会导致研究结论偏误,进而造成政策制定者在制定提升全要素生产率政策时只重视溢出路径,忽视或轻视吸收路径,抑制了中国全要素生产率提升。

(2) 溢出路径促进了中国全要素生产率提升,但是全要素生产率提升不是一个自动的、直接的获取过程,必须拥有一定的吸收能力,才能成功地模仿、吸收和消化溢出的先进技术。

(3) 中国全要素生产率提升路径存在有效性和异质性。在理论上,全要素生产率提升路径并不必然存在哪个更重要的问题,由于吸收能力具有选择性,现实中异质的技术引进渠道存在促进全要要素生产率提升的差异性,匹配好相应的吸收能力可有效化解全要素生产率提升过程中的瓶颈。

(4) 空间路径也是提升中国全要素生产率的重要路径之一。技术可通过人才流动、区域间贸易等实现在不同空间区位的同步重复使用，技术和知识在提升了本区域全要素生产率的同时，也影响了其他区域全要素生产率提升。

（5）溢出路径有益于中国技术效率提升，技术创新主要来自吸收路径。将全要素生产率分解为技术创新和技术效率，研究发现，目前溢出路径有利于中国技术效率提升，但对技术创新的促进效应不显著。虽然可通过引进、模仿及消化吸收等路径提升技术效率，进而提升全要素生产率，但技术创新源于吸收路径的本地长期研发投资和人力资本的积累，研发投资和人力资本是技术创新的驱动力，依靠外源引进无法有效实现技术创新。

与已有文献相比，本书主要贡献（创新点）体现在以下方面。

（1）构建了全要素生产率提升路径的一般理论分析框架。早期追赶文献将国际技术溢出与国内技术进步直接关联起来研究，忽略了技术溢出与技术进步之间的吸收环节。虽然后来国内外学者将技术溢出和吸收能力纳入统一框架下研究，但是也只是将吸收能力作为国际技术溢出的一个影响因素，或者作为提升国际技术溢出效益的一个条件。缺少将技术溢出和吸收能力置于同等重要作用考虑，没有将吸收能力作为从国际技术溢出到国内技术提升过程中一个必不可少的环节。另外，现有文献没有考虑如果技术溢出能够被有效地吸收，会进一步反过来促使更先进的技术溢出，因此，现有文献中的分析框架是一个缺乏考虑反馈机制的静态分析框架。本书认为，技术溢出和吸收能力对技术进步同等重要，利用吸收能力理论补充了国际技术溢出与国内技术进步之间的吸收环节，最终构建了区域全要素生产率提升路径的理论分析框架。相对现有文献，本书构建的理论分析框架完整地刻画出了国内技术进步的一般过程，更好地诠释了技术进步的路径和规律。

（2）推导出了全要素生产率提升路径的理论模型。在理论分析框架基础上，将技术溢出、吸收能力引入生产函数，通过数理推导证明了技术溢出与吸收能力对全要素生产率同等重要。进一步通过理论分析设定了潜在吸收能力和现实吸收能力的知识生产函数，通过数理推导刻画出了国际技术溢出、潜在吸收能力及现实吸收能力之间的作用机制及其影响全要素生产率的机理，进而推导出了区域全要素生产率提升路径的理论模型。再将技术溢出分为国际技术溢出和空间技术溢出，采用空间权重描述技术的空间依赖强度，推导出了空间视阈下区域全要素生产率提升路径的理论模型。

（3）比较分析了提升中国全要素生产率路径的异质性。现有技术溢出效应研究主要是基于单渠道进行的，部分多渠道的比较研究仍然是在从国际技术溢出到国内技术进步的分析框架下进行。没有考虑吸收能力的多渠道技术溢出效应的比较研究，受到异质吸收能力的影响，得出的结论不具有稳健性。本书在理论模型的基础上，通过实证检验证实了技术溢出渠道（进口、FDI等）并不必然存在哪一个更重要，但是由于区域吸收能力具有选择性，会引发技术溢出渠道有效性的差异，进而借助空间权重将空间技术溢出效应引入计量模型中进行比较研究，得出了一致性的结论。

（4）探明技术创新和技术效率路径提升全要素生产率的异质性。本书将全要素生产率分解为技术创新和技术效率，发现溢出路径有利于中国技术效率提升，但对技术创新的促进效应不显著。技术创新源于吸收路径的本地长期研发投资和人力资本积累，依靠引进技术无法有效实现技术创新。

上官绪明
2020 年 2 月

目 录

第1章 导论 ……………………………………………………… (1)
　1.1　提升全要素生产率的时代需求与意义 ………………… (1)
　1.2　研究方法与思路 ………………………………………… (6)
　1.3　成果创新之处 …………………………………………… (9)

第2章 全要素生产率提升路径文献述评 …………………… (11)
　2.1　全要素生产率测度文献述评 …………………………… (12)
　2.2　全要素生产率提升路径文献述评 ……………………… (22)

第3章 全要素生产率提升路径的理论分析框架 …………… (35)
　3.1　提升全要素生产率的理论基础 ………………………… (35)
　3.2　全要素生产率提升路径的理论分析框架及作用机制 … (42)

第4章 全要素生产率提升路径的理论模型 ………………… (49)
　4.1　非空间视阈下全要素生产率提升路径的理论模型 …… (49)
　4.2　空间视阈下全要素生产率提升路径的理论模型 ……… (54)

第5章 中国全要素生产率的时空演进：效率和创新细分视角 ……… (60)
　5.1　中国全要素生产率测度方法的选取 …………………… (60)
　5.2　测度中国全要素生产率的相关数据及来源说明 ……… (62)
　5.3　中国全要素生产率的估算及时空动态演进分析 ……… (66)

第6章 提升全要素生产率路径的有效性 …………………… (81)
　6.1　变量选取及数据来源说明 ……………………………… (81)

6.2 计量模型设定及检验 ………………………………………… (93)
  6.3 中国全要素生产率提升路径的有效性检验及分析 ………… (97)
  6.4 稳健性检验 ………………………………………………… (112)

第7章 提升全要素生产率路径的异质性 ………………………… (116)
  7.1 空间权重构造 ……………………………………………… (116)
  7.2 空间自相关检验 …………………………………………… (123)
  7.3 空间Durbin模型设定及检验 ……………………………… (130)
  7.4 中国全要素生产率提升路径的异质性检验及分析 ………… (135)
  7.5 中国全要素生产率提升路径的创新和效率异质性检验及分析 … (150)
  7.6 稳健性检验 ………………………………………………… (152)

第8章 研究结论、对策与展望 …………………………………… (157)
  8.1 主要结论 …………………………………………………… (157)
  8.2 中国全要素生产率提升路径的对策 ……………………… (160)
  8.3 后续研究展望 ……………………………………………… (164)

附录 ………………………………………………………………… (165)

参考文献 …………………………………………………………… (183)

第 1 章 导　论

1.1 提升全要素生产率的时代需求与意义

1.1.1 提升全要素生产率的时代需求

1.1.1.1 提升全要素生产率是经济高质量发展的内在需求

党的十九大报告指出，中国经济已由高速增长阶段转向高质量发展阶段。推动高质量发展是当前和今后一个时期发展思路、制定经济政策、实施宏观调控的根本要求。在此背景下，如何理解高质量发展的基本内涵，需要把握哪些关键问题，都是理论和实际工作者需要思考和关注的。经济增长有两种变动形式：一种是在技术条件不变的情况下，资源要素投入的增加引起经济产出规模的扩张带来了增长；另一种是在技术管理创新条件下，资源要素配置效率提高，产出数量增加，品质也得到明显提升。这种情况下，尽管投入的资源要素不增加或者少有增加，但经济仍然取得了增长。同第一种增长相比，第二种经济增长是一种有质量的经济增长。

经济高质量发展，就是一个经济体在投入上能利用科技进步，科学配置资源要素，推动效率变革，实现资源要素配置从粗放经营转向集约节约经营，使资源要素的利用效率明显提高；在产出上，能通过科技进步和管理创新推动质量变革、动力变革，使产出的品质明显提升，效益大大提高。当前，中国尽管已经进入高质量发展阶段，但是距实现高质量发展还有相当大的差距。主要表现是：在供给侧，资源要素配置还未完全实现从粗放型转向集约节约型，生态环境压力比较大。产业实现高端化程度低，产品优质化程度也不高，企业经济效益还有待提升。在需求侧，中国经济对外依赖度偏高，出口中低端产品比重过大。国内需求中，投资率高过常规值，投资结构偏离居民消费福利，在体制制约下消费空间拓展受到城镇化滞后、中等收入阶层成长慢的影响，消费增长潜能难以释放。在创新上，社会原始创新动力不足，尽管近几年中国研发投资（R&D）、科技贡献率、社会专利申请量等增长都比较快，但在核心领域、关键环节、重要基础性零部件等方面，领军人才短缺，技术瓶颈突破缓慢，制约经济新动能形成和高质量发展。

党的十九大报告作出中国经济已由高速增长阶段转向高质量发展阶段的重大判断，提出了提高全要素生产率的紧迫要求。在党的全国代表大会报告中对全要素生产率提出要求，凸显出这一指标对于中国决胜全面建成小康社会、开启全面建设社会主义现代化国家新征程的重要意义。提高全要素生产率是高质量发展的动力源泉，正确理解提高全要素生产率的路径，有助于找准改革关键领域，更好推动高质量发展。经济史表明，全要素生产率的高低可以在很大程度上解释一国经济发展成败。中国改革开放前后发展绩效的对比，也显示了提高全要素生产率的关键作用。既有研究表明，资本、劳动、人力资本等生产要素投入的增长并不能完全解释产出的增长，因而把生产要素贡献之外的那部分增长源泉归结为全要素生产率的提高。例如，对中国1998～2016年的平均国内生产总值（GDP）增长率进行分析，发现资本积累、劳动力数量和人均受教育年限这三个生产要素变量只能解释增长率的73.1%，余下的26.9%则是全要素生产率的贡献。由于全要素生产率的提高是在要素投入既定的条件下，通过更有效地配置和使用这些要素实现的，因此，它是提高劳动生产率和实现高质量发展的动力源泉。中国改革开放的前30年与人口转变的一个特殊阶段相重合,这期间的人口变化特征是劳动年龄人口快速增长、非劳动年龄人口则近乎零增长。这种"生之者众、食之者寡"的人口结构开启了一个机会窗口,分别从高储蓄率和高资本回报率、劳动力充分供给以及资源重新配置等方面创造了人口红利,并通过改革开放转化为经济高速增长。随着2010年以后劳动年龄人口转向负增长,人口抚养比提高,传统人口红利加快消失,生产要素驱动的经济增长难以为继。因此,中国经济要保持中高速增长、不断迈上新台阶,就必然要转向以提高全要素生产率为主要途径的高质量发展。

学术界也认识到,判断一个国家经济增长绩效,不仅要看增长速度,更要看增长质量。如何提升经济增长质量,已是经济研究的前沿领域问题。提升经济增长质量就是增加技术进步和技术效率对经济增长的贡献度,而全要素生产率可以很好地反映贡献度情况,学者常用其考察经济增长质量。克鲁格曼(Krugman,1997)基于全要素生产率的估计后认为,亚洲经济增长是依靠要素积累而非技术水平提高,是粗放型增长模式;吴敬琏(2007)也指出,中国经济增长主要是依赖高储蓄率形成的高投资增长率,技术对增长率的贡献较小;郑玉歆(2014)通过分析近年来中国持续走高的投资率,指出中国经济增长越来越依靠资本投入而非技术进步拉动。结合中国经济转型的背景及学术界对经济发展质量评价的方式,目前中国经济增长模式应由依靠生产要素驱动转向依靠技术进步和效率提升,即增加全要素生产率对经济增长的贡献度。

1.1.1.2　提高全要素生产率是对外开放战略转型升级的有效保障

高质量发展是40年中国改革开放与经济发展进入新时代、新阶段的必然选择,深刻体现了中国经济转型升级与创新驱动发展的客观规律和内在要求。中国对外开放经历了40年发展,就开放发展的实践来看,从一开始的"四个特区"战略,到沿海开放城市战略,再到沿海经济开放区、各种产业园区发展、保税区战略,发展到近几年的中国自由贸易区和自由港等,开放型经济发展不断走向深入。就开放发展的内容和领域来看,从依靠税收等大规模优惠政策进行招商引资,到实现大部分制造业开放发展,中国成为世界工厂;

从低成本优势竞争参与国际分工，到逐渐融入全球价值链分工体系；从加入WTO和关税降低甚至取消等，到逐步推动投资贸易便利化、推动"放管服"等改革，开放型经济发展程度不断走向深入，开放领域不断得到拓展，开放范围和广度也是前所未有。既是从改革与开放的互动关系来讲，也是从政策性开放到体制机制改革，再从体制机制改革推动开放深化，然后又开放倒逼改革，开放型经济发展从速度、规模、体量和影响力等都发生了深刻变化。

在开放型经济高速度发展的推动下，中国国内GDP总量从2010年开始就稳居世界第二位，中国货物和服务贸易进出口总额均居世界第二位，对外投资和吸引外资规模也是居世界第二和第三。制造业增加值连续7年居世界第一，中国220多种主要工农业生产能力稳居世界第二，一些产品甚至出现过剩。中国巨大的生产力水平和巨大的市场规模，为世界经济发展做出了巨大贡献，成为世界经济稳定增长的压舱石。但是总体来看，前几十年中国开放经济发展主要体现为这样几个特征：一是开放经济发展主要是依靠量的扩张和规模扩大的发展路径；二是开放经济主要依靠低成本优势和市场规模参与国际竞争；三是开放经济基本上是依靠各种政策优惠和招商引资模式；四是开放经济发展仍然不平衡和不充分，不能更好地满足人民群众对美好生活的需要。显然，中国需要提高开放经济发展质量，提高开放经济的质量、效率和效益，这也是新时代中国开放经济发展转型升级的内在要求和战略抉择。

随着经济全球化的深化和广化，开放条件下的经济增长问题一直深受国内外学者们的关注。在开放经济条件下，一国全要素生产率的增长不仅依赖于国内研发投入和技术创新，而且也依赖于国外研发投入（Coe & Helpman, 1995）。新贸易理论认为，技术扩散（如进出口贸易、FDI等技术扩散渠道）会对技术落后国家产生技术溢出效应，为技术落后国带来获得学习先进技术和管理经验的机会。这不仅给本国带来更多学习和模仿的机会，还可以节约技术落后国研发的成本，实现跳跃式发展。中国学者也认为，外资为中国的经济发展带来了所需要的资金的同时，也带来了中国学习国外先进技术的机会（玉歆，1999；樊纲、李岩，2003）。林毅夫和任若恩（2007）指出，现阶段中国仍处于发展中国家，为实现技术赶超，目前应尽可能地从发达国家引进先进技术。

技术进步是一国经济增长的动力和源泉，更是经济发展质量的体现。发达国家对发展中国家的技术溢出一直被认为是发展中国家技术进步的主要来源之一，对提升经济发展质量有重要意义（Crossman & Helpman，1991）。在学术上，关于外国技术是否能促进全要素生产率增长，也有不少专家学者持反对意见，尤其是当克鲁格曼否认"东亚奇迹"以来，更是将这个问题的争论推至风口浪尖。在国际间技术溢出对生产率的影响这一点上，格罗斯曼和谢尔普曼则认为，技术落后国家的比较优势集中在技术含量较低的非熟练劳动力从事的部门，而为了参与国际分工，技术落后国可能会转移更多的资源到该部门，从而产生要素错配，并不能提升全要素生产率。中国对外开放的历程也证明了地方政府为追求地区生产总值增长，通过对要素市场定价权、分配权的控制来扭曲要素市场，以此提供政府政策性优惠，最终达到吸引外商投资、增加地区生产总值的目的。地方政府扭曲资源要素价格以引进大量FDI多是为追求政绩，这就违背了"以市场换技术"的对外开放初衷。通过要素市场扭曲在促进短期经济快速增长的同时，可能会丧失技术溢出所需的市场化土壤，进而无法实现高质量经济增长，更无法赶超发达国家的技术（平新乔，2007）。因此，在进一步开放的背景下，如何更好地利用国际先进技术促进中国全要素生产率提升，进而实现高质量经济发展，是理论和实际工作者需要进一步深入研究的现实问题。

1.1.2 提升中国全要素生产率的意义

通过对现有相关文献进行梳理和归纳，发现国内外虽然已有不少学者对吸收能力或技术溢出进行了深入研究，但是缺乏将技术溢出和吸收能力纳入统一框架下研究区域全要素生产率提升问题。也有学者同时关注了技术溢出与吸收能力对区域全要素生产率提升的影响，但是只是将吸收能力作为国际技术溢出促进区域全要素生产率提升的一个影响因素或条件，同时也是一个缺乏考虑反馈机制的静态理论框架。现有技术溢出与国内技术进步理论和分析框架的这些不足正是本书采用吸收能力理论对其补充和拓展的出发点。在总结归纳技术溢出和吸收能力理论的基础上，将吸收能力视为国际技术溢出到全要素生产率提升的不可或缺的环节，克服了以往研究只是将吸收能力作为一个影响因素或条件的不足，更好地刻画了技术溢出到区域全要素生产率提升的过程。借鉴博弈的思维，考虑国内技术进步会借助潜在吸收能力对国际技术扩散产生反馈机制，进一步对国际技术溢出到区域全要素生产率提升的过程进行刻画，最终构建了区域全要素生产率提升路径的一般动态分析框架。进而从演化经济学的视角刻画出技术溢出与吸收能力演化过程的作用机理，揭示了全要素生产率提升的一般过程，也更好地诠释了全要素生产率提升路径和机制，为区域制定提升全要素生产率政策提供理论指导。

现有文献多是将国际技术溢出与国内技术进步直接关联起来研究，忽略了技术溢出与技术进步之间的吸收环节。这会引发误认为国际先进技术只要输入到本国或本地区就会促进技术进步的逻辑思维，导致政策制定者在制定相关政策时只重视技术溢出环节，忽视或轻视吸收环节。针对现有研究的不足以及中国经济高质量增长所面临的现实问题，本书以内生增长和新国际贸易理论为基础，使用吸收能力理论补充文献缺少的技术溢出与国内技术进步的吸收环节。在此逻辑框架下，结合中国开放的历史经验，探讨技术溢出、吸收能力与区域全要素生产率提升间相互作用机制，为制定利用国际技术溢出促进技术进步、提升经济发展的质量提供可行性政策建议。本书提出，中国目前应从支持技术引进为主的政策向技术引进和吸收并举的政策体系转变，进而实现技术溢出与吸收的动态平衡，促进技术进步和技术效率提升，实现经济由"数量扩展"到"高质量发展"转变。

1.2 研究方法与思路

1.2.1 研究方法

本书在借鉴国内外研究成果的基础上，将理论分析与实证研究相结合。

在研究过程中，主要使用比较分析法、数理推导法与计量模型等方法。

（1）数理模型法。本书的理论模型是在借鉴内生增长理论和新贸易理论的基础上，以吸收能力理论为基础对其进行扩展和补充，通过数理推导证明提出的分析框架具有科学性和可靠性，进而得到本书的理论模型。

（2）本书使用了面板计量模型和空间面板计量模型，在估计的过程使用了 OLS、FE-GMM、SYS-GMM 和 LM 等方法，为了解决内生问题，本书还使用了工具变量（IV）方法进行再估计，同时做了多种稳健性检验。

（3）比较分析法。在区域全要素生产率分析过程中（第 5 章），采用比较法，通过横向比较分析省际间、三大区域间的空间差异；通过纵向比较分析各省（市）、区域的发展趋势差异。另外，在实证中（第 6 章和第 7 章），通过比较发现不同技术溢出渠道（FDI 和进口贸易）对中国省际全要素生产率影响具有差异性。

1.2.2 研究思路

对外开放、招商引资及进行国际贸易的事实可能并非单纯是追求 GDP 的增长，还希望利用外资的技术、管理经验等促进中国技术的进步，就如同中国当初制定的对外开放政策是"以市场换技术"一样。总之，吸引 FDI 或是进行国际贸易都是为技术输入构建有效的溢出渠道，让国际先进的技术更好地发挥技术溢出的作用，促使 FDI、国际贸易与本国的技术进步呈现良性互动。当前，就国际技术溢出对技术进步促进作用机理与关系的理论研究已经很多，但是研究的结论不一致。如果国际技术确实存在着对中国技术溢出效应，则在当前追求经济高质量发展的中国，由于区域吸收能力存在着显著差异，各省份引进国际技术的思路是否相同？如何在政策和措施上保障国际技术在成为中国经济高质量发展的外部动力的同时，还能被中国有效地吸收和再创新？为了更好地研究这些问题，本书将按照图 1-1 的思路展开研究。

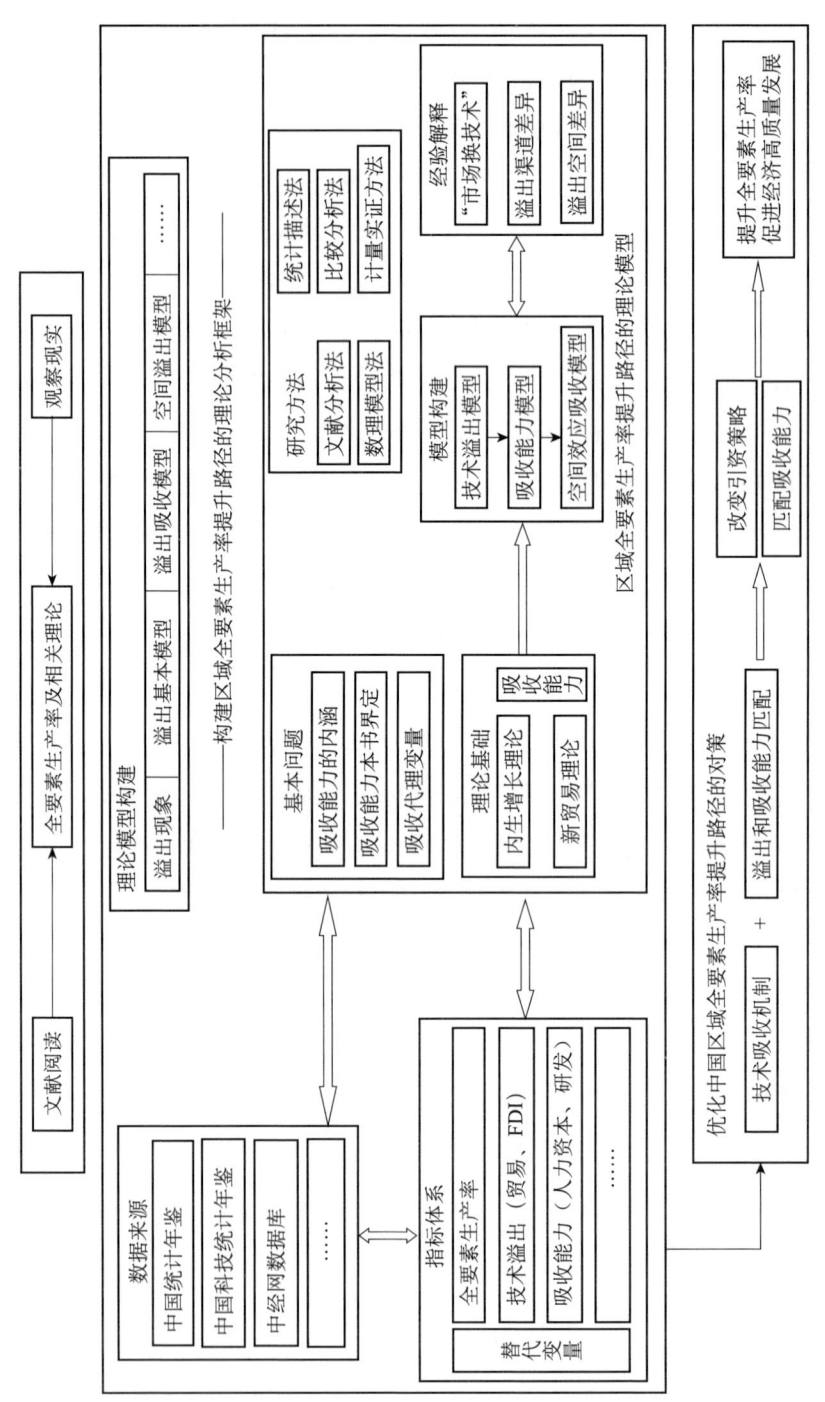

图 1-1 研究思路和技术路线

1.3 成果创新之处

与已有文献相比,本书主要贡献(创新点)体现在以下方面。

创新之一:构建了全要素生产率提升路径的一般理论分析框架。早期追赶文献将国际技术溢出与国内技术进步直接关联起来研究,忽略了技术溢出与技术进步之间的吸收环节。虽然后来国内外学者将技术溢出和吸收能力纳入统一框架下研究,但是也只是将吸收能力作为国际技术溢出的一个影响因素,或者作为提升国际技术溢出效益的一个条件。缺少将技术溢出和吸收能力置于同等重要作用考虑,没有将吸收能力作为从国际技术溢出到国内技术提升过程中一个必不可少的环节。另外,现有文献没有考虑如果技术溢出能够被有效地吸收,会进一步反过来促使更先进的技术溢出,因此,现有文献中的分析框架是一个缺乏考虑反馈机制的静态分析框架。本书认为,技术溢出和吸收能力对技术进步同等重要,利用吸收能力理论补充了国际技术溢出与国内技术进步之间的吸收环节,最终构建了区域全要素生产率提升路径的理论分析框架。相对现有文献,本书构建的理论分析框架完整地刻画出了国内技术进步的一般过程,更好地诠释了区域全要素生产率提升路径和作用机制。

创新之二:比较分析了提升全要素生产率路径的有效性。现有技术溢出效应研究主要是基于单渠道进行的,部分多渠道的比较研究仍然是在从国际技术溢出到国内技术进步的分析框架下进行。没有考虑吸收能力的多渠道技术溢出效应的比较研究,受到异质吸收能力的影响,得出的结论不具有稳健性。本书在理论模型的基础上,通过实证检验证实了技术溢出渠道(进口、FDI 等)并不必然存在哪一个更重要,但是由于区域吸收能力具有选择性,会引发技术溢出渠道有效性的差异。进而借助空间权重将空间技术溢出效应引入计量模型中进行比较研究,得出了一致性的结论。

创新之三:探明技术创新和技术效率路径提升全要素生产率的异质性。

本书将全要素生产率分解为技术创新和技术效率,发现目前溢出路径有利于中国技术效率提升,却对技术创新的促进效应不显著。但技术创新源于吸收路径的本地长期研发投资,依靠引进技术无法有效促进创新能力进一步提升。

第 2 章

全要素生产率提升路径文献述评

根据经济增长的基本理论，资本、劳动和全要素生产率是经济增长中最重要的源泉，即 $Y = A \times F(K, L)$，A 表示全要素生产率，K 表示资本存量，L 表示劳动力投入。全要素生产率是指"生产活动在一定时间内的效率"，是衡量单位总投入的总产量的生产率指标，即总产量与全部要素投入量之比。全要素生产率的增长率常常被视为科技进步的指标，它的来源包括技术进步、组织创新、专业化和生产创新等。产出增长率超出要素投入增长率的部分为全要素生产率（TFP）增长率。全要素生产率一般的含义为资源（包括人力、物力、财力）开发利用的效率。从经济增长的角度来说，生产率与资本、劳动等要素投入都贡献于经济的增长。从效率角度考察，生产率等同于一定时间内国民经济中产出与各种资源要素总投入的比值。从本质上讲，它反映的则是各国家（地区）为了摆脱贫困、落后和发展经济在一定时期里表现出来的能力和努力程度，是技术进步对经济发展作用的综合反映。全要素生产率是用来衡量生产效率的指标，它有三个来源：一是效率的改善；二是技术进步；三是规模效应。在计算上它是除去劳动、资本、土地等要素投入之后的"余值"，由于"余值"还包括没有识别带来增长的因素和概念上的差异以及度量上的误差，它只能相对衡量效益改善技术进步的程度。诺贝尔经济学奖获得者罗伯特·索洛（1957）提出了具有规模报酬不变特性的总量生产函数和增长方程，形成了现在通常所说的全要素生产率含义，并把它归结为是由技术进步而产生的。不过，目前学术界关于全要素生产率内涵的界定还有分歧，下面就全要素生产率的测度方法及影响提升路径进行文献评述。

2.1 全要素生产率测度文献述评

全要素生产率是分析经济增长源泉的重要工具，尤其是政府制定长期可持续增长政策的重要依据。首先，估算全要素生产率有助于进行经济增长源泉分析，即分析各种因素（投入要素增长、技术进步和能力实现等）对经济增长的贡献，识别经济是投入型增长还是效率型增长，确定经济高质量发展的可持续性。其次，估算全要素生产率是制定和评价长期可持续增长政策的基础。具体来说，通过全要素生产率增长对经济增长贡献与要素投入贡献的比较，就可以确定经济政策是应以增加总需求为主还是应以调整经济结构、促进技术进步为主。

2.1.1 基于索洛余值法的全要素生产率测度

最早提出利用索洛余值法来度量全要素生产率的是索洛，索洛（1957）首先引入一个希克斯（Hicks）中性和规模报酬不变的新古典生产函数，在该函数基础上，将经济增长扣除劳动和资本投入两个生产要素所导致的经济增长后剩余的部分，称为技术进步，将技术进步除以经济增长得到技术进步的贡献率。赫尔滕（Hulten，2000）认为，索洛余项是一个指数值，其特殊性表现在它是从生产函数演绎推导出来的。从理论上看，索洛余项等于希克斯效率参数的增长，但是实际上它既包含诸如技术进步变动等因素影响的部分，又包含诸如计算误差、被忽略变量等因素影响的部分，因此，实际上索洛余项度量的是经济增长中要素投入所不能解释的部分，将索洛余项称作全要素生产率比技术进步更贴切些。

由于模型简单，合乎经济原理，因此国内外很多学者利用这种方法对中国全要素生产率进行测算。从研究结果看，对中国全要素生产率有两种观点：

一种观点认为中国的全要素生产率增长十分缓慢，甚至出现负增长。例如，邹至庄（1984）、陈时中等（1986）、张军扩（1991）、郭庆旺等（2005）等。另一种观点认为中国的全要素生产率增长比较快。例如，乔（Chow，2002）、张军（2002）、孙琳琳等（2005）等，其中，涂正革等（2006）认为中国全要素增长率高达 6.8%。尽管存在上述分歧，但绝大多数研究认为，中国改革开放以前的经济增长是低效率的，TFP 增长十分缓慢，而改革开放以后经济增长质量比改革开放以前有了较大的改善；国企的全要素生产率低于集体企业。

利用索洛余值法测度中国全要素生产率时，存在如下缺陷和不足。

第一，要素投入的度量存在不足之处。在测度劳动力投入时，绝大多数文献采用就业人数，这就假设各年的劳动投入是同质的，即各个年份劳动力的总体素质、工作努力程度等因素都是相同的，这和中国的实际不符。首先，随着改革开放的发展，"大锅饭"机制逐渐被打破，劳动力的工作努力程度是逐渐增强的，而非保持不变；其次，随着教育体制改革，劳动力受教育程度得到提高，尤其是大学生所占的比重大幅提高，因此劳动力素质在各个年份不同，将其视为一致是值得质疑的；最后，中国自 1995 年 5 月开始实行五天工作制，1999 年开始五一、十一假期改革等，使劳动力的工作时间大幅降低，因此，以就业人数作为劳动力投入可能高估了 1995 年以后的劳动力投入，低估了 1995 年以后的全要素增长率。在度量资本投入时，绝大多数关于中国全要素生产率的研究文献采用固定资本，这一点受到了郑玉歆（2007）的质疑。郑玉歆认为，按照新古典生产理论，资本投入到生产过程中的仅仅是资本即期服务流量而非存量，产出是即期的，因此用资本存量度量资本投入的方法使得投入产出不一致，导致测度出的全要素可能会出现较大的偏差。

第二，技术进步外生性、非体现性、希克斯中性假定的质疑，菲利浦（Felipe，1997）对此进行批判，他认为技术进步的外部性意味着技术进步被"叠加"在系统上，即假定随着时间的推移而增长，并且由所考虑的经济系统以外的因素决定。非体现的技术进步是一种外部性技术进步，这种技术进步不需要新投入，生产函数形式并不随时间改变而改变。希克斯中性意味着增长路径上的点,技术替代率独立于时间,即对于给定的一个要素价格比率,技术进步不会影响资本投入和劳动力投入之间的比值。在上述假设条件下,技术进步被认为是公共物品,获得知识被假定是没有成本的和瞬时的,技术进步不依赖劳动力投入和投资。即使西方发达国家的整体经济也不满足这些条件,更何况中国这样一个发展中国家。首先,根据郑玉歆(2007)的观点,技术进步是投资的结果,技术进步的发生以一定资本积累的规模或一定的资本密集程度为前提,因此将技术进步和资本隔离是不合理的,技术进步的外生性在中国很难成立。其次,中国的投资增长很快,大大超过劳动力的增长,因此资本投入和劳动力投入之间的比值并不为常数。再次,根据赵志耘(2006)的研究,1979~2004年,中国资本投入的产出弹性逐年下降,而劳动力产出弹性逐年上升,这正反映了中国资本投入增长率高于劳动力投入增长率这一事实,因此,中国的生产函数形式很可能随时间改变而改变,假定技术进步具有非体现性是值得质疑的。综上所述,根据索洛余项来度量中国的全要素生产率就可能存在较大的偏差。

第三,规模报酬不变的批判。在利用索洛余项研究中国全要素生产率时,绝大多数文献假设规模报酬不变。改革开放前,中国技术落后,人均资本存量低。改革开放后,大量先进技术设备的引入、劳动力流动限制的放松、国企的改革等措施促进了资源的优化配置,很有可能存在规模报酬递增的现象。金(Kim,1994)等的研究表明,东亚新兴工业化经济体的规模报酬均显著大于1。

第四,参数估计中存在的问题。估计生产函数中的参数 α、β,主要有三种方法:经验估计法、最小二乘法、比值法或者份额法。经验估计法主要根据经验估计资本、劳动力产出弹性的大致值,资本产出弹性一般取0.8、0.4、0.6等,而对应的劳动力产出弹性取0.2、0.6、0.4等,这种方法的缺点主要体现在参数估计一般采取经验估计方法,存在一定的主观随意性(Felipe,1999;Chen,1997),且不同劳动力产出弹性值的选取对结论的影响比较大。

为克服经验估计法中的主观性问题,也有学者利用最小二乘法来确定参数,如张军(2002)、孙新雷(2006)等。这种方法比经验估计法更加贴近实际,但受到了林毅夫、任若恩(2007)的批判,他们认为要正确估计生产函数中的参数,必须通过生产要素需求的联立方程体系,而不是一个单方程的简单回归分析;即使最简单的 CD 生产函数的参数估计,也须用到多个联立方程。但事先假定规模报酬不变的做法排除了规模经济或规模不经济的存在;同时,事先假定各年的资本和劳动产出弹性相同,因而也否定了要素结构变化对产出的影响;由于回归残差呈震荡性质,那么利用该方法测算的 TFP 增长必定呈现出震荡性质,孙新雷(2006)等人的实证结果验证了这一点。利用回归法对 CD 生产函数进行参数估计的另一个问题是有可能出现劳动产出弹性为负的情况,这其实是错将有约束回归简化为无条件回归,忽略了资本和劳动力的产出弹性范围(大于 0 且小于 1)。

比值法主要通过用资本(劳动力)在要素总成本中所占的份额来近似资本(劳动力)的产出弹性,或者用资本(劳动力)在要素总产出中所占的份额来近似资本(劳动力)的产出弹性,然后根据索洛余值公式对全要素进行测算。应用比值法研究中国全要素的文献也不少,例如,涂正革等(2006)利用比值法来研究中国经济高增长持续性问题。应用比值法测算全要素同样存在计算简单的优点,但是要素的产出弹性等于要素的成本份额或者产出份额的前提条件是完全竞争、利润最大化和规模报酬不变。中国的市场不是完全竞争的市场,中国经济可能存在规模经济,也可能存在规模不经济,针对这些问题,上述研究都没有加以讨论,因此,利用比值法测算中国全要素生产率可能存在较大的偏差。

2.1.2 全要素生产率测度的改进方法

利用索洛余值法测度全要素生产率具有争论的地方是 TFP 被当作残差对待。乔根森和格里利切斯(Jorgenson & Grilliches, 1967)认为,TFP 实际上是一种计算误差,存在两个原因使得 TFP 不为 0,在此基础上,创建了测度 TFP 的扩展索洛模型分析方法。索洛余值法公式是一个很有用的概念化公式,但是在使用指数法测度全要素生产率时十分不方便,因为指数化过程必须要求所使用的离散数据和时间派生数据近似相等,这个条件只有在很严格的假设下才会成立。卡夫等(Caves et al., 1982)在 DEA 理论的基础上,构造 Malmquist 指数,克服了上述困难,为利用指数法测度全要素生产率建立新的理论框架。总生产函数的理论定义表示在一定技术条件下特定的要素投入有效使用时的最大产出,但是在总生产函数提出后的很长一段时间内,计量经济学家估计的都是平均生产函数。法雷利(Farrell, 1957)考虑前沿生产函数的可能性问题,试图将理论和实践联系起来,但没有成功。安格尔等(Aigner et al., 1976)创造了一种估计随机前沿生产函数的方法,随机前沿生产函数成为一种新的全要素生产率测度方法。

2.1.2.1 扩展索洛模型测度

应用扩展索洛模型来测度全要素生产率开始于乔根森和格里利切斯(Jorgenson & Grilliches, 1967)。乔根森和格里利切斯认为,全要素生产率实际是一种计算误差,引起这种误差应归因于两个原因:投入要素度量的不准确以及生产函数中必需的变量没有考虑完全。如果解决上述两种误差,那么全要素生产率为 0,由于丹尼森等(Denison et al., 1962)的研究存在上述问题,因此高估了全要素生产率在经济增长中的作用。扩展索洛模型考虑了其他投入对全要素生产率的作用,与实际相符,因此具有十分重要的意义。以乔根森和格里利切斯的研究为理论基础,很多学者将一些新变量引入索洛模型,对中国的全要素进行测度,其中,引入最多的变量为人力资本、R&D、时间趋势项。例如,李静、孟令杰、吴福象(2006)为了克服人力资本对经济增长贡献较低(Bils & Klenow, 2000)这个问题,利用科恩和索托(Cohen & Soto, 2004)的模型来研究中国各地区的 TFP,该模型强化了人力资本对经济增长的作用,但是他们利用人均受教育年限来度量人力资本存量水平,实际上假设每年教育的效果相同,这和实际明显不符,大学四年的教育效果远远超过小学四年教育的效果。彭国华(2007)区分了初等教育、中等教育和高等教育在人力资本中的作用,考虑了人力资本的不同组成部分对 TFP 的不同作用,但是没有考虑人力资本在各省份之间的流动问题等。其实人力资本是体现在人身上的资本,即对生产者进行职业培训、普通教育等支出和其在接受教育的机会成本等价值在生产者身上的凝结，它表现在蕴含于人身中的各种劳动与管理技能、生产知识和健康素质的存量总和，因此，仅仅利用普通教育来度量人力资本是不够的。贝哈鲍比和施皮格尔（Benhabib & Spiegel，1994）的研究表明，人力资本与产出没有显著的关系，普里切特（Pritchett，2001）的研究也表明，人均产出和劳动力受教育程度不存在显著关系，因此将人力资本引入索洛模型本身就值得质疑。引入 R&D 的研究也很多，例如，李小平、朱钟棣（2006）、王玲等（2008）、金学军等（2006）等。R&D 的度量受到很多学者的批判，何锦义（2006）等甚至认为 R&D 是一个伪变量，因为 R&D 的一部分用来购置科研固定资产，应归入资本投入，另一部分作为科研者的科研津贴和收入应归入劳动力投入，R&D 不能独立于资本投入和劳动力投入，因此不能成为一个变量。最先使用带时间趋势项的 CD 生产函数来测度全要素生产率的是丁伯根（Tinbergen，1942），时间趋势项系数表示全要素。现在利用该模型来测度中国全要素的文献也不少，例如，张军（2002）利用该模型来研究中国的经济转型、增长与工业化的关系问题，但是应用该模型就意味着全要素增长率为常数，这和中国实际不符，中国是一个发展中国家，随着改革的阶段跳跃性深入，各个时期的全要素很可能不一致。当然，也有很多学者将其他变量引入模型进行全要素研究，例如，陈劲等（2007）基于自主创新能力是技术能力和制度能力以及两者的相互作用形成的综合能力的国家技术能力相关理论，探讨技术能力和制度能力对全要素生产率的影响，具有十分重要的意义。陈利华、杨宏进（2005）利用 CD 生产函数模型来测算各省份的技术进步，然后从人力资本、制度变迁、科技投入、资源配置四个因素来进行解释，其中，制度、技术能力、制度变迁都存在准确度量的问题。

2.1.2.2 随机前沿生产函数方法

自从安格尔等（Aigner et al.）于 1977 年在随机前沿生产函数理论方面取得突破性进展以来，利用随机前沿生产函数测度全要素生产率就成为研究的热点。在该理论中，总生产函数由两部分组成，前沿生产函数部分和非效率部分，具体模型为 $Y = f(K, L) e^{v-u}$，其中，v 表示随机误差，服从均值为 0、方差不变的正态分布，而 u 服从半正态分布、截尾正态分布或者指数分布等。随机前沿生产函数的两分法具有很多优点，将全要素生产率至少分解为技术进步和技术效率改进本身就是很大进步。通过干中学、管理改善、政策变革等因素对非效率项的影响，我们可以讨论政策对全要素生产率的作用，这对于作为发展中国家的中国意义尤其重大。与确定性前沿生产函数比较，随机前沿生产函数法从一定程度上消除了随机因素对前沿生产函数部分的影响，因此具有一定的优越性。

应用随机前沿生产函数方法测度全要素一般首先估计随机前沿生产函数中的参数，然后根据康巴卡尔（Kumbhakar，2000）的方法将全要素生产率分解为技术进步、技术效率、配置效率和规模效率四大因素，算出全要素生产率。利用该方法来研究中国 TFP 的文献较多，根据前沿生产函数的不同，分为两类：超越对数生产函数和 CD 生产函数。前沿生产函数采取超越对数生产函数形式放松了常替代弹性假设，形式上有一定灵活性，用最小二乘法作回归分析时拟合效果更好，同时在计算技术进步、规模效率、配置效率时，考虑了投入要素对这些因素的推动作用，在某种程度上将要素投入内生化，因此具有一定的积极意义。正因为具有以上优点，采用这种前沿生产函数形式对中国全要素研究的文献不少，如王争、郑京海（2006）利用该方法，对中国工业生产效率的地区差异的研究；涂正革、肖耿（2005）对中国工业生产力发展趋势及潜力的研究；王志刚、龚六堂、陈玉（2006）对中国地区间生产效率演进的研究等。尽管存在上述优点，但也存在一些不足，例如，超越对数生产函数中的参数太多，且该函数中的一些二次项无法从经济学角度给出合理解释；假设各年度的参数相同，否定了不同时间经济发展的多样性。前沿生产函数采用 CD 生产函数形式对中国全要素研究的文献很少，由于该种形式生产函数本身就是 CD 生产函数，因此每个参数都有很好的经济含义。傅晓霞、吴利学（2006）利用该方法研究中国地区间的差异问题时，放松了规模报酬不变，符合中国经济正处于飞速发展这一实情，但是常数项的设定就限定了技术进步的速度为 τ，这和实际存在一定的差距；在考虑人力资本、制度对技术效率的影响时，就存在人力资本、制度两大因素准确度量的问题，由此导出的结果可能与实际情况存在较大的偏差。姚洋（1998）利用该模型对第三次工业普查的抽样数据做截面分析，但该研究主要集中在技术效率上，从企业微观角度来进行研究，研究的时间短并且为静态分析。由于各行业的前沿生产函数不同、各行业的各种性质公司占的比重不同，因此，比较各行业的技术效率、各种性质企业的技术效率在理论上就存在一定不足。

采用随机前沿生产函数方法来研究中国的全要素及其差异除了上述问题外，还存在很多其他问题。采用随机前沿生产函数方法的主要文献集中在地区差异和工业企业效率两个方面，下面从这两个方面分别加以讨论，分析地区差异存的不足。

第一，中国经济发展十分不平衡，地区发展差异非常大。例如，很多研究表明，不但东、中、西部的差距正在扩大，而且东部地区内部经济发展也不平衡。2000年之前，上海、北京、广东、浙江发展很快，而其他东部地区并不比中部地区表现出更大的优势，2000年后，上海、北京、广东、浙江、江苏、山东的发展速度远远高于其他东部地区，天津只是近几年发展提速。因此，利用随机前沿生产函数来分析中国的地区差异问题，前沿生产函数必然受到少数诸如北京、上海等飞速发展地区的影响。由于这些地区的技术水平高，远远高于其他地区，因此，利用随机前沿生产函数得出的整体技术进步水平高于其他地区的实际技术进步水平，低于北京、上海这些发达地区的实际技术进步水平。相当于高估了中、西部的技术进步，低估了东部的技术进步，进而得出了中、西部地区的技术效率飞速下降的结论。

第二，利用随机前沿生产函数分析地区生产率可能导致结果变动剧烈。从王争、郑京海（2006）的研究结果来看，TC、TEC、SCALE、ALLCTV对TFP的贡献率变动十分剧烈。1993年，东北部TC对TFP的贡献为378.13%，TEC、SCALE、ALLCTV对TFP的贡献分别为89.78%、-164.15%、-24.7%，而1988年对应的贡献率分别为-60.96%、101.8%、256.53%、-197.4%；1993年，东部各因素对TFP贡献的数据更加悬殊，TC对TFP的贡献达到

877%，这也说明利用超越对数生产函数对中国地区差距进行分析的可行性值得质疑。

第三，各省份的经济结构不同，有些省份以第一产业为主，有些省份以第二、第三产业为主，有些省份人均资本存量很低，如西藏等，有些省份人均资本存量比较高，如上海、北京等，假设它们拥有相同的生产函数，有可能给全要素的度量带来较大的偏差。

分析工业企业效率差异存在的不足如下：第一，中国各行业技术水平十分不平衡，有些行业之间技术水平差异非常大，同时，各行业内部技术水平分化也十分严重，一般是少数技术水平高的企业和大多数技术落后的企业并存，因此，利用随机前沿生产函数来分析中国工业企业的全要素问题，随机前沿必然受到少数技术水平高的企业的影响。第二，利用随机前沿生产函数分析工业企业生产率可能导致结果变动剧烈，例如，从涂正革、肖耿（2005）对中国大中型工业企业全要素的研究结果来看，1998~2001年，前沿技术进步平均分别为9%、12.3%、15.3%、18.9%，2002年更高达22.6%。值得一提的是，上述数据为平均值，那么存在少数企业的前沿技术进步将非常巨大。与高企并且逐年增长的前沿技术进步相反，1996~2002年，平均技术效率年年为负并且逐年下降，从1996年的-6.4%下降到2002年的-7.9%。上述结果的剧烈变化以及技术进步和技术效率反向变化，说明利用超越对数生产函数对中国工业企业全要素生产率进行分析是存在质疑的。第三，利用随机前沿生产函数方法来分析中国工业企业全要素的很多研究，忽视了重工业部门和轻工业部门、大型企业和中型企业等之间的差别。

2.1.2.3 数据包络分析法

使用DEA来测度全要素属于指数核算方法，最初TFP的指数核算法利用拉斯佩尔（Laspeyres）指数公式，随着查恩斯和库珀（Charnes & Cooper）在1978年提出DEA理论，将DEA方法和Malmquist指数构造方法联系起来，用来测度全要素生产率就成为研究的热点。该种方法首先从投入的角度或者产出的角度利用DEA方法定义距离函数，然后在距离函数的基础上构造

Malmquist 指数来度量生产率，因此，这种方法的理论基础为 DEA 理论，并随 DEA 理论的发展而发展。查恩斯和库珀最先提出的 DEA 模型为 CCR 模型，卡夫等（1982）在 CCR 模型的基础上构造 Malmquist 全要素生产率指数，来测度技术效率问题。法尔等（Fare et al.，1992）按照费雪（Fisher，1922）的思想，用两个 Malmquist 生产率指数的几何平均值来计算全要素生产率的变化，然后将该生产率指数分解为相对技术效率和技术进步两个部分。班克、查恩斯、库珀（Banker, Charnes & Cooper, 1984）提出了规模报酬可变的 BCC 模型，在该模型的基础上，法尔等（1994）将效率变化指数分解为规模效率变化指数、要素可处置度变化指数和纯技术效率变化指数，1997年，法尔将技术进步指数分解为中性技术进步、产出非中性技术进步和投入非中性进步三个部分。

DEA 方法具有如下优点：不需要考虑投入和产出的生产函数形态；可以研究多投入和多产出的全要素问题；DEA 模型中投入产出变量的权重由数学规划模型根据数据产生，不受人为主观因素的影响。利用 DEA 来研究中国全要素问题的文献很多，国内就有几千篇，这是中国学者测度全要素生产率的主要方法。例如，郑京海、胡鞍钢（2005），岳书敬、刘朝明（2006），审能、刘凤朝等（2007），徐盈之、赵豫（2007），舒元、才国伟（2007）等应用 DEA 方法对地区全要素的研究，陈勇、唐朱昌（2006），陶洪、戴昌钧（2007）等对中国工业企业生产率进行分析，等等。在这些研究中，同样存在人力资本、专业化、产业结构等变量的准确度量问题，例如，岳敬书等（2006）在度量人力资本时，使用平均教育年限和劳动力数量的乘积表示人力资本，实际上假定每年教育效果是相同的，这明显和实际不符。这些研究除了上述缺陷外，还存在如下缺陷：第一，该模型容易受到随机因素的影响，由于 DEA 方法所得到的确定性前沿，仅仅由"最高"样本的线性组合确定，因此"最高"样本的随机性变化直接影响确定性前沿，进而影响由该方法得出的技术进步和技术效率。我国自改革开放以来，改革优惠政策对东部少数"最高"省份带来的实惠不但远远超过中西部地区，而且超过东部其他省份，因此对确定性前沿影响非常大。第二，由该方法所得到的技术进步增长率和技术效率增长率的变化方向往往是相反的，也就是说，技术进步往往导致技术效率降低，这是令人难以理解的。第三，研究的结果难以令人信服，例如，张宇（2007）的研究表明，1992~2002年，全国的全要素生产率增长较快，平均增长率为5%左右，而颜鹏飞等（2004）的研究结果表明，这段时间全国的全要素增长很慢，仅为0.79%，为什么同样利用DEA方法测算出的全要素差异这么大呢？于永波、吕冰洋（2008）对1990年中国各地区的技术效率研究表明，北京的技术效率低于天津和西部一些地区，而江苏、浙江等发达地区也低于湖南、辽宁等中西部地区，这也令人难以理解。第四，由于Malmquist生产率指数的构造可以从投入、产出两个角度出发，出发角度的不同导致计算得到的结果不同，有时可能完全相反，从而造成了角度选择的任意性以及不同角度结果的不可比性。有些学者认为不存在技术退步，也就是说，出现技术退步是不正常的，为了克服上述问题，一些学者引入序列DEA方法，用当前观察值和以前所有观察值来构造最佳前沿，例如，林毅夫、刘培林（2003）、郑京海、胡鞍钢（2005）、杨文举（2006）、王兵、颜鹏飞（2007）等。这就存在一个问题，即如果某一时刻出现异常值并且该异常值在最佳前沿边界上，那么该异常值很可能对以后的最佳前沿都存在影响。

2.2 全要素生产率提升路径文献述评

2.2.1 国外全要素生产率提升路径研究进展

新古典主义增长模式下的早期追赶（catching – up）文献表明，技术转移对于落后国家技术进步是一个重要的源泉（Nelson & Phelps，1966；Abramovitz，1986）。发展的内生性增长理论引发了重新关注贸易、技术进步、人力资本与经济增长之间的关系。如现代贸易文献所指出的，贸易对供给方面的影响诱发了效率的提高，最后引发了额外增长（Grossman & Helpman，1991）。在此背景下，来自具有较高技术水平国家的进口货可以导入技术的进步（Rivera-Batiz et al.，1993）。实证经验方面，对许多不同国家的研究表明，贸易促进经济和技术增长（Dollar，1992；Ben & David，1996）。科和赫尔普曼（Coe & Helpman，1995）和科等（Coe et al.，1997）指出，贸易是知识扩散的载体，并评估了通过进口引进国际技术对国内生产和全要素生产率提升的重要作用，他们认为，一个国家在技术进口中越开放，获取的国际先进技术越多，并且获得了从技术领先国进口越多全要素生产率增长越快的经验支持。

一般来说，发达国家是全球技术领导者，从这些国家进口的产品物化的先进技术比其他国家物化的技术多。特别是一些不易获得技术的欠发达国家，从发达国家进口产品可以获得技术转移。根据劳伦斯和韦恩斯坦（Lawrence & Weinstein，1999）的观点，由于一些国际机构（如世界银行）过多地关注出口增长的作用，而忽视了进口在提高生产力中的作用。金等（Kim et al.，2009）进一步断言，关于进口对经济增长的影响，实证文献远远落后于理论研究。

关于FDI的很多研究（Grossman & Helpman，1991；Hermes & Lensink，2003；Batten & Vo，2009）指出，FDI在东道国经济现代化和增长中起到了重要作用。由于全球大量研发是由跨国公司进行的，外国直接投资被认为是一个获取全球市场先进技术的潜在渠道（Zhu & Jeon，2007）。理论上已经证明，东道国FDI通过技术转让和扩散促进了经济增长（Wang & Blomström，1992），溢出效应（Wang & Yu，2007），提高生产力、引进新工艺、管理技巧和思想（Girma，2005）、劳动收入（Gershenberg，1987）及向后和向前生产联系（Markusen & Venables，1999）。尽管已经开发了外国直接投资和技术转移的理论模型（Glass & Saggi，1998），但是实证研究仍然得出了不一致的结论，如积极的效果（Zhu & Jeon，2007）、没有证据表明有效果（Xu & Wang，2000）。一些实证研究表明，FDI的增长效应很大程度上取决于东道国或接收国制度情况（Hermes & Lensink，2003）。具体而言，只有在FDI流入之前，东道国的金融发展或受教育程度达到了一定水平，FDI才能与经济增长产生积极的关联效应（Borensztein et al.，1998；Alfaro et al.，2004）。与阿瑟雷耶和坎特威尔（Athreye & Cantwell，2007）研究的结果一致，跨国公司在投资之前需要东道国存在一定的能力和基础设施。也有学者（Cantwell，1989；Pearce，1999）认为，跨国公司往往遵循以知识为基础的资产寻求战略，以加强竞争优势。跨国公司创建的子公司需要更紧密地嵌入本地网络（Birkinshaw et al.，1998），只有在这些网络中与本地参与者之间知识交流强度增加才能产生良性循环的创新增长，这些受到外资青睐的地方也会吸引高质量的 FDI。阿瑟雷耶和坎特威尔（2007）认为，FDI 提供国际知识连接更倾向于提供和促进赶超更高层次技术，FDI 促进已有足够吸收能力满足高阶各类创新活动的国家间技术追赶，然而，平均来说，在早期发展阶段，FDI 对赶超影响不大。

关于无形技术贸易（包括专利、专利许可、技术诀窍（非专利知识）、新型和外观设计、商标（包括特许经营）及技术服务等）的研究中，门第（Mendi，2007）发现，无形的技术进口存量对非 G7 国家生产率具有统计上显著的积极影响。这种积极的效果在初期比较强，且随着引进技术效应的下降，国内 R&D 存量效应将提升，门第建议非 G7 国家开始依赖引进技术，之后逐步降低依赖国际技术。这个结论与本地研发存量对生产率产生非线性效应是一致的，在这个意义上，这种存量必须达到一定最低水平，才可观察到对 TFP 的影响。

技术许可在诸如韩国和日本等国家的增长过程中相当重要，莫厄里和奥克斯利（Mowery & Oxley，1995）认为，特许权使用费和许可进口往往需要由接收方对技术做相当大的修改，因而需要合理水平的"吸收能力"。也就是说，要具有了解外部技术和内部应用的相关能力。不过，由于许可交易转移的技术比较成熟，往往在后发国工业化进程的早期阶段比较重要，主要大力投资在成熟的行业（Kim & Dahlman，1992）。因此，当一个国家进入更高级产业，需要依靠新技术时，许可证贸易渠道技术转移重要性将会消失。在这种情况下，莫厄里和奥克斯利（1995）认为，作为外来技术转移渠道之一的 FDI 重要性更大。

综上所述，国际技术扩散不是一个自动地、直接地获取其他国家或公司所拥有的知识过程，而是需要接收方具有吸收和采用此类技术的能力（Wang & Blomström，1992）。一个国家的"社会能力"（Abramovitz，1986）和"吸收能力"（Cohen & Levinthal, 1989；Griffith et al., 2003；Narula & Dunning, 2000）涵盖相互关联的参与者和机构的复杂网络，这是创新文献所强调的（Freeman, 1987；Lundvall, 1992；Nelson, 1993；Breschi & Lissoni, 2001）。因此，引进的技术与本地教育程度、研发能力之间存在重要的相互作用，只有当一个经济体的教育程度和研发能力达到足够高的水平，才能有效地利用进口技术，促进生产率增长（Aurora et al., 2010）。

现有文献关于东道国吸收能力对技术溢出效应的影响研究已经相当丰富，但目前还没有达成共识。技术溢出效应的成功实现是有条件的，本地企业必须拥有一定的吸收能力，才能成功地模仿、吸收和消化外资先进技术。科勒（Keller, 2001）指出，如果只是单纯地引进技术而本国的吸收能力没有改变的话，这样的技术引进就不会提高东道国的经济增长率。如果内资企业不能充分吸收 FDI 带来的先进技术，将会导致其研发生产率下降（Flores & Fontoura, 2007）。西纳尼和迈耶（Sinani & Meyer, 2004）对爱沙尼亚的分析指出，技术溢出随接受企业吸收能力的不同而呈现差异性。纳鲁拉和邓宁（Narula & Dunning, 2010）指出，吸收能力的差异能解释不同国家技术溢出在促进技术进步方面有成有败的原因。达米扬等（Damijan et al., 2012）对10个转型经济体进行研究发现，东道国技术吸收能力是决定技术溢出效应的重要因素之一。

科恩和莱文塔尔（Cohen & Levinthal, 1989, 1990）认为，R&D 投资具有提高创新能力和吸收能力的双重性，企业 R&D 投资不仅可以产生新的知识和信息，还可以增强企业吸收现有知识和信息的能力，促进知识和技术的外溢，提高其对溢出技术的利用能力。格里菲斯等（Griffith et al., 2003）也认为，R&D 通过两种渠道影响国内企业的生产率：一是直接提升了国内企业的技术创新水平；二是提高了企业的吸收消化能力。他们通过使用 12 个 OECD 国家行业层面的面板数据，检验了国内企业研发和模仿式创新对知识溢出的影响，结果发现，国内研发有利于国内企业的技术追赶，12 个 OECD 国家存在生产率的收敛现象。木下（Kinoshita, 2001）对捷克的研究表明，研发的学习效应比其创新效应更加重要，来自 FDI 的技术溢出较多地发生在研发强度大的企业。巴克奥斯和施特罗布尔（Barrios & Strobl，2005）指出，看一个企业是否有吸收能力时，可重点分析该企业是否开展 R&D 活动及出口。莱希和尼里（Leahy & Neary，2007）的研究支持了 R&D 能提高企业吸收技术溢出能力的结论。然而，也有不同观点，如对发展中国家的研究中，马林和贝尔（Marin & Bell，2006）的分析表明，研发投资对于提高东道国企业的吸收能力并不重要。但是大部分文献基本上认可东道国吸收能力对吸收、消化及利用国际溢出的先进技术具有重要作用。

2.2.2 国内全要素生产率提升路径研究进展

随着对外开放的作用日益凸显，国际技术溢出效应逐渐受到了中国学术界的关注。中国学者对国际技术溢出效应的研究主要集中在溢出机制、影响因素等相关研究。

2.2.2.1 国内学者关于技术溢出机制的研究

国际分工不断细化下，可以通过购买技术先进国家的最终资本品与消费品，也可以通过进口高技术含量的中间品促进本国的技术进步。技术创新能力与对外贸易会产生互动效应（李平，1999），进口贸易通过示范、传染、干中学、竞争等机制产生技术溢出效应（岳昌君，2000；孙兆刚，2005）。进口贸易通过对先进技术的引进，使国内产品技术含量得到改善的同时，并通过"干中学"获取管理经验和先进技术，进而以较低成本完成对先进技术的消化、吸收和利用（郭晶，2005）。卡夫等（1974）对 FDI 技术溢出效应研究之后，国内学者也开始探索 FDI 对中国的技术溢出效应和机制等问题，如张建华和欧阳轶雯（2003）与木下（2001）的观点相近，将示范效应、竞争效应、关联效应和人员培训效应作为 FDI 的溢出机制；李平（2006）在总结了邓宁（Dunning，1998）、施拉德（Schrade，1991）及拉尔（Lall，1980）等学者的观点基础上，指出直接学习国际技术知识、联系效应及 MNC 的 R&D 当地化是 FDI 技术溢出的三大机制。傅元海等（2010）将示范和人力资本流动归结为技术转移、扩散效应后，进而将 FDI 溢出机制归纳为竞争效应、联系效应及技术转移、扩散效应三种。技术溢出机制不是独立的,而是通过相互渗透、促进,一起推动了国际先进技术在本地的转移、扩散及溢出(杨晓静、刘国亮,2013)。总之,国内学者对国际技术溢出机制的研究具体表述虽有差异,但本质结论基本一致。

2.2.2.2 国内学者关于国际技术溢出效应的研究

国内学者对进口贸易技术溢出效应的实证研究大多是基于 C-H 模型或 L-P 模型,采用中国数据进行的技术溢出效应检验。对于技术溢出效应的存在性,有些学者研究认为具有显著的正溢出效应,也有学者认为具有负的溢出效应、影响不显著或没有影响,还有学者认为溢出效应可能是非线性的。如方希桦、包群和赖明勇(2004)基于 C-H 模型,采用 G7 国家和中国的相关统计数据,对 1978～2000 年由于进口产生的技术溢出效应进行实证检验发现,国内 R&D 投入和进口贸易为传导机制的国际技术溢出对中国全要素生产率的提升同等重要。黄先海和张云帆(2005)通过对 C-H 模型的拓展,引入外资依存比例构建了一个包括三种技术溢出途径的国际技术溢出模型,利用此模型对中国进口技术溢出效应进行了实证检验。实证结果表明,FDI 产生技术溢出效应对中国全要素生产率影响比较大,FDI 和进口促进作用都显著,与技术发达国家贸易产生的技术溢出效应高于亚洲国家和地区。但同时却发现,无论是 FDI 还是进口贸易,在对中国 TFP 的促进作用方面,效果都没有中国国内 R&D 投入作用显著。李平和钱利(2005)基于 L-P 模型,实证检验结果表明,进口贸易产生的技术溢出效应对于中国东部、中部及西部具有正向影响,并发现对东部地区的技术进步促进反而低于中、西部地区;而外商直接投资影响中国技术进步不显著,甚至对西部地区的影响具有副作用。喻美辞和喻春娇(2006)将人力资本纳入了 L-P 模型,对其进行拓展后,采用中国与 G7 国家数据进行实证检验国际技术对中国的溢出效应,实证结果得出,国际和国内 R&D 显著地影响了中国全要素生产率提升。朱钟棣和李小平(2006)采用中国工业行业数据也得出进口贸易显著影响中国技术进步。张建清和孙元元(2011)采用 GMM 估计方法,考虑了进口贸易技术溢出的内生性问题,实证检验表明,进口贸易存在显著的技术溢出,是国际先进技术溢出到中国的主要渠道。何雄浪和张泽义（2014）构建了三部门内生增长模型，通过数理推导和计量模型，发现进口贸易对国际先进技术溢出具有积极影响，且东部地区技术溢出效应比中、西部大；研发投入对东部具有正向影响，对中、西部影响不显著。

国内大部分学者的研究结论基本上支持 FDI 技术溢出效应为正且具有显著性。如胡祖六（2004）认为，FDI 对中国技术进步和技术效率提升具有重要作用；冼国明和严兵（2005）基于中国省际数据研究发现，FDI 显著地影响中国创新能力且具有正向效应，就区域来说，对东部地区影响较显著；张海洋（2005）也发现 FDI 活动对中国技术进步具有溢出效应；谢建国（2006）采用中国省际面板数据研究发现，FDI 显著地正向影响中国技术效率提升；邱斌等（2008）指出，FDI 由于后向关联，引发了技术溢出，进而促进本土企业技术进步；钟昌标（2010）指出，FDI 在提升溢出地生产率绩效的同时，也可能带动其他地区生产率绩效的提升；余长林（2011）使用1985~2008年数据研究得出，进口贸易和 FDI 两种技术溢出渠道对中国技术进步具有显著促进作用，通过 FDI 的国际技术溢出是中国技术水平提升的重要渠道。

坎特韦尔（Cantwell，1989）对 FDI 技术溢出正向效应提出质疑后，中国部分学者在实证过程中也发现了 FDI 技术溢出效应为负、没有影响或影响不显著等。如潘文卿（2003）和王飞（2003）研究发现，FDI 渠道带来的技术溢出并不显著影响中国技术进步；严兵（2006）研究发现，无论是行业内还是行业间，外资溢出影响中国技术进步均不明显；黄菁等（2008）通过实证检验表明，FDI 产生正向技术外溢效应缺乏经验证据支持；邢斐和张建华（2009）实证研究发现，无论在短期或长期，FDI 技术溢出均不显著；杨高举和黄先海（2013）从中国高技术产业生产率来看，FDI 溢出效应相对有限。王春法（2004）认为，外资流入会形成技术依赖，使得中国创新能力的提高进展反而缓慢了；马林和章凯栋（2008）利用2000~2005年28个省际面板数据实证检验发现，FDI 存在显著负向溢出；张海洋和刘海云（2004）、姜瑾（2007）以及薛漫天和赵曙东（2008）对中国的实证研究也支持了负向溢出效应。

早期的研究假定技术溢出效应为线性，但其影响效果可能为非线性关系，中国部分学者也注意到了这个问题，如陈羽（2006）和何洁（2000）研究指出技术溢出的门槛效应；金成晓和王猛（2009）实证检验指出溢出效应的非线性关系可能是倒U型；王昆和廖涵（2011）研究发现非线性水平的可能性不能排除；季颖颖、郭琪和贺灿飞（2014）建立门槛回归模型，研究表明随着时间推移，技术溢出效应的变化呈扁S曲线，初始表现为挤出效应，逐渐向溢出效应转变，最后溢出效应减缓下降，最终效应变得不明显。

2.2.2.3 国内学者关于国际技术溢出效应影响因素的研究

国内学者对技术溢出效应仍然存在争议，究其原因，除了研究方法和数据不同，还有影响技术溢出的种种因素的不同。技术溢出是一个系统化的、相互作用的过程（IrSovd & Haviinek，2013），在此过程中，技术输入只是技术溢出的必要条件，能否吸收，还受到溢出和接收方面的多方面因素的影响。

赖明勇等（2005）利用1996~2002年面板数据，研究发现人力资本代表的技术吸收能力显著地影响技术溢出效果。谢建国和周露昭（2009）以国内研发投入代表技术吸收能力，发现吸收能力显著地阻碍了技术溢出对中国技术效率的提高。陈涛涛（2003）借鉴库科（Kokko，1994）的方法，从行业特征因素的视角，进行计量检验后认为，影响国际技术行业内溢出效应的关键要素是规模差距、技术差距和资本密集度差距等，同时指出，技术差距越大越有利于行业集中度较低时溢出效应的产生，而技术差距过大在集中度较高时会阻碍溢出。蒋殿春和张宇（2006）发现，技术密集程度、行业开放度等行业特征显著影响技术溢出效应。黄凌云等（2007）发现，国内外技术差距缩小到一定程度之后，溢出效应则开始减弱。李平等（2009）指出，技术差距是影响技术溢出效应的关键因素，技术差距越越小、竞争越激烈，模仿吸收国外先进技术效果也越好。葛小寒和陈凌（2009）指出，技术溢出效应的大小不能由技术差距单独决定。陈羽和邝国良（2009）

从市场结构因素视角,将垂直溢出机制纳入模型中,考察了技术溢出效应对中国制造业的影响,实证检验得出,规模越大、市场势力越强越有利于实现行业内技术溢出;而在市场势力弱、竞争程度高的行业,主要发生垂直型技术溢出。

有的学者研究发现,投资方式不同可能会影响技术溢出效应,如姚利民和唐春宇(2005)通过研究技术溢出对中国国有工业企业劳动生产率的影响后认为,独资投资方式优于合资;马林和章凯栋(2008)使用面板数据研究发现,合资投资方式负向溢出最大,合作投资方式次之,独资投资呈现正向溢出但不显著。东道国的人力资本及研发投资、东道国与外资的技术差距、东道国竞争程度等不同特征对于技术溢出效应的影响产生不同的效果。同时,影响因素还有基础设施条件(邱斌等,2008)、市场规模(何洁,2000)、区域技术水平(吴延兵,2008)、地理位置(刘巳洋等,2008)、开放程度(赖明勇等,2005)、适度的外资依存度(张宇,2008)和出口依存度(邱斌等,2008)、国内知识产权保护的制度因素(倪海青和张岩贵,2009;余长林,2011)和国内金融市场的发展(赵奇伟、张诚,2007;孙立行,2012)等。

2.2.2.4 国内学者关于技术溢出与吸收能力的研究

技术溢出是一个系统化的过程,不会自动发生,技术输入不是技术溢出发生的充要条件,只是必要条件,吸收能力是国际技术产生溢出效应的充分条件。若东道国具有强吸收能力,会加快技术溢出的产生并具有更好的溢出效应;相反,东道国吸收能力弱,输入的技术不足以促进技术进步和技术效率的提升,技术溢出效应就不会发生。符宁(2007)认为,吸收能力因素(国内研发、人力资本等)会制约国际技术对中国技术进步的促进作用。谢建国和周露昭(2009)利用1992~2006年中国省际面板数据实证检验得出,作为吸收能力的人力资本影响国外研发技术溢出显著,因此,需要加强人力资本培训的政策导向。靳娜和傅强(2010)通过利用2005~2008年工业部门数据实证后得出,中国的吸收能力和贸易政策对技术溢出效应产生不利影响。汪曲(2011)利用中国28个省份1995~2009年的面板数据研究表明,人力资本、技术差距和吸收能力等对地区技术进步和技术效率提升产生显著影响。余官胜（2013）从吸收能力视角研究表明，对外直接投资在具有弱吸收能力时不利于促进技术创新，较强的吸收能力才能促进技术创新。黄繁华和王晶晶（2014）基于吸收能力视角，运用2005~2011年41个国家的面板数据，研究得出，人力资本、制度等东道国吸收能力因素促进服务业FDI的R&D溢出显著，但金融服务水平却阻碍了技术吸收。何兴强等（2014）研究发现，将经济发展水平、基础设施建设、外贸依存度及人力资本水平作为吸收能力都存在非线性门槛效应，且中国人力资本基本上还没有达到能够有效吸收FDI溢出的先进技术的水平。肖利平和何景媛（2015）从制度质量和吸收能力视角，利用省际大中型工业企业面板数据检验了技术追赶假说，认为吸收能力因素影响技术追赶速度，对国外技术的吸收支出促进本地技术提升显著。

2.2.3 全要素生产率提升路径评述

通过对国内外相关文献的梳理和归纳发现，国内外学者对国际技术溢出机制的研究具体表述有差异，但本质内涵基本一致。早期对溢出路径提升全要素生产率主要是按照图2-1的分析框架进行研究①，在此框架下，学者们对于技术溢出效应是否存在没有达成共识。后来学者研究发现，造成技术溢出效应研究结论不一致的原因除了研究方法和数据外，还有影响技术溢出的种种因素需要考虑。技术溢出是一个系统化的、相互作用的过程，技术输入只是技术溢出的必要条件，能否吸收，还受到溢出方和接收方的多种因素影响。技术溢出是一个系统化的过程，不会自动发生，技术输入不是技术溢出发生的充要条件。学者们通过研究发现，若东道国具有强吸收能力，会加快技术溢出的产生并具有更好的溢出效应；相反，东道国吸收能力弱，输入的技术将不足以促进技术进步和技术效率的提升，技术溢出效应不显著。因此，学者们开始按照图2-2的分析框架展开研究，将东道国吸收能力作为国际技

---

① 图2-1是根据沃尔夫冈·科勒（Wolfgang Keller）的NBER Working Paper修改绘制。Keller W. International Trade, Foreign Direct Investment, and Technology Spillovers [J]. NBER Working Paper Series, 2009：15442.

术溢出的一个影响因素或条件进行研究。总之，对国际技术溢出效应的研究，已经由只考虑溢出方到同时关注吸收方的转变。通过梳理文献发现，考虑了吸收能力的国际技术溢出效应的研究已经相当丰富，但是以下问题需进一步探索。

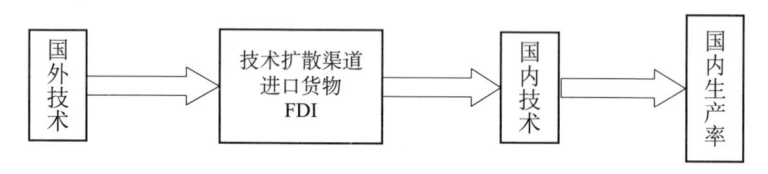

图2-1　追赶文献中技术溢出提升全要素生产率的路径

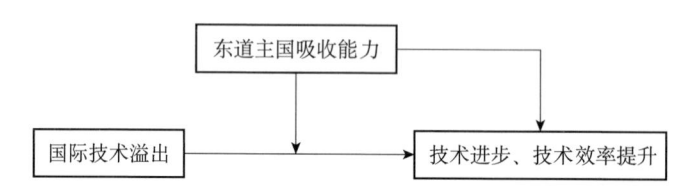

图2-2　考虑吸收能力的技术溢出提升全要素生产率的路径

2.2.3.1　缺少全要素生产率提升路径的一般理论框架和模型

早期文献将国际技术溢出与国内技术进步直接关联起来研究，忽略了技术溢出与技术进步之间的吸收问题。虽然后来国内外学者将技术溢出和吸收能力纳入统一框架下研究，但是也只是将吸收能力作为国际技术溢出的一个影响因素，或者作为国际技术溢出提升的一个条件。缺少将技术溢出和吸收能力置于同等高度分析，将吸收作为国际技术溢出到国内技术提升过程中的一个环节。同时，技术溢出如果能够被有效地吸收，则将进一步反过来促使更先进的技术溢出，因此，文献中也缺少考虑技术溢出和技术进步之间的反馈机制，从而导致以往的研究框架是一个缺乏考虑反馈机制的静态分析框架。如何借助内生性增长理论，使用吸收能力理论补充文献缺少的国际技术溢出与国内技术进步的吸收环节，同时考虑国内技术进步会借助潜在吸收能力对国际技术扩散产生反馈机制，刻画出全要素生产率提升的一般过程，诠释全要素生产率提升路径和规律，需要在一个全要素生产率提升路径的一般动态分析框架下进行研究,然而文献并没有关注到这一点。

2.2.3.2 缺少在空间视阈下讨论全要素生产率提升路径

技术可通过人才流动、区域间贸易、产学研合作等形式实现其在不同空间区位的同步重复使用,具有空间溢出效应。由于线性结构模型设定形式的局限性,以往针对国际技术溢出效应的检验只能考察国际技术在本地的首次溢出效应。虽然物化的知识和技术只能存在于首次溢出效应之中,但非物化的知识和技术却既可以存在于国际技术对其所在地的首次溢出效应之中,也可能以空间扩散的形式溢出到其他地区。学者们尝试将技术溢出效应和国际技术溢出效应共同纳入分析框架,试图全面研究区域间在经济互动中所获得的空间技术溢出,但遗憾的是,现有研究只是通过地理距离折算相关变量代入估计方程。少量借助空间经济理论研究了技术再溢出的问题,也只是在国际技术溢出直接到国内技术进步的旧框架下进行的,少了吸收能力环节的考虑,同样结论具有不可靠性。因此,为了追踪技术在区域间的空间溢出路径,需要将空间经济理论引入技术追赶理论模型中,纠正只关注国际技术的首次溢出效应、忽略区域间空间技术溢出效应而导致的估计偏误。

2.2.3.3 缺少异质吸收能力下多渠道技术溢出路径的比较研究

现有对技术溢出效应的研究多数是基于一种溢出渠道,也有进行多渠道的比较研究,但是这些多渠道的比较研究仍然是基于国际技术溢出到国内技术进步的分析框架。没有考虑吸收能力的多渠道技术溢出路径的比较研究,得出的结果可能受到异质吸收能力的影响,从而产生偏误。特别是由于中国经济发展的不平衡,异质吸收能力导致技术溢出的不同渠道会产生不同的溢出效应。同时,在实证文献中,缺乏对异质吸收能力下多渠道空间技术溢出效应的比较研究。所以还需对异质吸收能力下不同渠道的技术溢出效应和空间效应给予比较研究,为中国各区域在经济高质量发展下引资政策给予理论支持。

2.2.3.4 未能探明中国全要素生产率的技术创新和技术效率提升路径的有效性和异质性

虽然技术溢出渠道对全要素生产率提升效应并不必然存在哪个更重要的问题，但是由于吸收能力具有选择性，在技术引进渠道异质下存在吸收能力促进全要要素生产率提升的差异性。既有研究未能将全要素生产率分解为技术创新和技术效率提升，未能探明目前什么路径有利于中国技术效率提升、什么路径对中国技术创新具有促进效应等。

第 3 章
全要素生产率提升路径的理论分析框架

3.1 提升全要素生产率的理论基础

3.1.1 溢出路径提升全要素生产率的理论

3.1.1.1 技术溢出的内涵

为了更好地深入研究本书主题,需要界定本书中的溢出效应概念。溢出效应一般指在进行某项活动时,对活动之外的人或企业产生的影响,即活动带来了外部收益,但相应主体却得不到该收益。溢出的种类很多,本书关注的主要是技术溢出效应。阿罗(Arrow)最早使用外部性解释了技术溢出效应,指出拥有先进技术的厂商通过研发投资提高自身生产率的同时,由于溢出效应的存在,其他厂商也可以通过学习先进技术提高生产率;罗默(Romer)的知识溢出模型指出,知识具有溢出效应,任何厂商所创新的知识都能提高全社会的生产率;卢卡斯(Lucas)的人力资本模型指出,人力资本的溢出效应可以解释为向他人学习或相互学习,一个拥有较高人力资本的企业会对外部产生有利的影响,但并不能因此获得相应的收益;帕伦特(Parente)研究厂商选择技术和吸收的边干边学模型,认为厂商通过"干中学"积累的技术知识对进一步的技术引进和学习有益;库科(kokko)指出,技术溢出效应机制是示范、模仿、传播及竞争。技术溢出是在一定的经济环境中企业相互作用的结果,是由于技术拥有企业的经营活动引起的,而技术溢出又不是企业经营活动的目标结果。本书研究中关注的技术溢出效应①是指改革开放以来中国通过利用发达国家 FDI 或进口产品等实现国际先进技术扩散到中国,引进 FDI 或进口产品的企业或地区在获得了自身目标结果的同时,也为自身及其他企业或地区创造了学习先进技术的机会,这种机会带来的收益对于技术扩散方是非目标结果,但促进了中国全要素生产率提升。

空间技术溢出是空间效应的一种表现,表现形式是技术在空间上扩散和依赖,其结果是将在空间上彼此分离的区域个体形成具有内在联系的空间系统。空间(技术)溢出就是技术在空间流动,一个空间个体与另外空间个体融合发展。本书研究中界定的空间溢出是指由于技术、知识等存在跨区域流动现象,致使技术承载区域无法独自完全享有技术所带来的收益,这些技术同样会影响其他区域的生产率。

3.1.1.2　溢出路径提升全要素生产率的理论

随着全球化进程的广化和深化,发达国家技术转移和扩散已经成为发展中国家实现技术进步的重要来源(杨晓静和刘国亮,2013);而 R&D 存量不仅是先进资本、知识和技术的载体,更是技术溢出的源泉。一般认为,发达国家拥有比发展中国家更高的管理水平和更先进的生产技术,发达国家输入技术(如通过 FDI、进口产品等渠道)会在东道国引起生产力水平提升,但技术拥有者却无法获得全部收益,存在技术外部效应(Blomstrom,1998),即技术溢出效应。

卡夫(1974)指出,跨国公司进入东道国后可遏制垄断扭曲,改善资源配置效率。同时,跨国公司增加了本地企业的竞争压力,迫使其提高资源利用效率,从而迫使东道国企业在竞争中模仿学习先进技术。库科(1994)认

---

① 文献中的溢出还包含经济溢出等,若没有特别说明,本书中使用的溢出专指技术溢出。

为，示范模仿效应、竞争效应、联系效应和培训效应是技术溢出机制，后来，木下（2001）、张建华和欧阳轶雯（2003）也支持了库科的观点。而布罗斯多姆和库科（Blomstrom & Kokko，1998）认为，模仿学习和竞争是技术溢出的有效机制。李平（2006）总结了前人的研究成果，认为技术溢出机制主要有三种：第一种是对国际先进技术的直接学习，表现为跨国公司子公司将技术扩散到东道国当地经济中（Dunning，1998）。扩散分为自愿和非自愿两种，自愿的技术扩散是指技术转移（Schrader，1991）；非自愿的技术扩散是示范效应与人力资本的流动引起的技术溢出（Mansfield & Romeo1980），也就是本书研究中所关注的技术溢出。第二种是生产经营中的联系效应（Lall，1980）。第三种是跨国公司R&D的本土化。傅元海等（2010）认为，示范效应、竞争效应、联系效应和人力资本流动效应是技术溢出机制。可见，现有研究对技术溢出机制表述形式不一，但内容基本一致。在前人研究结果的基础上，结合库科（1994）和曼斯菲尔德和罗密欧（Mansfield & Romeo，1980）的观点，本书认为，示范模仿、竞争效应、联系效应和人员流动是技术溢出的四种主要机制，图3-1是本书在研究中关注的国际技术扩散及产生溢出效应的过程[①]。

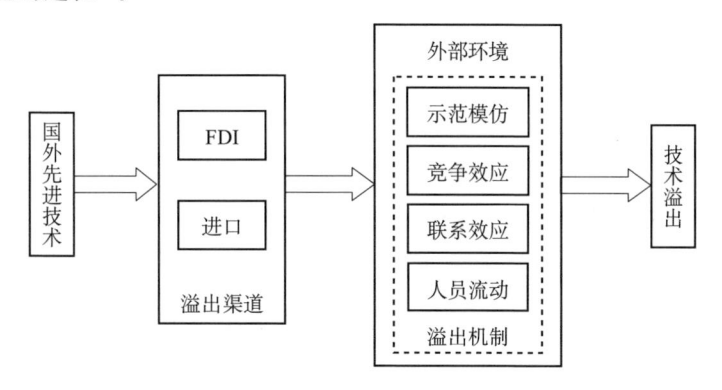

图3-1 技术溢出过程

[①] 国际技术溢出渠道一般包括进口、出口、FDI及OFDI等（Keller，2009），为了更好地考察吸收能力在技术溢出促进技术进步中的作用，本书研究中只关注进口、FDI两种技术扩散渠道。下文若没有特别说明，则技术扩散渠道只包括进口和FDI两种。

3.1.2 吸收路径提升全要素生产率的理论

3.1.2.1 吸收能力概念

吸收能力（absorptive capacity）最初是组织和战略管理领域的概念，目前，其丰富的内涵为经济管理研究提供了新视角。然而，随着研究数量的不断增多，学术界对吸收能力的具体维度、内涵等都没有达成共识。在实证中，吸收能力选取的代理变量也不一致，有的学者认为，吸收能力即为该地区的贸易开放度（Helliwell，1992）。布罗斯多姆（Blomstrom，2003）认为，人力资本是影响区域吸收能力的重要因素。李杏（2007）把对外开放度、人力资本及基础资源等作为吸收能力。也有学者认为，吸收能力是对区域外部技术识别、获取、消化和利用的综合能力（郑展，2007；陈晓红，2011；蔡经汉，2012；秦可德，2014）。在国内外研究成果的基础上，结合本书研究目标，本书研究中使用的吸收能力是指一个地区（研究中即中国的一个省）对区域内外技术和知识的识别、获取、消化、转化、利用和再创新能力。参考萨拉和乔治（Zahra & George，2002）的"两部分四维度"法，将识别、获取、消化区域内外技术的能力合并称为"潜在吸收能力"，将转化、利用和再创新区域内外技术的能力合并称为"现实吸收能力"。

3.1.2.2 吸收能力理论

理论上已经证明 FDI、进口等会产生技术溢出效应，然而，溢出的技术能否被有效地消化和利用还受限于区域吸收能力。因此，通过对吸收能力理论进行梳理，明确吸收能力的维度、机理及影响吸收能力的相关因素，对于中国各省份通过提高吸收能力水平来促进技术溢出，进而提高中国全要生产率水平具有十分重要的意义。

（1）科恩和莱文塔尔（Cohen & Levinthal）吸收能力模型。科恩和莱文塔尔（1989，1990）提出吸收能力概念，为考察和解释资源配置效率提供了新视角。科恩和莱文塔尔（1989）提出，企业的吸收能力（如先期研发投入）可以提高企业从外部识别、消化和利用知识的能力，在实证中使用研发—销售收入比作为测量吸收能力的指标检验理论模型。但科恩和莱文塔尔所界定的吸收能力与测量指标不匹配,因为吸收能力是一种学习过程,实证中却将吸收能力等同于研发支出,这相当于将吸收能力视为静态的,而不是动态的学习过程。1990 年,科恩和莱文塔尔在 1989 年观点的基础上,又研究了个人解决问题方式和认知结构,将吸收能力从个人拓展到组织层面,进一步丰富了吸收能力的内涵,并指出组织吸收能力是先前解决问题的经验和创新的副产品,是具有累积性和路径依赖的动态过程。科恩和莱文塔尔给出了吸收能力的定义是企业识别、评价、消化和商业化利用外部新知识的能力。1994 年,科恩和莱文塔尔进一步拓展了吸收能力的内涵,认为吸收能力不仅包括识别、消化和利用外部新知识的能力,还包括准确预见未来技术的能力。由此,科恩和莱文塔尔比较清晰地界定了吸收能力的定义和内涵,也对吸收能力的前提假设、前因变量及结果等进行了系统的阐述。但是,科恩和莱文塔尔吸收能力模型是单向的,如图 3-2 所示。

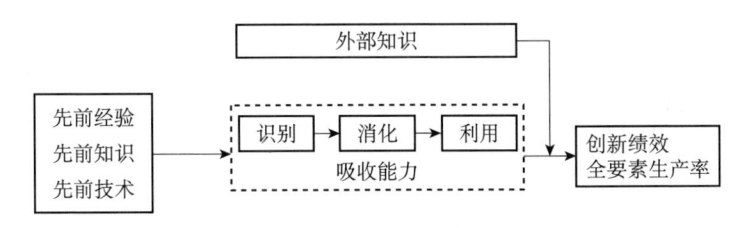

图 3-2 科恩和莱文塔尔的吸收能力模型

(2) 萨拉和乔治(Zahra & George)吸收能力模型。后来,很多学者在科恩和莱文塔尔(1989,1990,1994)定义的基础上提出了自己的吸收能力模型。莫维利和奥克斯利(Mowery & Oxley, 1996)认为,处理从外部引进隐性知识的技能和能力是企业的吸收能力,而金(Kim, 1998)认为,学习和解决问题的能力是企业的吸收能力。戴尔和辛格(Dyer & Singh, 1998)认为,识别、消化应用其他企业知识的能力是企业的吸收能力,并认为企业吸收能力是建立在组织间互动、合作过程以及合作伙伴成员间关系之上的能力。莱恩和卢巴特金(Lane & Lubatkin, 1998)认为,吸收能力是相对的,且从二元对偶关系视角出发提出了吸收能力的概念。萨拉和乔治(2002)认为,吸收能力是企业获取、消化、转化和应用外部知识的组织惯例和流程，是一种动态过程，并将其分为潜在吸收能力（获取和消化外部新知识的潜在能力）以及现实吸收能力（转化和利用已获得的外部新知识的能力）。萨拉和乔治的吸收能力模型是在结合动态能力理论的基础上，提出由潜在吸收能力向现实吸收能力转化的理论模型，如图3-3所示。该模型描述了组织对外部知识获取、消化能力向转化、应用能力演化的动态过程，同时也指出潜在的吸收能力向现实的吸收能力转化过程需考虑社会相关机制。

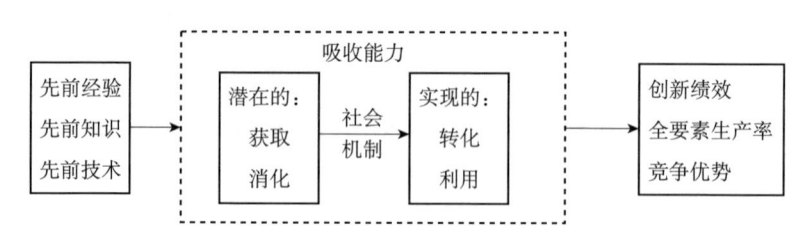

图3-3 萨拉和乔治的吸收能力模型

（3）莱恩（Lane）吸收能力模型。莱恩等（Lane, et al., 2006）在科恩和莱文塔尔（1990）的基础上，认为首先要识别和理解外部新知识的潜在价值；其次，通过转化性学习来消化新知识；最后，利用学习来的新知识创造商业产出。所以，莱恩等认为，吸收能力是一个动态过程。莱恩等（2006）构建的吸收能力理论模型如图3-4所示，从组织学习视角指出组织的知识和学习特点会影响吸收能力。模型指出，组织吸收能力是由探索性学习过程（对外部新知识进行识别和理解）、转化性学习过程（将识别和理解的外部知识消化）及应用性学习过程（将消化的外部知识应用）将外部知识转化成新的吸收能力过程。

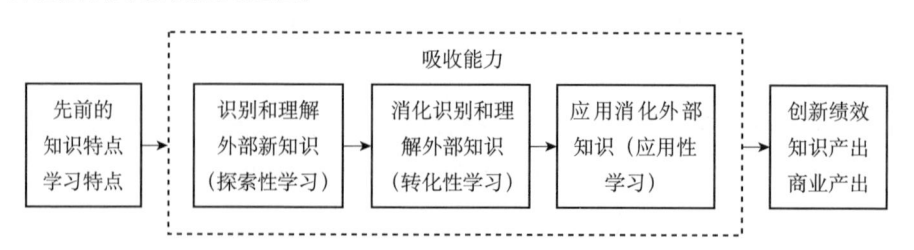

图3-4 莱恩的吸收能力模型

国内学者王国顺和李清（2006）在研究跨国公司与东道国企业之间的技术转移时，认为东道国的识别、理解、学习和应用能力为吸收能力，也有学者认为，吸收能力是组织间的相对能力和跨组织能力（王睢，2007）。张洁、戚安邦和熊琴琴（2012）将从环境中获取、消化、吸收和转化外部知识并应用于商业的能力称为组织的吸收能力。虽然文献中对吸收能力的表述有所不同，但基本上是在科恩和莱文塔尔（1989，1990，1994）模型基础上扩展和发展的，大致认为吸收能力是识别、评价、消化、转化和应用外界知识的能力和过程。

3.1.2.3 吸收路径提升全要素生产率的理论框架

本书主要参考萨拉和乔治（2002）的"两部分四维度"法，将识别、获取和消化区域内外技术的能力合并为"潜在吸收能力"，将转化、利用和再创新区域内外技术的能力合并为现实吸收能力，同时，考虑了反馈机制构建本书的吸收能力维度、过程如图 3-5 所示。本书在实证分析中，使用 R&D 资本存量和人力资本作为潜在吸收能力的代理变量，将 R&D 资本存量和人力资本与技术溢出之间相互作用产生的新知识、新技术等作为现实吸收能力的代理变量。

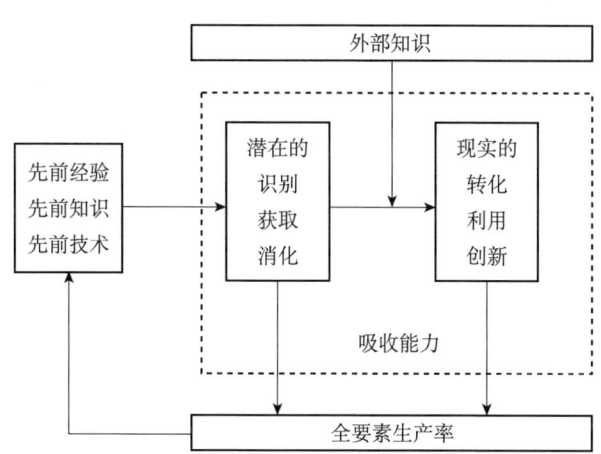

图 3-5 吸收能力与全要素生产率

注：实线箭头表示潜在的吸收能力直接促进全要素生产率提升及现实吸收能力对外部知识的转化、利用和再创新后促进全要素生产率提升过程，虚线箭头表示反馈作用。

3.2 全要素生产率提升路径的理论分析框架及作用机制

前面的文献综述已对现有相关文献进行了梳理和归纳，国内外已经有不少学者对吸收能力或技术溢出进行了深入研究，但是缺乏将技术溢出和吸收能力纳入统一框架下进行的研究。即使有同时关注技术溢出和吸收能力的文献，也只是将吸收能力作为一个影响因素或作为促进技术溢出的一个条件，是缺乏考虑反馈机制的静态分析框架。现有理论和实证研究的不足正是本书对技术溢出和吸收能力的理论机制进行延伸和拓展的出发点。以下将在现有技术溢出和吸收能力理论的基础上，对技术进步分析框架进行延伸、扩展和构建。

3.2.1 全要素生产率提升路径的理论分析框架

蕴含先进技术的外资和商品理论上具有技术溢出的潜力，但大量经验发现，引进并不一定会产生正的技术溢出效应。技术溢出是一个系统化的、相互作用的过程（IrSovd & Haviinek，2013），技术输入不是技术溢出发生的充要条件，只是必要条件，吸收能力是国际技术产生溢出效应的充分条件。若东道国具有强吸收能力，会加快技术溢出的产生并具有更好的溢出效应；相反，东道国吸收能力弱，输入的技术不足以促进技术进步和技术效率的提升，技术溢出效应就不会发生。早期文献将国际技术溢出与国内技术进步直接关联起来研究，忽略了技术溢出与技术进步之间的吸收问题。虽然后来国内外学者将技术溢出和吸收能力纳入统一框架下研究，但是也只是将吸收能力作为国际技术溢出的一个影响因素，或者作为国际技术溢出提升的一个条件，缺少将技术溢出和吸收能力置于同等高度分析，将吸收作为国际技术溢出到国内技术提升过程中的一个环节。同时，技术溢出如果能够被有效地吸收，那么会进一步反过来促使更先进的技术溢出，因此，文献中也缺少考虑技术溢出和技术进步之间的反馈机制，从而导致以往的研究框架是一个缺乏考虑

第3章 全要素生产率提升路径的理论分析框架

反馈机制的静态分析框架。本书借助内生增长和新国际贸易理论，使用吸收能力理论补充文献缺少的国际技术溢出与国内技术进步的吸收环节，同时也考虑了国内技术进步会借助潜在吸收能力对国际技术扩散产生反馈机制，构建了全要素生产率提升路径的分析框架，如图3-6所示。

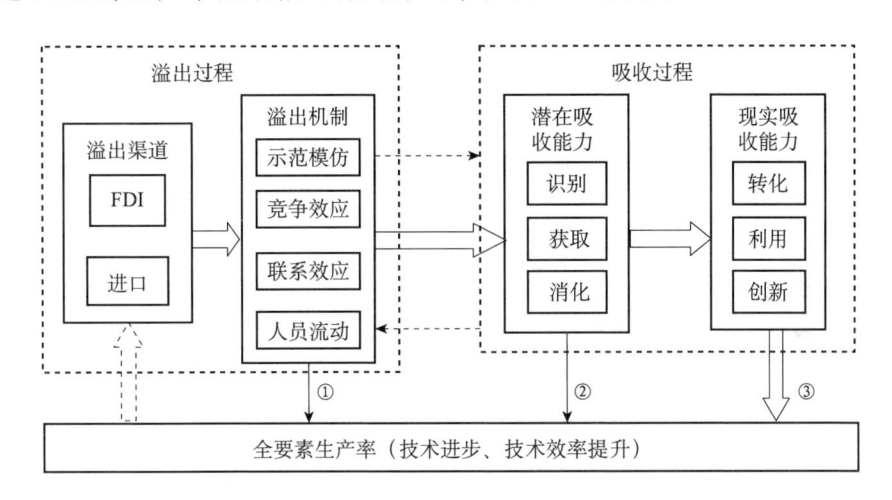

图3-6 全要素生产率提升路径的一般理论分析框架

注：双线箭头表示技术溢出到吸收转化促进全要素生产率提升的过程，单实线表示外国技术或本国的吸收能力直接促进全要素生产率提升，虚线表示反馈作用。

图3-6刻画了全要素生产率提升路径的分析框架，同时，关注了三个方面有利于全要素生产率提升（技术进步、技术效率提升）的途径。途径一是在开放的条件下根据新国际贸易理论构建的。根据新国际贸易理论，进口贸易和FDI的技术溢出也有利于国内技术进步。本国的研发和国际技术溢出可以视为技术进步的主因（Grossman & Helpman, 1991），一国的技术进步不仅依赖于本国的研发投入，同时也依赖于外国的研发投入（Coe & Helpman, 1995）。途径二是根据内生增长理论和吸收能力理论共同构建的。根据内生增长理论，技术进步是经济持续增长的动力，技术进步来自本国的研发（Romer, 1990）。吸收能力理论认为，吸收能力与技术进步和创新间关系密切（Cohen & Levinthal, 1989），吸收能力影响组织的技术和效率提升（Zahra & George, 2002；Lichtenthaler, 2009）。途径三是根据新国际贸易理论、内生

增长理论及吸收能力理论共同构建的。途径三展示了国内潜在吸收能力是对国际先进技术进行识别、获取和消化，现实吸收能力对国际技术进行转化、利用和再创新的过程。

3.2.2　全要素生产率提升路径的相互作用机制

借鉴演化经济学分析过程，本部分进一步细化了技术扩散与技术溢出、技术溢出与吸收能力及吸收能力与技术扩散之间的互动机制。从演化经济学的视角刻画吸收能力与技术溢出的作用机理，既体现出了技术溢出的一般性过程特征，同时，也将技术溢出的演化过程与吸收能力的演化过程有效地结合，更好地诠释了技术进步的一般规律。

3.2.2.1　技术扩散与技术溢出互动机制

国际技术扩散与技术溢出机制也是相互作用和影响的动态过程。在中国全要素生产率提升的过程中，随着技术溢出机制的变化将影响国际技术扩散机制，同样，国际技术扩散机制也会影响中国技术溢出机制的变化。国际技术扩散与区域技术溢出互动机制如下。

（1）相互促进。如果国际技术扩散为中国带来了新产品、新技术，并为国际技术主体创造利润，企业为了获得新产品、新技术，会促进国际技术扩散机制的发生，使得国际技术主体的新技术能够有效地溢出到中国企业中。同样，如果中国存在有效的技术溢出机制，那么国际技术主体为了实现创新带来的垄断利润向中国输入物化了新技术的新产品，这些物化的新技术通过溢出机制被中国企业所模仿，将会降低技术主体的垄断利润，国际技术主体若想维护和保持对中国企业的竞争优势，则会进一步输入新的技术和产品，以此循环，形成了技术扩散与技术溢出相互促进的动态过程。

（2）抑制作用。若国际技术主体进入中国后，并不输入先进的技术和管理理念，只是输入简单的生产和加工企业，那么中国企业会减少与国际技术主体的联系，进而抑制了技术溢出。同样，如果没有形成有效的技术溢出机制，如国际技术主体输入技术不能被消化吸收，将长期保持技术优势，将不必升级现有技术也会获取垄断利润。这将降低国际技术主体进一步输入新技术的动力,从而对技术扩资产生了抑制作用。

(3) 相互锁定。若具有稳定的技术输入机制,技术溢出机制也会稳定,从而将锁定技术输入与技术溢出在特定的路径上。如果技术主体输入较先进的技术,而中国也同样具有有效的技术溢出机制,那么中国企业对国际技术主体的威胁较大,迫使技术主体加大先进技术的输入,促进技术扩散到中国。因此,将在较高水平的路径上锁定技术扩散和技术溢出。如果技术主体输入较先进的技术,而中国不具有有效的技术溢出机制,将弱化技术主体输入新技术的动力,从而抑制先进技术扩散机制的运行。如果技术主体输入较低的技术,而中国具有有效的技术溢出机制,中国企业可能担心逆向技术外溢效应,从而减少与国际技术主体的联系,进而慢慢弱化技术溢出机制。因此,将在较低层次的路径上锁定技术扩散和技术溢出。如果技术主体输入较低的技术,而中国区域不具有有效的技术溢出机制,那么也将在较低层次的路径上锁定技术扩散机制和技术溢出机制。

3.2.2.2 技术溢出与吸收能力互动机制

在演化经济学的分析框架下,吸收能力与技术溢出是相互作用的。随着技术溢出的改变,吸收能力也会变化,同样,吸收能力的变化也将影响技术溢出效应变化。简而言之,技术溢出和吸收能力是一个不断循环、相互作用和发展的过程。吸收能力对技术溢出互动机制如下。

(1) 促进作用。吸收能力决定了技术溢出转化和利用,具有较高的吸收能力是学习和掌握先进技术的前提,可吸纳和应用扩散的先进技术和管理思想,从而促进进一步溢出高新技术。若具有良好的技术溢出环境,区域内的企业将比较容易接近溢出的先进技术,进而可了解、学习先进的技术,扩大了技术溢出的深度和广度,同时,区域吸收能力在对溢出技术的识别、评价、消化和利用过程中也进行了自我强化。

(2) 抑制作用。若吸收能力较低,区域技术的外溢效应也受到约束。区域的吸收能力达不到一定水平就不能有效地识别、评价和获取先进技术,在一定程度上抑制了技术溢出效应;只有区域吸收能力达到了一定水平,才能有效地吸收溢出的技术。同样，如果区域不具有有效的技术溢出机制，那么国际扩散到中国的先进技术也能被识别、评价、消化和利用，这将对中国吸收能力机制产生抑制作用。

（3）相互锁定。若区域具有稳定的吸收机制，技术溢出也会趋于稳定，从而将锁定吸收能力与技术溢出在特定的路径上。具有有效技术溢出机制和较高吸收能力的区域，区域内企业可以通过识别、评价、消化和利用溢出的先进技术提高自身的吸收能力，同时也可进一步完善技术溢出机制。因此，较高的吸收能力和有效的技术溢出机制呈现良性互动，将被锁定在一个较高的发展路径上，有利于区域技术持续提升。如果区域拥有有效的技术溢出机制，而只有较低的吸收能力，那么区域内企业不能对溢出的先进技术进行有效的识别、评价、消化和利用，将抑制区域技术溢出机制的有效完善和提升。如果区域技术溢出机制无效，但是具备较高的吸收能力，那么区域内的企业无法通过有效的识别、评价、消化和利用先进技术来提高吸收能力，这将在一定程度上抑制区域吸收能力提高。如果区域技术溢出机制不完善，且吸收能力较低，那么技术溢出与吸收能力相互抑制，致使被锁定在一个较低层次。

3.2.2.3 吸收能力与技术扩散互动机制

外国技术主体利用输入先进的产品和技术实现创新利润，东道国的企业会对输入的先进技术进行识别、消化和模仿，促进了本地企业技术水平提升，挤压了技术主体的创新利润。能否对扩散到本区域的先进技术进行有效的识别、消化和吸收，还受到吸收能力的影响。文献关注的焦点是吸收能力与技术溢出效应的关系，而刻画吸收能力与技术扩散关系的文献很少。少量关注吸收能力与技术扩散关系的文献，认为国际技术主体先带来先进的技术，然后吸收能力再对各种先进的技术和管理知识进行识别，识别能够消化、模仿和利用的技术和知识。事实上，吸收能力不只是在技术扩散后才产生作用的，而是还会影响扩散到东道国的技术水平。所以，技术扩散与吸收能力之间也存在相互作用，相互影响的机制。技术扩散与吸收能力相互作用的机制如下。

（1）促进作用。若技术扩散带来了大量先进技术和管理知识，并获得了创新利润。本地企业为了能够争夺市场利润，会对扩散到本区域的先进技术和管理知识进行模仿和再创新，同时，也会加大研发投入和人才积累。这样本地企业能够争取到部分创新利润，同时也能够提升吸收能力。若吸收能力水平比较高，对于扩散的技术和管理知识的消化、模仿和利用较快。对扩散入区域的先进技术和知识消化和吸收后，国际技术主体不再独享创新利润，而国际技术主体为了保持其竞争优势，不得不重新从母国引入更先进的技术和管理知识，从而加速了先进技术的扩散。

（2）抑制作用。若进入中国的技术主体并没有带来先进的技术和管理知识，只是进行简单的生产和加工，而中国企业在进行研发投入后，研发产出可能被模仿和复制，从而减少了中国企业创新利润，并且中国企业也不能够从国际技术主体那里学到先进技术和管理知识，如此不良循环将降低本地企业创新的积极性，最终会抑制中国吸收能力的提升。另外，技术主体需要依靠东道国本地的资源来为其服务，较低的吸收能力水平不能满足对先进技术产品的生产和加工的需要，这样导致技术主体只会将一些技术水平较低的生产、制造引入本地。而且，较低的本地吸收能力对扩散带来的先进技术的模仿时间长，那么输入的技术将长时间获得创新利润，从而降低了技术主体再次从母国引入更先进技术的频率。

（3）相互锁定。如果区域具有稳定的吸收机制，技术扩散也会趋于稳定，从而将锁定吸收能力与技术扩散在特定的路径上。如果国际技术主体通过技术扩散为中国带来先进的技术，而中国地区也具有有效的吸收能力，可通过对先进技术进行快速识别、消化和模仿，降低技术主体的创新利润，那么技术主体为了继续获得垄断利润则必须引入更先进的技术，这样促进技术扩散的同时也提升了自身的吸收能力。这种情况下，技术扩散与吸收能力将锁定在较高水平的技术发展路径上。如果国际技术主体通过技术扩散为中国带来先进的技术，而中国地区不具有相匹配的吸收能力，对先进技术进行识别、消化和模仿能力差，则输入的技术在相对长的时间内具有竞争优势，会抑制先进技术更快地扩散到本地。如果扩散带来的是较低水平的技术，而本地具有较高水平的吸收能力,那么将会产生逆向的技术溢出,会降低本地企业创新利润,导致本地企业降低其研发投入,将抑制吸收能力向高水平发展。如果扩散带来的是较低水平的技术,且本地企业吸收能力也很差,在这种情况下,技术扩散与吸收能力将锁定在较低水平的技术发展路径上。

第 4 章
全要素生产率提升路径的理论模型

在理论分析框架基础上,将技术溢出、吸收能力引入生产函数,通过数理推导证明了技术溢出与吸收能力对全要素生产率提升同等重要。进一步通过理论分析设定了潜在吸收能力和现实吸收能力的知识生产函数,通过数理推导刻画出了技术溢出、潜在吸收能力及现实吸收能力之间的作用机制及其影响全要素生产率提升的路径,进而推导出了基于溢出和吸收路径提升全要素生产率的数理模型。再将技术溢出路径细分为国际技术溢出和空间技术溢出,采用空间权重描述技术的空间依赖强度,推导出了具有空间效应的全要素生产率提升路径的数理模型。

4.1 非空间视阈下全要素生产率提升路径的理论模型

在现有的文献中,科和赫尔普曼(Coe & Helpman,1995)最早提出一国的全要素生产率主要由 R&D 决定,其中,R&D 来自两个方面,一方面是本国的 R&D,另一方面还受到外国的 R&D 影响。科和赫尔普曼通过一个简单的外国 R&D 资本和本国 R&D 资本的模型,检验了国际技术溢出对本国 TFP 增长的影响(称为 C-H 模型),随后,利希滕贝格和波德斯贝格(Lichtenberg & Pottelsberghe,1998)通过弥补 C-H 模型在度量国际 R&D 溢出偏差的基础上构建了国际技术影响全要素生产率的模型（称为 L-P 模型），进一步验证了国际溢出、本国 R&D 对全要素生产率的影响效应。C-H 模型和 L-P 模型都是将国际技术溢出与国内技术进步直接关联起来研究，忽略了技术溢出与技术进步之间的吸收问题。虽然后来国内外学者将技术溢出和吸收能力纳入统一框架下研究（Keller，2001；Flores&Fontoura，2007；Damijan et al.，2012），但只是将吸收能力作为一个影响因素，或者作为技术溢出促进全要素生产率提升的一个条件，未能将技术溢出和吸收能力置于同等高度分析，也未将吸收作为国际技术溢出到国内技术提升过程中的一个环节。本书的理论模型是借助内生增长和新国际贸易理论，使用吸收能力理论补充 C-H 模型和 L-P 模型缺少的国际技术溢出与国内技术进步的吸收环节，更好地刻画出技术进步的一般过程。

假设全要素生产率不但依靠外部的技术溢出而且也依赖区域内的吸收能力。标注各区域用 $i = 1,\cdots,N$，时间用 $t = 1,\cdots,T$，忽略常数项、时间趋势，则得到区域 i 的生产函数为：

$$Y_{it} = A_{it} F(L_{it}, C_{it}) \qquad (4-1)$$

其中，$F(,)$ 的生产要素假设是同质的且具有边际报酬递减。C 表示的是物资资本，L 表示劳动力，Y 表示产出（国内生产总值），A 表示生产技术效率指数。在此函数形式下，假设技术进步是希克斯中性的，外部先进技术主要通过技术溢出效应对技术进步起作用，$A(\cdot)$ 代表技术进步的函数。根据前面的分析，表示技术效率 A 不但依靠外部的技术溢出而且也依赖区域内的吸收能力，则具有如下表达式：

$$A_{it} = A(S_{it}^f, AC_{it}) \qquad (4-2)$$

其中，S_{it}^f 表示区域 i 获取的国际溢出技术[①]，AC_{it} 表示区域 i 自身拥有的吸收能力。为了研究的方便，借鉴赫尔滕等（Hulten et al.，2006）、毛其淋和盛斌（2014）等的做法，假定式（4-2）中的希克斯效率项 $A(\cdot)$ 及其组成

---

① 技术溢出还有可能来自邻近区域的技术溢出，对于这方面的问题接下来会在空间技术溢出效应下进行研究，本部分的技术溢出专指进口货物、FDI 带来的国际技术溢出。

部分是多元组合，表述形式如下：

$$A(S_{it}^f, AC_{it}) = A_{i0}(S_{it}^f)^{\eta_i}(AC_{it})^{\gamma_i} \quad (4-3)$$

其中，A_{i0} 表示初始的生产效率水平，η，γ 分别表示技术溢出和区域内的吸收能力对技术进步的影响参数。将式（4-3）代入式（4-1）得：

$$Y_{it} = A_{i0}(S_{it}^f)^{\eta_i}(AC_{it})^{\gamma_i}F(L_{it}, C_{it}) \quad (4-4)$$

假设 F（，）是科布—道格拉斯（Cobb-Douglas）生产函数，对于省份 i，可以得到如下生产函数：

$$Y_{it} = A_{i0}(S_{it}^f)^{\eta_i}(AC_{it})^{\gamma_i}L_{it}^{\alpha_i}C_{it}^{(1-\alpha)_i} \quad (4-5)$$

借鉴科和赫尔普桑曼（1995）及程惠芳和陆嘉俊（2014）的思路，设 TFP 为除物资资本与劳动力投入之外其他投入对产出的影响。即：

$$TFP_{it} = Y_{it}/L_{it}^{\alpha}K_{it}^{\beta} \quad (4-6)$$

对式（4-5）两端同时除以 $L_{it}^{\alpha}C_{it}^{(1-\alpha)}$，便可得到 TFP 的表达式为：

$$TFP_{it} = A_{i0}(S_{it}^f)^{\eta_i}(AC_{it})^{\gamma_i} \quad (4-7)$$

对式（4-7）取自然对数，得到：

$$\ln TFP_{it} = \ln A_{i0} + \eta_i \ln S_{it}^f + \gamma_i \ln AC_{it} \quad (4-8)$$

理论模型（4-8）刻画了技术溢出和吸收能力对区域 i 全要素生产率的影响。

由上面对吸收能力理论的归纳和总结可知，吸收能力是一个抽象的概念，在现实问题的研究中，需要对吸收能力维度进行有效划分，才能使理论模型（4-8）具有可操作性。参考萨拉和乔治（2002）的"两部分四维度"法，本书将区域吸收能力划分为潜在吸收能力（AC1）和现实吸收能力（AC2）。将 AC1 和 AC2 分别代入式（4-2）中，整理可得：

$$A_{it} = A(S_{it}^f, AC1_{it}, AC2_{it}) \quad (4-9)$$

由分析框架可知，潜在吸收能力（AC1）可以直接影响全要素生产率，也对外部技术、知识及经验具有识别、获取及消化的功能。根据罗默（1990）的内生增长理论及卢卡斯（1988）的人力资本理论可知，区域 R&D 和人力资本恰好同时具有这两方面的功能。因此，为了使模型（4-8）具有可操作性，在此假设潜在吸收能力包括区域内 R&D 存量和人力资本存量两项。将代理区域潜在吸收能力的区域内 R&D（S_{it}^d）和人力资本（H_{it}）代入式（4-9）可得：

$$A_{it} = A(S_{it}^f, S_{it}^d, H_{it}, AC2_{it}) \qquad (4-10)$$

在假设希克斯效率项 A（·）的组成部分是多元组合下，可得：

$$TFP_{it} = A_{i0}(S_{it}^f)^{\eta_i}(S_{it}^d)^{\phi_i}(H_{it})^{\theta_i}AC2^{\varphi_i} \qquad (4-11)$$

对式（4-11）取自然对数得到：

$$\ln TFP_{it} = \ln A_{i0} + \eta_i \ln S_{it}^f + \phi_i \ln S_{it}^d + \theta_i \ln H_{it} + \varphi_i \ln AC2 \qquad (4-12)$$

按照前面的设定，区域人力资本和 R&D 为本地的潜在吸收能力，那么模型（4-12）只是使得吸收能力的潜在吸收能力具有可操作性，对于现实吸收能力没有进一步详细描述，所以仍然不具有可操作性。同时，模型（4-12）只是描述了技术溢出对区域全要生产率具有影响，溢出的技术到底能有多少被吸收、消化和再创新，模型（4-12）无法描述。根据朱利安尼和贝尔（Giuliani & Bell，2005）的观点，吸收能力不同的企业即使面临相同的外部技术溢出也无法获得均衡的利益，吸收能力在企业创新活动中具有关键作用。科恩和莱文塔尔（1989）指出，R&D 具有两面性：一方面，提升 R&D 促进了创新；另一方面，提升 R&D 的同时吸收能力也随之增强，有助于从外部吸取更多的先进技术和知识，进一步提高创新能力。可见，模型（4-12）只是刻画了 R&D 直接促进全要素生产率提升的一面，没有刻画出 R&D 吸取外部先进技术和知识促进全要素生产率提升的另一面。沃格尔（Vogel J，2015）研究发现，人力资本也有其两面性：一是通过决定区域技术创新能力来直接影响生产率；二是影响技术模仿和技术扩散速度。同样，模型（4-12）只是刻画了人力资本直接促进全要素生产率提升的一面，没有刻画出人力资本通过影响技术模仿和技术扩散进而影响全要素生产率提升的另外一面。根据萨拉和乔治（2002）观点，现实吸收能力是潜在吸收能力对外部知识、技术及经验的转化、利用和再创新的过程。则在此假设下，现实吸收能力是潜在吸收能力对溢出技术的转化、利用和再创新的过程。

根据格里里奇（Griliches，1979）提出知识生产函数的概念来看，现实吸收能力其实是一个知识生产的过程。假设外部技术、知识及经验仅来自国际 R&D 的溢出，则区域 i 的现实吸收能力（AC2）的函数形式如下：

$$AC2_{it} = G(S_{it}^f, AC1_{it}) \tag{4-13}$$

为了简化研究，在区域知识资本模型（KCM）基础上（Griliches，1979；Doraszerlski & Jaumandreu，2008），设现实吸收能力（AC2）的形成函数采用如下指数的形式加以表述：

$$AC2_{it} = G(S_{it}^f, AC1_{it}) = a_i e^{\ln S_{it}^f \times \ln AC1_{it}} \tag{4-14}$$

在假设希克斯效率项 A（·）的组成部分为多元组合下，将式（4-14）代入式（4-11），可得：

$$TFP_{it} = A_{i0}(S_{it}^f)^{\eta_i}(S_{it}^d)^{\phi_i}(H_{it})^{\theta_i}(a_i e^{\ln S_{it}^f \times \ln AC1_{it}})^{\varphi_i} \tag{4-15}$$

对式（4-15）取对数，可得：

$$\ln TFP_{it} = \ln A_{i0} + \eta_i \ln S_{it}^f + \phi_i \ln S_{it}^d + \theta_i \ln H_{it} + \varphi_i(\ln a_i + \ln S_{it}^f \times \ln AC1_{it}) \tag{4-16}$$

由于潜在吸收能力是由人力资本和 R&D 存量相互作用共同构成的，假设潜在吸收能力是按照科布—道格拉斯（Cobb-Douglas）生产函数形成过程，则对 AC1 表述如下：

$$AC1_{it} = (S_{it}^d)^{\rho_i}(H_{it})^{\beta_i} \tag{4-17}$$

将式（4-17）代入式（4-16），得到：

$$\ln TFP_{it} = \ln A_{i0} + \varphi_i \ln a_i + \eta_i \ln S_{it}^f + \phi_i \ln S_{it}^d + \theta_i \ln H_{it} \\ + \varphi_i \rho_i \ln S_{it}^f \times \ln S_{it}^d + \varphi_i \beta_i \ln S_{it}^f \times \ln H_{it} \tag{4-18}$$

令 $\beta_{0i} = \ln A_{i0} + \ln a_i$；$\mu_i = \varphi_i \rho_i$；$\sigma_i = \varphi_i \beta_i$，对式（4-18）整理得到本书基准理论模型：

$$\ln TFP_{it} = \beta_{0i} + \underbrace{\eta_i \ln S_{it}^f}_{①} + \underbrace{\phi_i \ln S_{it}^d + \theta_i \ln H_{it}}_{②} + \underbrace{\mu_i \ln S_{it}^f \times \ln S_{it}^d + \sigma_i \ln S_{it}^f \times \ln H_{it}}_{③} \tag{4-19}$$

理论模型（4-19）与前面构建的分析框架相对应，①表示的是国际溢出的先进技术直接促进全要素生产率提升；②表示本地区的潜在吸收能力直接促进全要素生产率提升；③表示国际技术溢出后经潜在吸收能力识别、获取和消化后转化为现实吸收能力对全要素生产率的影响。理论模型（4-19）

也是第 4 章进行实证的基准计量模型。

由于上面的推导过程忽略了时间趋势,不能够反映区域全要素生产率提升路径的动态过程。现将时间因素引入式（4-2）的希克斯效率项 A（·）中,则得到:

$$A_{it} = A(S_{it}^f, AC_{it}, t) \quad (4-20)$$

假设希克斯效率项 A（·）的组成部分是多元组合项,可得:

$$A(S_{it}^f, AC_{it}) = A_{i0} e^{\lambda_i t} (S_{it}^f)^{\eta_i} (AC_{it})^{\gamma_i} \quad (4-21)$$

其中,$e^{\lambda_i t}$ 表示全要素生产率的时间趋势,其他的同上。按照上述推导的过程可得动态区域全要素生产率提升路径的理论模型如下:

$$\ln TFP_{it} = \beta_{0i} + \lambda_i t + \eta_i \ln S_{it}^f + \varphi_i \ln S_{it}^d + \theta_i \ln H_{it}$$
$$+ \mu_i \ln S_{it}^f \times \ln S_{it}^d + \sigma_i \ln S_{it}^f \times \ln H_{it} \quad (4-22)$$

动态模型（4-22）中,i 表示截面维度,t 表示时间维度;λ_i 表示 TFP 的时间趋势;η_i 衡量区域 iTFP 受技术溢出的影响;φ_i 和 θ_i 分别表示区域 i 内的潜在吸收能力对 TFP 的影响;μ_i 和 σ_i 分别表示区域 i 内的现实吸收能力对 TFP 的影响。

4.2 空间视阈下全要素生产率提升路径的理论模型

与实体资本只能固定使用于某一特定空间区位不同,技术和知识可以通过人才流动、区域间贸易投资和产学研合作等形式来实现其在不同空间区位的同步重复使用,具有很强的空间相关性。由于线性结构模型设定形式的局限以及未对技术知识进行分类,以往针对全要素生产率只能考察实体资本投资或其进口的资本品对所在地的首次溢出效应,虽然以物化型资本品形式体现出来的显性知识只能存在于技术首次溢出效应之中,但非物化型资本形式体现出来的隐性技术却既可以存在于其对所在地的首次溢出效应之中,也还会以空间扩散的形式溢出到所在地以外的其他地区。中国学者从区域差异角度考察技术溢出效应时,是在 C-H 模型的基础上直接使用或扩展,如李小平和朱钟棣（2004）借鉴赫尔普曼和克鲁格曼（Helpman & Krugman, 1985）的技术差距模型，构建贸易技术溢出模型，孙宏菊（2008）在科和赫尔普曼（Coe & Helpman, 1995）研究的基础上，通过拓展 C-H 模型，考察进口贸易技术溢出效应在中国三大区域的差异。岳金桂（2008）采用 L-P 模型，考虑国内科技投入、进口贸易和 FDI 传导的技术溢出对各地区 TFP 的影响。但是这些现有的研究文献都是只关注了国际技术和国内技术对 TFP 的影响，而忽略了区际间技术溢出对 TFP 的影响，这就会导致估计方程出现遗漏关键变量的问题。关于区域间技术溢出问题，郭等（Kuo et al., 2008）和汪曲（2012）已经注意到了，且尝试将省际间技术溢出效应和国际技术溢出效应共同纳入分析框架，试图全面研究中国各地区在经济互动中所获得的技术溢出，但遗憾的是，他们没有借助空间经济理论，而是通过中心城市之间的距离，把折算的其他地区技术相关存量代入估计方程里。刘舜佳和生延超（2014）则借助空间计量模型，很好地解决了区域间技术溢出的问题，但是他们构建的 Lichtenberg-Pottelsberghe-Durbin 模型没有考虑吸收问题，其实只是用空间计量方法对 Lichtenberg-Pottelsberghe 模型再估计。作为非观测部分的隐性知识，由于不可量化，回归后无法得到其对 TFP 作用的估计，同时，技术溢出理论表明，隐性技术在区域间具有空间相关性（赵勇、白永秀，2009）。上述技术空间溢出属性在一般线性模型框架下无法解决，参照帕伦特和莱萨奇（Parent & LeSage, 2008）和谢尔盖尔（Scherngell et al., 2014）的做法，可在放宽线性模型严格假定之后在空间维度下处理上述问题，一般通过空间自回归过程（spatial autoregressive process）来描述隐性技术在区域间所表现出来的空间相关性。

继续使用区域资本模型对省际间视阈下区域全要素生产率提升路径进行研究。前面的理论模型在研究技术溢出时，仅关注了进口货物、FDI 等带来的国际技术溢出，忽视了还有可能存在来自邻近区域的技术、知识及经验对本地区的空间技术溢出。借鉴格里里奇（Griliches, 1979）、莱萨奇和费舍尔（LeSage & Fischer, 2012）和谢盖尔等（Scherngell et al., 2014）的思路，对理论模型（4-19）中的技术溢出进行再细化研究。技术溢出不仅包括国际技术溢出,而且也包括空间技术溢出,设区域 i 获得邻近区域溢出的技术为 S^*①。根据前面的分析,技术效率不仅依靠国际技术溢出,而且也依赖区域内的吸收能力。各区域 $i=1, \cdots, N$,时间 $t=1, \cdots, T$,忽略常数项、时间趋势或年度虚拟变量,将邻近区域溢出的技术（S^*）引入区域 i 的生产函数得到如下表达式：

$$Y_{it} = A_{i0}^*(S_{it}^f, S_{it}^*, AC1_{it}, AC2_{it}) F(L_{it}, C_{it}) \quad (4-23)$$

其中,A^* 表示包含空间技术溢出的区域 i 技术效率指数,同前面一样,假设技术进步是希克斯中性的,外部先进技术通过技术溢出（国际技术）和空间技术溢出（相邻区域技术）对区域 i 技术进步起作用,$A^*(\cdot)$ 代表技术进步的函数,其他和前面含义一致。

按照前面的思路整理可以得到：

$$TFP_{it} = A_{i0}^*(S_{it}^f)^{\eta_i}(S_{it}^*)^{\psi_i}(AC1_{it})^{\gamma_i}(AC2)^{\varphi_i} \quad (4-24)$$

对式（4-24）取对数得到：

$$\ln TFP_{it} = \ln A_{i0}^* + \eta_i \ln S_{it}^f + \psi_i \ln S_{it}^* + \gamma_i \ln AC1_{it} + \varphi_i \ln AC2_{it} \quad (4-25)$$

借助 R&D 资本存量代理技术存量,R&D 池是由国内 R&D 和国外 R&D 共同创立的,而且 R&D 池是半公共产品,其他区域都可以获得。即使研发活动带来的好处完全被区域 i 获得,在一定程度上通过专利保护获得垄断权利,但是还是会通过各种交流渠道,如出版物、研讨会、个人接触、逆向工程、网上交换及人力资本的转移等活动,将部分技术扩散到其他区域（Park, 1995）。

在一个拥有 N 个区域的范围内,全部 R&D 资本存量表达式为：

$$\sum_{j=1}^{N} S_{jt} \quad (4-26)$$

这里的 j 表示第 j 个区域,假设 R&D 资本 S_{jt} 是由 R&D 生产活动累积的结果,并且期间折旧率为 γ_K,因此,R&D 累积生产机制有如下表达式：

$$S_{jt} = (1-\gamma_K) S_{jt-1} + RD_{jt-1} = S_{jt-1}\left(1-\gamma_K+\frac{RD_{jt-1}}{S_{jt-1}}\right) \quad (4-27)$$

---

① 为了简化研究,不考虑空间技术溢出与潜在吸收能力作用后形成的现实吸收能力。

式（4-27）表明，R&D 生产活动 RD_{jt-1} 是 t-1 期生产在 t 期使用。S_{it}^* 代表与区域 i 相关的 R&D 溢出池，由于不是所有的 R&D 资本将从一个区域溢出到另外一个区域，因此如下方式定义 S_{it}^* 是合理的[①]：

$$S_{it}^* = \sum_{\substack{j=1\\j\neq i}}^{N} w_{ij} S_{jt-m} \qquad (4-28)$$

这里的 w_{ij} 代表区域 i 能够从区域 j 获得知识资本为其知识生产所用的能力，S_{jt-m} 代表区域 j 在 t-m 时期的知识资本存量（m 是正整数）。$w_{ij}S_{jt-m}$ 能够解释区域 j 对区域 i 溢出的有效部分 R&D 资本存量。滞后期说明了考虑时间的区域 j 溢出到区域 i 是新产品和新工艺。在假设有效的知识相互溢出依靠区域 j 和区域 i 是否相邻、地理距离、经济距离等空间权重等基础上，构建时空滞后折现池，吻合了空间知识溢出的文献（Döring & Schellenbach, 2006）。特拉腾堡和亨德林（Trajtenberg & Henderson, 1993）用专利引用作为知识溢出，显示出知识溢出存在空间衰减，空间距离可以解释知识扩散衰减。基于特拉腾堡和亨德林（1993）的启发，采用谢尔盖尔和詹森伯格（Scherngell & Jansenberger, 2006）的思路，本书假设一个依靠地理距离权重的指数参数为[②]：

$$w_{ij} = \exp(-\delta d_{ij}) \qquad (4-29)$$

借助式（4-29）可以测试空间依赖强度而不需要假设。其中，d_{ij} 表示 R&D 溢出区域 j 和接收区域 i 间的地理距离。δ 是用来捕获距离影响溢出变量的敏感参数。如果 δ>0，意味着从区域外获得 R&D 资本存量随着距离呈指数下降。不同距离用来衡量 R&D 在不同空间自由流动的可能障碍。本书研究中使用的地理距离是省份 i 省会城市和省份 j 省会城市的球面距离[③]。

[①] 该定义显示在构建知识溢出相关池时面临两个主要问题：一是选择一个合适的时间滞后结构 m；二是一个合适的权重结构（w_{ij}，i≠j）反映有效知识溢出。

[②] 指数设定的理论基础是空间交互理论和分析（Fischer & Reggiani, 2004），并且具有优质的特征，具有对称性，即 $\exp(-\delta d_{ij}) = \exp(-\delta d_{ji})$，且当 d=0 时，$\exp(-\delta d_{ij}) = 1$，当 d→∞ 时，$\exp(-\delta d_{ij}) \to \infty$。

[③] 车行距离是一种替代方法（Crescenzi, Rodríguez-Pose & Storper, 2007, LeSage & Fischer, 2007），但当假设 R&D 扩散主要是面对面交流时，这种距离对本书是非常合适的。当然，这只是为了模型推导过程的简便，在实证中使用了 0-1 空间矩阵权重、地理距离空间权重、经济距离空间权重及技术距离空间权重等四种权重。

将式（4-29）代入式（4-28），可得：

$$S_{it}^* = \sum_{j \neq i}^{N} \exp(-\delta d_{ij}) S_{jt-m} \quad (4-30)$$

将式（4-30）代入式（4-25），可得：

$$\ln TFP_{it} = \ln A_{i0}^* + \eta_i \ln S_{it}^f + \gamma_i \ln AC1_{it} + \varphi_i \ln AC2_{it} + \psi_i \ln \sum_{j \neq i}^{N} \exp(-\delta d_{ij}) S_{jt-m}$$

$$(4-31)$$

结合前面对潜在吸收能力（AC1）、现实吸收能力（AC2）的界定及其形成的函数形式设定，对式（4-31）进行再整理，可得：

$$\ln TFP_{it} = \underbrace{\beta_{0i}^* + \eta_i \ln S_{it}^f}_{①} + \underbrace{\varphi_i \ln S_{it}^d + \theta_i \ln H_{it}}_{②} + \underbrace{\mu_i \ln S_{it} \times \ln S_{it}^d + \sigma_i \ln S_{it} \times \ln H_{it}}_{③}$$

$$+ \underbrace{\psi_i \ln \sum_{j \neq i}^{N} \exp(-\delta d_{ij}) S_{jt-m}}_{④}$$

$$(4-32)$$

模型（4-32）是在基准模型（4-19）的基础上，进一步考虑了区域间的技术溢出问题，将技术的空间溢出效应也考虑在模型中，这样得到的模型刻画了四个渠道影响全要素生产率。①表示的是国际技术溢出对全要素生产率的影响；②表示是本地区的潜在吸收能力对全要素生产率的影响；③表示国际技术溢出后经潜在吸收能力识别、获取和消化后转化为现实吸收能力对全要素生产率的影响；④表示空间技术溢出效应，即邻近区域的技术溢出对全要素生产率的影响。

由于前面的推导过程忽略了时间趋势，不能够反映空间效应下区域全要素生产率提升路径的动态过程。现将时间因素引入式（4-23）的希克斯效率项 A（·）中，则得到如下生产函数：

$$Y_{it} = A_{i0}^* (S_{it}^f, S_{it}^*, AC1_{it}, AC2_{it}, t) F(L_{it}, C_{it}) \quad (4-33)$$

假设希克斯效率项 A（·）的组成部分是多元组合项，可得如下式子：

$$A_{i0}^* (S_{it}^f, S_{it}^*, AC1_{it}, AC2_{it}, t) = A_{i0}^* e^{\lambda_i t} (S_{it}^f)^{\eta_i} (S_{it}^*)^{\psi_i} (AC1_{it})^{\gamma_i} (AC2_{it})^{\varphi_i}$$

$$(4-34)$$

其中，$e^{\lambda_i t}$ 表示全要素生产率的时间趋势，其他的同上。按照上述推导过程可得到空间效应下的动态理论模型为：

$$\ln TFP_{it} = \beta_{0i}^* + \lambda_i t + \eta_i \ln S_{it}^f + \varphi_i \ln S_{it}^d + \theta_i \ln H_{it} + \mu_i \ln S_{it} \times \ln S_{it}^d$$
$$+ \sigma_i \ln S_{it} \times \ln H_{it} + \psi_i \ln \sum_{j \neq i}^{N} \exp(-\delta d_{ij}) S_{jt-m} \quad (4-35)$$

动态模型 (4-35) 中，i 表示截面维度，t 表示时间维度；λ_i 表示 TFP 的时间趋势；η_i 衡量 i 国际溢出的先进技术对区域 i 全要素生产率的影响；φ_i 和 θ_i 分别表示区域 i 内的潜在吸收能力对全要素生产率提升的影响；μ_i 和 σ_i 分别表示区域 i 内的现实吸收能力对全要素生产率提升的影响；而 ψ_i 是用来捕捉其他区域技术溢出对区域 i 全要素生产率的影响，即区域间空间技术溢出对全要素生产率的影响。正的且显著的 ψ_i 估计值用来解释区域间空间技术溢出对促进全要素生产率的作用。如果 $\delta > 0$，表示随着区域 i 和区域 j 距离的增加，赋予一个更低的权重衡量区域 i 从区域 j 获得技术提高其全要素生产率水平。如果 $\delta = 0$，则距离和相对位置将不产生影响。本书由于数据的时间长度不够长，不能充分判断滞后项 m，在此假设当期 R&D 溢出对当期全要素生产率产生影响①。

如果 $\lambda_i = 0$，则模型 (4-35) 就蜕变为非动态的空间效应下的理论模型 (4-32)；如果设定 $\psi_i = 0$，则模型 (4-35) 就蜕变为不考虑空间效应的理论模型 (4-22)，进而不考虑现实吸收能力，即 $\rho_i = 0$ 和 $\sigma_i = 0$，继续蜕变为国际技术溢出和区域内 R&D 存量对区域全要素生产率影响的模型（如 C-H 模型、L-P 模型等）。总之，空间效应下区域全要素生产率提升路径理论模型虽然简单且有很多假设，如假设采用 C-D 生产函数、规模报酬不变等，但是模型可以满足分析技术在区域内和区域间溢出与全要素生产率关系的需要，并且能够在区域水平上提供有用的长期均衡关系信息。

---

① 即在此假设 m=0，一般 R&D 溢出具有滞后期，后面的稳健性检验 Ⅱ 也支持了滞后一期效果更好，但不考虑滞后期也不影响推断的结论，故此，为了方便后续的研究，假设 m=0。

第 5 章

中国全要素生产率的时空演进：
效率和创新细分视角

考察我国全要素生产率提升路径的有效性和异质性是本书的核心任务，因此，如何准确地测算国家层面、区域层面及省际层面的全要素生产率，并对其时空演进进行全面的比较分析，自然而然地成为本书研究的关键环节之一。

5.1 中国全要素生产率测度方法的选取

目前，文献对全要素生产率的估算方法很多，可归结为两大类：一类以微观数据为基础的 OLS、FE、OP 及 LP 等方法；另一类以宏观数据为基础的增长会计法、经济计量法等。到底哪种方法更优，学术界对此存在较大的争论（Van & Bevern，2012）。增长会计法是以新古典增长理论为基础，估算过程相对简便，考虑因素较少，主要缺点是假设约束较强，也较为粗糙；经济计量法利用各种经济计量模型估算全要素生产率，较为全面地考虑各种因素的影响，但估算过程较为复杂（郭庆旺、贾俊雪，2004a）。经济计量法中有一类方法为潜在产出法，也称边界生产函数法（frontier production function），在目前的研究中得到了广泛应用。这类方法利用投入和产出变化以及边界生产函数的位移来度量全要素生产率，其关键在于边界生产函数的估算以及观测值到生产边界距离的度量。依据边界生产函数和距离函数估算方法的不同，边界生产函数法又可划分为两类：一是参数随机边界分析（stochastic frontier analysis，SFA），其中较为流行的方法有希尔德雷思和霍克（Hildreth & Houck，1968）的随机系数面板模型（random coefficient panel model），这类方法可以很好地处理度量误差，但需要给出生产函数形式和分布的明确假设，对于样本量较少的经验研究而言，存在着较大问题（Gongand & Sickles，1992）。二是非参数数据包络分析（data envelopment analysis，DEA），这种方法直接利用线性优化给出边界生产函数与距离函数的估算，无须对生产函数形式和分布作出假设，从而避免较强的理论约束。在估算出边界生产函数与距离函数后，便可估计全要素生产率。目前，非参数数据包络分析较为流行的估计方法为Malmquist指数法。该指数最早由曼奎斯特（Malmquist，1953）作为一种消费指数提出，后来卡夫等（1982）将其应用到生产率变化的度量。与传统的增长会计法相比，利用Malmquist指数度量全要素生产率增长具有两方面的优势：一是无须要素价格信息和经济均衡假设，从而避免了较强的理论假设约束；二是可以将全要素生产率分解为效率变化与技术进步两部分，从而提供更为全面的全要素生产率变化信息。但Malmquist指数方法不能应用于单独估算某一国家或地区全要素生产率增长，只适合于面板数据。基于Malmquist指数法估算全要素生产率的优势，且本书使用的样本数据为面板数据，故此，本书也选择Malmquist指数法估计中国全要素生产率，并对全要素生产率进行分解。同时，为了保证估计的中国全要素生产率具有可靠性，本书再次采用了索洛法对中国全要素生产率进行再估计，为Malmquist指数法估计提供可比结果。与已有研究仅使用一种的测度方式不同，本书同时使用了两种测度方法对全要素生产率进行研究，保证了结果的稳健性和可靠性。

5.2 测度中国全要素生产率的相关数据及来源说明

采用 Malmquist 指数方法和索洛法估计中国全要素生产率时，需要产出、资本投入和劳动投入等相关数据。为了更好估计全要素生产率及其效率变化和技术进步率，下面对相关数据作出详细说明。

5.2.1 产出数据

衡量一个地区经济产出的指标有国内生产总值或国民生产总值。本书采用国内生产总值（GDP）作为衡量一个省份产出的基本指标。中国 31 个省份（不包括港、澳、台地区，下同）国内生产总值的数据来自国家统计局网站（1993~2017 年）和《中国国内生产总值核算历史资料》（1978~1992 年）及相关省份统计年鉴，以 1985 年为基期，使用 GDP 平减指数将 GDP 调整为可比值。

5.2.2 劳动投入数据

在全要素生产率分析中，严格来说，投入数量应当是一定时期内要素提供的"服务流量"，它不仅取决于要素投入量，而且还与要素的利用效率、要素的质量等因素有关，这样得到的全要素生产率就可以很好地代表技术进步，可以很好地规避掉由于要素错配或闲置而导致的技术效率下降。因此，劳动力投入应当指生产过程中实际投入的劳动量，可以使用标准劳动强度的劳动时间来衡量。理论上，劳动的质量、时间、强度与收入水平相关，在市场机制的调节下，劳动投入的服务流量可以由劳动报酬反映。而中国由于市场调节机制不够完善而且收入分配体制不尽合理，劳动报酬未必能很好地反映劳动投入的服务流量。因此，一些学者和机构开始考虑使用人力资本存量代替生产方程中的劳动投入量①。本书中的劳动投入量与张军和施少华（2003）、许和连等（2006）及赵志耘和杨朝峰（2011）等一样采用全社会年底从业人员数代替，数据来源于《中国统计年鉴》及各省份统计年鉴。同时，再使用人力资本及劳动力人力资本进行再估计，数据来源于2016年《中国人力资本报告》。②

5.2.3 资本存量数据

估计全要素生产率所需的真实产出和劳动投入可以方便地从现有的统计数据中直接获得，但资本存量需要在统计资料的数据基础上进行估算。测算资本存量的基本方法是由戈德史密斯（Goldsmith）于1951年开创的永续盘存法（perpetual inventory method），现在被OECD国家所广泛采用，其基本公式为：

$$K_t = \frac{I_t}{p_t} + (1-\delta)K_{t-1} \qquad (5-1)$$

其中，I_t是t期以当期价格计价的投资额，p_t是t期的价格指数，δ是折旧率。此式的含义是，t期的资本存量K_t是从上一期留存下来的资本存量$(1-\delta)K_{t-1}$与t期的实际投资I_t/P_t之和。由永续盘存法估算的基本公式可知，估算资本存量涉及四个方面的数据，分别为基期资本存量K_0、投资流量指标、价格指数及折旧率。由于中国流量资本数据存在一定问题，学者建议使用固定资本存量代替物资资本进行估算（李子奈、鲁传一，2002；岳书敬，2006）。由于中国官方公布的数据只有每年的固定资产投资和固定资产投资价格指数（1990年以后），因此，在估计区域全要素生产率之前，需要使用永续盘存法估计出按可比价格计算的省际资本存量。

现有文献对中国资本存量估算基本上是在永续盘存法的基础上进行的，但是在对基期资本存量估算、投资流量指标的选取、价格指数选取及折旧率

---

① 如金和劳伦斯（Kim & Lawrence, 1994）、杨（Young, 1995）、岳书敬和刘朝明（2006）及世界银行等。

② 具体可参阅CHLR官方网站：http://humancapital.cufe.edu.cn。

设定等处理细节上存在很大差异,如周(Chow,1993)基期资本存量估算是根据《中国统计年鉴》公布的1952年全民所有制企业的固定资产净值,按一定比例测算出1952年全社会的资本存量,投资流量指标选取生产性积累额,使用投资隐含平减价格指数作为价格指数指标,折旧率为零进行估算中国资本存量;谢千里等(1995)选取工业新增固定资产作为投资流量指标,使用建筑安装成本指数与设备购置价格指数的加权平均作为价格指数指标,折旧率为统计数据进行估算中国资本存量;王小鲁和樊纲(2000)选取全社会固定资产投资、投资交付使用率及固定资本形成作为投资流量指标,使用固定资产投资价格指数作为价格指数指标,折旧率选择为5%进行估算中国资本存量;张军和章元(2003)利用上海市的相关历史数据并根据上海市GDP占全国GDP的比重估算出全国基期资本存量,选取生产性积累额和固定资产投资额作为投资流量指标,设定折旧率为0.000进行估算;何枫等(2003)通过资本—国民收入比假设估算基期资本存量,选取固定资本形成总额作为投资流量指标,同样设定折旧率为0进行估算中国资本存量;郭庆旺和贾俊雪(2004)利用全民所有制工业企业的相关历史数据并根据全民所有制工业企业GDP占全国GDP的比重估算出全国基期资本存量,选取固定资产投资额作为投资流量指标,固定资产投资价格指数作为价格指数指标,设定折旧率为5%进行估算中国资本存量;霍尔茨(Holz,2006)选取新增固定资产作为投资流量指标,使用投资隐含平减价格指数作为价格指数指标,通过推算对应折旧率进行估算中国资本存量。张军、吴桂英和张吉鹏(2004)借助永续盘存法对中国省级物资资本估算后,后来的学者基本都是借鉴其方法进行物资资本估算(毛其淋、盛斌,2011;汪曲,2012;董敏杰、梁泳梅,2013;余泳泽,2015;等等),且涉及的变量及参数选取基本上都是参照其做法。

本书在借鉴张军、吴桂英和张吉鹏(2004)的基础上,使用永续盘存法对中国省级物资资本进行估算。所需原始数据包括作为当年固定资本投资指标的各省份每年固定资本形成总额(GFCF)、固定资产投资价格指数、消费者价格指数(CPI)及由劳动者报酬、固定资产折旧、营业盈余、生产税净额组成的实际 GDP 等。数据来源主要是中国国家统计局网站、《中国国内生产总值核算历史资料》、《新中国 60 年资料汇编》以及各省份统计年鉴。所有不变价格数据均使用 1985 年的价格。固定资产投资价格指数的数据自 1991 年开始（来自国家统计局网站），之前年份的价格指数借用《中国国内生产总值核算历史资料》中的资本形成总额的名义值与资本形成总额实际增长率计算而成①。对于个别缺失数据的省份，采用工业 GDP 的价格平减指数代替（数据来源为《新中国 60 年资料汇编》）。缺失数据使用合适的估计值代替②，对于不合理的极值，采用上下两年的均值进行处理。

永续盘存法对资本存量初期值十分敏感，为了使初期值不对后期资本存量造成显著的影响，最好使用更早期的初期值（郭庆旺、赵志耘和贾俊雪，2005）。故此，本书在估算资本存量时各项数据的初始年份为 1952 年，资本存量初期值由以下公式得到：

$$C_{1952} = \frac{GFCF_{1952}}{\delta + \theta} - GFCF_{1953} \quad (5-2)$$

$$\theta = \left(\frac{GFCF_{1957}}{GFCF_{1953}}\right)^{1/4} - 1 \quad (5-3)$$

其中，$GFCF_{1953}$ 为 1953 年的固定资本形成总额，δ 是固定资本折旧率，θ 是实际固定资本平均增长率，此处实际固定资本平均增长率选取 1953~1957 年实际固定资本几何平均增长率作为 θ 的估计值，并由此得到初期固定资本存量 C_{1952}。这样的合理性在于，1952 年之前的固定资本增长率不可得，而其与 1952 年相近年份的固定资本增长率最接近，故做此估计③。各省份固定资本形成总额的折旧率与郭庆旺等（2005）一样选取 9.6%。这样便可估算

---

① 估计方法采用郭庆旺等（2005）的方法，即采用各省份投资隐含平减指数对 2005 年之前的名义投资进行平减，2005 年后采用《中国统计年鉴》公布的固定资产投资价格指数将名义投资折算为不变价格。
② 如需要对 1996 年之前的四川省和重庆市的相关数据进行拆分估算。
③ 郭庆旺等（2005）选取全部时间的几何平均，由于中国最近几年的基础投资是在加速，估计得到的初始值 θ 偏高，由此计算得到的初期资本存量偏低。

1952~2017年的各省份固定资本存量，截取1985~2017年的数据为本书使用。

5.3　中国全要素生产率的估算及时空动态演进分析

5.3.1　基于Malquist指数法的估算及时空动态演进分析

Malmquist 指数法是以面板数据构造生产最佳前沿面，将实际生产点与生产前沿面进行对比来核算效率损失，且可将 TFP 进一步分解为技术效率与技术进步率两大成分指数（Fare et al.，1994）。假设共有 N 个主体，其中，第 j 个主体 t 期的投入为 $x_j^t = (K_{jt}, L_{jt})'$，$K_{jt}$ 为资本存量投入，L_{jt} 为劳动力投入，y_t 为 t 期的 j 主体产出。第 j 个主体 t+1 期 TFP 的 Malmquist 指数为：

$$M_j^t(x_j^{t+1}, y_j^{t+1}, x_j^t, y_j^t) = \left[\left(\frac{D_j^t(x_j^{t+1}, y_j^{t+1})}{D_j^t(x_j^t, y_j^t)} \right) \left(\frac{D_j^{t+1}(x_j^{t+1}, y_j^{t+1})}{D_j^{t+1}(x_j^t, y_j^t)} \right) \right]^{1/2} \quad (5-4)$$

按照谢帕德（Shephard，1970）的定义，$D_o(.)$ 表示 t 期生产活动 (x^t, y^t) 相对于 t+1 期生产可能集 (x^{t+1}, y^{t+1}) 产出的距离函数[①]。其中，x^t，y^t 代表 t 时投入和产出，M_j^i 代表和生产点 (x_t, y_t) 相比较的生产点 (x_{t+1}, y_{t+1}) 的生产力。比 1 大的值代表从 t 到 t+1 时期的一个正的 TFP 增长。事实上，这个指数就是两个基于产出的 Malmquist TFP 指数的等比中，一个指数使用 t 时期的技术，另一个指数使用 t+1 时期的技术。为了获得 TFP 必须计算包含四个线性规划的函数。TFP 指数可进一步分解如下[②]：

$$TFP_{tj} = \underbrace{\frac{D_j^t(x_j^{t+1}, y_j^{t+1})}{D_j^t(x_j^t, y_j^t)}}_{EFFCH} \underbrace{\left[\left(\frac{D_j^t(x_j^{t+1}, y_j^{t+1})}{D_j^{t+1}(x_j^{t+1}, y_j^{t+1})} \right) \left(\frac{D_j^t(x_j^t, y_j^t)}{D_j^{t+1}(x_j^t, y_j^t)} \right) \right]^{1/2}}_{TECH} \quad (5-5)$$

其中，第一项 EFFCH 为第 j 个主体 t+1 期的效率变化指数，第二项 TECH 为

[①] Fare R, Grosskopf, Lovell. Production Frontiers [M]. Cambridge University Press, 1994.
[②] 法尔等（Fare et al.，1994）通过图解的方式给出了 TFP 变动及分解，参见：Fare R, Grosskopf S, Lovell C A K. Production Frontiers [M]. Cambridge University Press, 1994。

第 j 个主体 t+1 期的技术进步率指数。若 EF 和 TE 大于 1，意味着效率和技术分别得到改善，反之，则意味着效率和技术出现恶化。根据法尔等（Fare et al, 1994）对 TFP 分解和推导可知，利用 Malmquist 指数测度的 TFP 增长、效率变化与技术进步率的关键在于估算距离函数 $D_j^p(x_j^q, y_j^q)$，函数的表达公式为：

$$D_j^p(x_j^q, y_j^q) = [\sup\{\phi : (x_j^q, y_j^q) \in S(p)\}]^{-1}; p, q = t, t+1 \quad (5-6)$$

其中，$S(p) = \{(x_j^p, y_j^p): x_j^p, y_j^p \geq 0\}$ 为第 j 个主体 p 期的生产可行集合。由此可见，距离函数 $D_j^p(x_j^q, y_j^q)$ 的倒数度量了第 j 个主体在 p 期位于生产可行集合边界的投入保持不变的情况下，在 q 期所能实现的最大产出增量。DEA 通过求解如下的优化问题来估算距离函数 $D_j^p(x_j^q, y_j^q)$。

$$\begin{cases} \max \phi_h \\ st \quad \phi_h y_{jq} - \sum_{i=1}^{j} \lambda_i y_{ip} \leq 0, \sum_{i=1}^{j} \lambda_i K_{ip} \leq K_{hq}, \sum_{i=1}^{j} \lambda_i L_{ip} \leq L_{hq}, \lambda_1, \lambda_2, \cdots \lambda_j \geq 0 \end{cases}$$

$$(5-7)$$

其中，$\phi_h = [D_j^p(x_j^q, y_j^q)]^{-1}$，$(p, q) \in \{(t, t), (t, t+1), (t+1, t), (t+1, t+1)\}$。这样得到距离函数后就可以由分解的 $M_j^t(x_j^{t+1}, y_j^{t+1}, x_j^t, y_j^t)$ 式给出第 j 个主体 t+1 期的 TFP 指数、效率变化指数和技术进步率指数。使用面板数据可以使用类似 DEA 的线性规划和一个（基于投入或者产出）Malmquist 指数来测度 TFP 的变化，并分解为技术进步和技术效率的变化。本书同时运用劳动力数量、人力资本及劳动力人力资本三种劳动力投入量数据，使用 Malmquist 指数法估算国家层面、区域层面及省际层面全要素生产率①。通过对 31 个省份 1986~2017 年的相关数据估算得出 TFP，并通过对其分解得到技术进步和技术效率的变化。

5.3.1.1 空间维度动态演进分析

由附表 1 可以看出，借助人力资本、劳动力人力资本及劳动力数量计

---

① 本书在具体估算时采用的是 DEAP 2.1 软件。

算得到的区域维度全要素生产率及其分解是有差异的①，求得1987~2017年全国TFP增长率分别是2.4%、2.0%及2.0%。由其分解可知，差别主要来源于技术效率的差异，技术进步差异不大，特别是由人力资本和劳动力人力资本计算的技术进步年平均都是1.9%，而由人力资本、劳动力人力资本及劳动数计算的技术效率分别为0.2%、0.1%和0.9%。由于人力资本和劳动力人力资本已经反映了劳动者质量，其基础数据已经反映效率改变，在进行全要素生产率估算时不考虑人力资本因素，估算的值比考虑估算的值要高，这与岳书敬和刘朝明（2006）的研究结论是一致的②。

与其他学者研究结果比较发现，本书得到的1987~2017年的TFP平均增长率（2.0%~2.4%）高于郭兴旺和贾俊雪（2005）的0.89%，赵伟、马瑞永和何元庆（2005）的-0.87%，章祥荪和贵斌威（2008）的1.6%，孟令杰和李静（2004）的0.84%，杨（Young，2003）的1.4%；低于沈坤荣（1999）的3.9%，叶裕民（2001）的4.59%，郑和胡（Zheng & Hu，2004）的3.19%，李小平（2008）的9.7%；接近于王和姚（Wang & Yao，2001）的2.32%，周（Chow，2002）的2.68%，张军和施少华（2003）的2.8%，也与章祥荪和贵斌威得到的1979~2001年TFP平均增长率为2.13%比较接近。总体而言，本书的结果与大多数学者研究的结论是非常接近的，显示出相当的稳健性③。同时，近年来很多学者开始使用企业层面数据估算中国全要素生产率，他们的估计基本上都高于本书的估计结果④，因为目前使用的企业数据基本上都是规模以上企业数据，这些企业也

---

① 本书主要以劳动力数量计算得到的全要素生产率为基准进行讨论，其他的作为稳健性分析。
② 岳书敬和刘朝明（2006）通过引入人力资本到全要素生产率模型中，比较发现，不考虑人力资本存量，低估了效率提高程度，高估了技术进步指数。岳书敬，刘朝明. 人力资本与区域全要素生产率分析 [J]. 经济研究，2006（4）：90-96。
③ 本书的样本期间与很多学者研究期间有交叉，但是本书把数据扩展到了2013年，为了样本时期的一致性，本书将时期分为两段分别估计：1987~2001年计算得到平均增长率为2.8%，2002~2017年平均增长率为2.4%，比较得出的结论和前面一致。
④ 如布兰特等（Brandt et al.，2012）估计1998~2007年中国TFP年均增速是7.96%；杨汝岱（2015）估计1998~2009年中国TFP年均增速是3.83%。

代表了中国先进的生产率，使用这些数据估计，会明显地高于本书估计的结果是合理的。

结合图5-1和附表1的省际、区域TFP变动及分解（1987～2017年）可知，省际、区域差距比较明显，东部地区TFP年均增速为3.03%，而中部和西部的平均增速为1.8%和2.15%。由TFP变动的分解可知，中部地区在技术进步方面比东部和西部都低，但是在技术效率方法方面，低于东部高于西部。由人力资本和劳动力人力资本估算的TFP变动及分解可知，在考虑了劳动力质量后，中部的技术效率明显高于西部，这说明可能由于西部大开发政策驱使的西部技术进步主要是靠外援引进，而自主创新及吸收效率并不显著。分析东部、中部及西部各省份的TFP变动情况后发现，东部地区虽然1987～2017年总体TFP增长超过全国水平，其中，平均增速比较高的是北京和天津，分别是5.5%和5.7%。平均增长速度最低的浙江省呈现了负增长，年均增速是-1.6%。而且使用人力资本和劳动力人力资本计算的TFP变动也是出现增长速度为负的情况，分别为-1.5%和-1.7%[①]。中部地区虽然是在三大区域中增长速度最低的，但是所有的省份1987～2017年总体TFP的平均增长速度都是正的。其中，增长速度最低的是湖南省，只有0.7%，最高的是内蒙古的2.5%。西部地区所有的省份1987～2017年总体TFP的平均增长速度都是正的且差距不大，其中，增长速度最低的青海省也有1.0%，最高的甘肃省为3.35%。

---

① 表明浙江省1987～2013年技术和效率是退步的，现实中，技术和技术效率是很难倒退的，这与中国改革开放高速发展的过程不符合。根据岳书敬和刘朝明（2008）的观点，可能的原因之一是由于研究的技术进步是狭义的技术进步，而不是广义技术进步；二是由于DEA的Malmquist生产率指数不考虑随机效应，完全根据数据得到TFP及其分解指数，因此，技术进步增长为负可能是随机效应的结果。潘晓光（2014）的解释是技术退步主要也有两个方面原因：其一是因为数据质量问题。潘晓光强调，不管是采用单豪杰（2008）还是张军等（2004）的资本存量估算方法，可能是由于使用的资本折旧率或固定资产价格指数偏低，导致资本存量的高估，势必会引致DEA的Malmquist生产率指数不理想乃至为负的TFP及技术进步率。其二是由于产业结构问题。如果一省的资本密集型和劳动密集型产业增长的速度比技术密集型产业增长快，也可能会出现TFP和技术进步增速为负的情况。结合本书的考虑，浙江省出现了技术进步和技术效率同时为负的情况，其中的一个原因就是浙江省的资本密集型和劳动密集型产业增长的速度比技术密集型产业增长快，另外，可能是由于在TFP及其分解的估算时没有考虑随机效应。

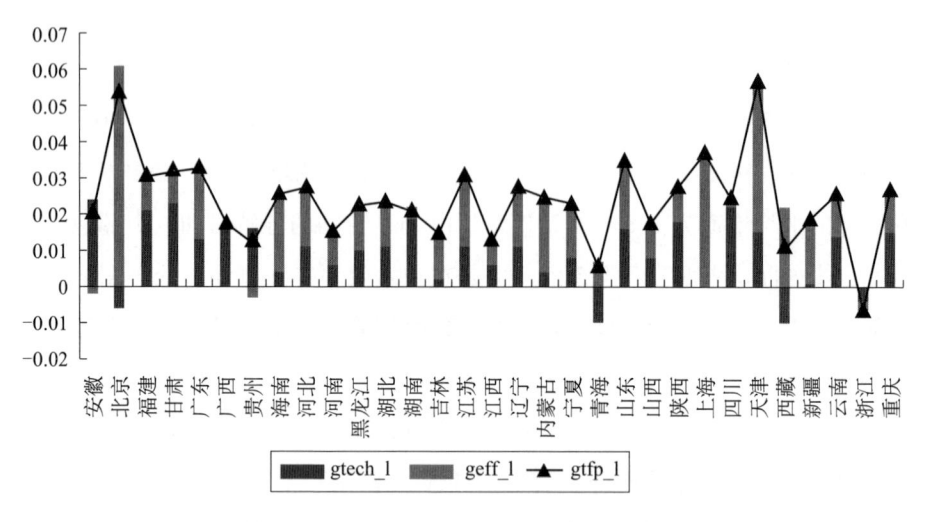

图 5-1　基于 Malquist 指数法的 TFP 变动及分解（空间维度）

注：图例中的 gtfp、geff 及 gtech 分别表示 TFP、技术效率和技术进步的增长率，后面加上_l 表示是采用劳动力数量估算得到的。下面若没有特殊说明，则相同图例含义相同。

5.3.1.2　时间维度动态演进分析

由附表 2 可以看出，中国全要素生产率及其分解 1987~2017 年总体增长是正的，但是有些年份波动也是比较大，如 TFP 增长最高的是 1993 年的 8.1%，而最低的是 1990 年的 -0.7%；技术进步最高的是 1993 年的 12.5%，最低的是 1997 年的 -6.6%；技术效率增长最高的是 1997 年的 9.2%，最低的是 1992 年的 -4.2%，波动的时间段基本上都是在 1990~1998 年，这也和中国对外开放及国有企业改革的历史轨迹相吻合。1998~2017 年，中国全要素生产率基本上是平稳增长，这期间的全要素生产率主要是由于技术进步贡献的，特别是加入 WTO 后，中国技术得到长足的进步，但是这期间的技术效率是处于下降的，这期间中国企业开始走向扩展，需要做大做强，特别是国有企业，导致出现一种规模不经济现象。

由图 5-2 看全国层面的 TFP 变动及其分解发现，劳动力数量估算得到的全国层面的 TFP 在 1987 年和 1990 年呈现出负增长，且其负增长的诱因都是技术进步率的下降导致。由附表 2 可知，借助人力资本和劳动力人力资本估

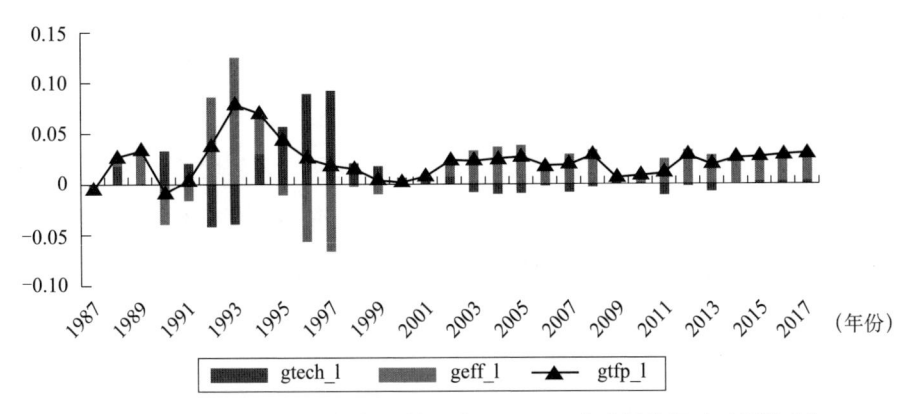

图 5－2 基于 Malquist 指数法的国家层面 TFP 变动及分解（时间维度）

算的全国 TFP 出现负增长的年份比劳动力估算的结果有所增加。在人力资本估算下 TFP 在 1987 年、1991 年、1992 年、1999～2004 年、2007 年及 2010 年都是负增长，但是引致负增长的诱因表现出了差异性，如 1987 年、1991 年及 1999 年是技术进步率的下降导致，1992 年、2004 年、2007 年及 2010 年是技术效率下降引致，而 2000～2003 年是由技术进步率和技术效率双降引致；由劳动力人力资本估算得到的全国整体 TFP 也有很多年份呈现出了负增长，但是由于这两种方法都同时考虑了劳动力的质量，表现出了很多一致性，如 1987 年、1988 年、1991 年、1992 年、1999～2001 年及 2010 年呈现负增长。同样，引致负增长的诱因也表现出了差异性，如 1987 年、1988 年及 1999 年是技术进步率的下降导致，1992 年和 2001 年是技术效率下降引致，而 1991 年、2000 年和 2010 年是由技术进步率和技术效率双降共同导致。

进一步从时间维度考察中国三大区域 TFP 变动及技术进步和技术效率[①]。东部地区 TFP 增速优于全国整体水平，主要是由于技术进步引致的，而东部的技术效率年均增长率只有 0.86%，反而低于全国水平。由图 5－3 可知，

---

① 这里分析的数据都是使用劳动力人数估算的。实际写作过程中和全国 TFP 变动及分解一样的，为了检验结果的稳定性，分别使用了人力资本和劳动力人力资本进行估算，估算的结果和全国的基本一致，为了节省篇幅，不再阐述。

虽然东部地区的 TFP 增长率比较高，但是 1987～2003 年的增长率波动还是比较大的，如 1987 年、1991 年、1992 年及 1999～2003 年都出现了不同程度的负增长，其中，1991 年全要素生产率出现了高达 5.5% 的负增长，而 1997 年又出现了 17.7% 的高速增长。但是，引致东部地区 TFP 负增长的诱因表现出了差异性，如 1991 年、2002 年及 2003 年是技术进步率的下降导致，1992 年是技术效率下降引致，而 1987 年及 1999～2001 年是由技术进步率和技术效率双降引致。

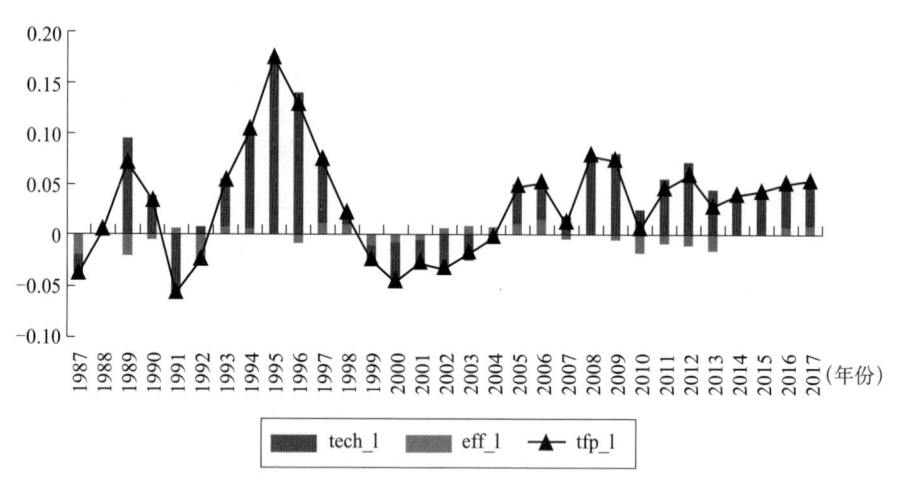

图 5-3　基于 Malquist 指数法的东部地区 TFP 变动及分解（时间维度）

中部地区 TFP 增速明显低于全国整体水平，主要是由于技术进步率低于全国水平引致的，而中部地区的技术效率反而高于全国水平。由图 5-4 可知，中部地区 1987～2017 年 TFP 增长率波动也比较大，其中，1991 年全要素生产率出现了高达 6.4% 的负增长，而 1995 年又出现了 15.7% 的高速增长。与东部和西部比较发现，中部地区出现负增长额年份比较多，在 1987～2017 年的 32 年间，有 13 年出现负增长，且出现了连续的负增长，如 1998～2004 年。根据技术进步和效率变动的情况来看，引致中部地区 TFP 负增长的诱因在不同的年份也表现出了差异性，有的年份是技术进步率的下降导致，有的年份是技术效率下降引致，还有的年份是由技术进步率和技术效率双降引致。

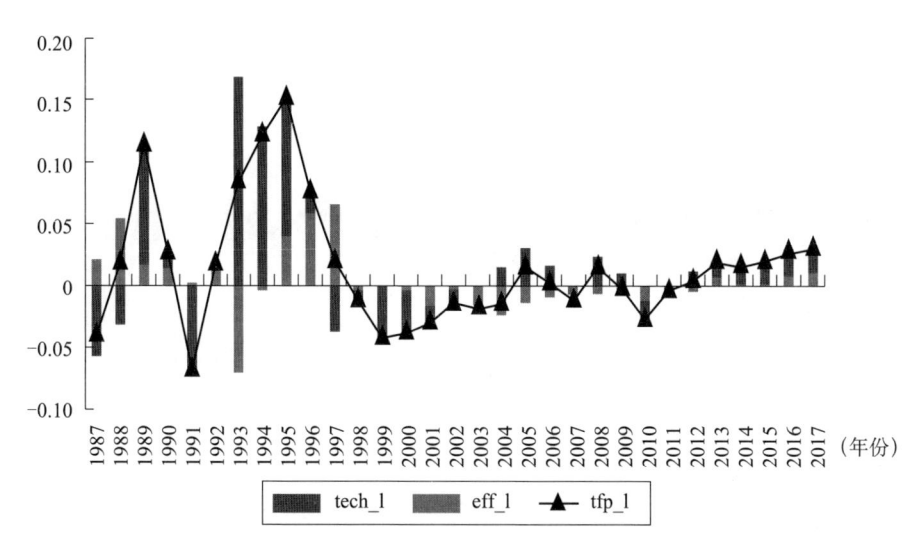

图 5-4 基于 Malquist 指数法的中部地区 TFP 变动及分解（时间维度）

西部地区 1987~2017 年 TFP 增长率出现负增长的年份和中部一样都比较多，且也出现了 1999~2004 年长达 6 年的连续负增长（如图 5-5 所示）。波动幅度也比较大，其中，2000 年全要素生产率出现了 4.2% 的负增长，而 1995 年又出现了 14.6% 的高速增长。根据技术进步和效率变动的情况来看，引致西部地区 TFP 负增长的诱因在不同的年份也表现出了差异性，有的年份是技术进步率的下降导致，有的年份是技术效率下降引致，还有的年份是由技术进步率和技术效率双降引致，如 1992 年、2000 年、2003 年及 2004 年是技术进步率的下降导致，2007 年和 2010 年是技术效率下降引致，1987 年、1988 年、1991 年、1999 年、2001 年是由技术进步率和技术效率双降引致。从技术进步方面看，加入 WTO 后中国东部、中部及西部技术进步率经过短暂阵痛期，基本上是在持续提高的，达到以"市场换技术"的改革开放初衷。从技术效率方面看，2007 年美国次贷危机后，中国为了保经济增长，进行了"4 万亿投资"，导致后续技术效率的持续下降，特别是东、西部地区，由于大量的投资，导致出现很明显的效率下降问题，出现了"4 万亿投资"的后遗症。

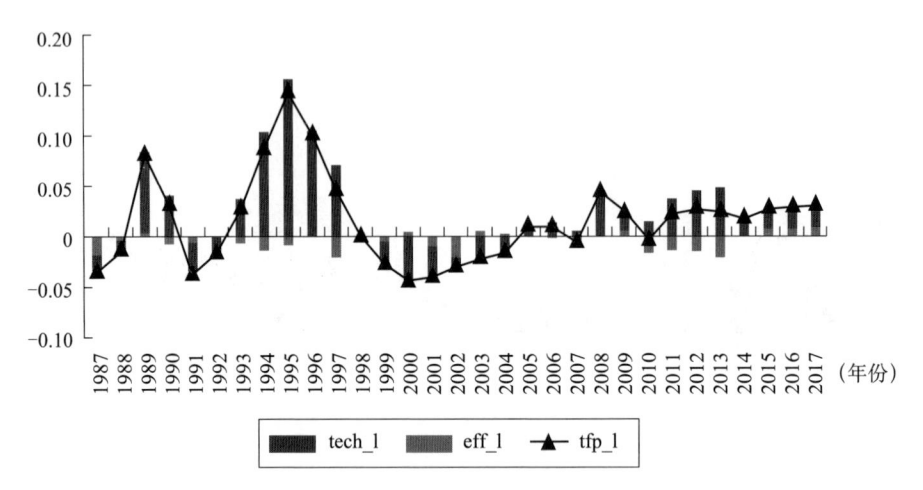

图 5-5 基于 Malquist 指数法的西部地区 TFP 变动及分解（时间维度）

5.3.2 基于索洛法的再估计及分析

关于经济增长的源泉，当代经济学界基本达成共识，认为经济增长的动力主要来源于劳动力的增长、固定资本存量的增长以及广义技术进步（叶裕民，2003）。索洛余值就是经济增长中扣除劳动力和固定资本存量增长后的技术进步贡献，其中既包括生产中技术的提升，也包括生产中技术效率的改善等。近年来，虽然有些学者指出了用索洛余值法计算 TFP 的缺陷，但索洛余值法在经济学界还是得到很多学者的认同，如保罗·萨缪尔森和威廉·诺德豪斯直接以索洛余值法估算了美国的 TFP[1]。本书参照科和赫尔普曼（1995）构建 C-D 生产函数来估算全要素生产率，同时，借鉴张军和施少华（2003）的思路[2]，引入自我学习能力项 $e^{a_i t}$，诠释全要素生产率不仅区域存在差异，同时会随着时间变化，构建生产函数如下：

$$Y_{it} = A_i e^{a_i t} K_{it}^{\alpha_i} L_{it}^{\beta_i} \qquad (5-8)$$

其中，α_i 和 β_i 分别表示各省份的资本和劳动的产出弹性；$e^{a_i t}$ 说明生产会随

---

[1] 保罗·萨缪尔森，威廉·诺德豪斯. 经济学：下册 [M] 北京：华夏出版社，1999.
[2] 与张军和施少华（2003）不同的是，张军和施少华构建的是全国的生产函数，本书使用的是省级面板数据，构建了 31 个省份的生产函数。

着时间改变，是一个动态生产函数，体现了随着时间的推移不同省份的自我学习能力，对式（5-8）取对数得到：

$$\ln Y_{it} = \ln A_i + a_{it}t + \alpha_i \ln K_{it} + \beta_i \ln L_{it} \qquad (5-9)$$

通过对方程的回归①，得到各省份的资本和劳动的产出弹性 α_i^* 和 β_i^*。再根据以下式子可估算 t 年省份 i 省的全要素生产率：

$$TFP_{it} = \frac{Y_{it}}{K_{it}^{\alpha_i^*} L_{it}^{\beta_i^*}} \qquad (5-10)$$

其中，Y_{it} 表示 t 年省份 i 的产出，本书使用省份实际 GDP 代替；α_i^* 和 β_i^* 分别表示省份 i 的资本和劳动的产出弹性。K_{it} 表示的是 t 年省份 i 的资本存量，采用前面估算的结果；L_{it} 代表 t 年省份 i 的投入劳动力数量。与前面的 Malquist 指数法一样，在实际操作中同时运用劳动力数量、人力资本及劳动力人力资本三种劳动力投入量数据进行估计。在估算之前，先需要确定是否存在规模效应，即是否 $\alpha_i + \beta_i = 1$。借助 Wald 检验法②，检验 $\alpha_i + \beta_i = 1$ 假设，结果表明，在 1% 的显著性水平下接受原假设，即认为中国经济 1978～2017 年规模收益不变③。在估算 α^* 和 β^* 时，通常假设每个省份的 α^* 和 β^* 是不同的，同省份不同时期 α^* 和 β^* 是相同，如科和赫尔普曼（1995）假设 α^* 和 β^* 存在截面效应，不存在时间效应。本书假设 α^* 和 β^* 存在截面差异，同省份不同时期 α^* 和 β^* 是相同，即 $\alpha_i^* \neq \alpha_j^*$ 和 $\beta_i^* \neq \beta_j^*$，但 $\alpha_{it}^* = \alpha_{it+1}^*$ 和 $\beta_{it}^* = \beta_{it+1}^*$，进行回归得出 α^* 和 β^*，参见附表 3，但是估算的 α^* 和 β^* 值并不理想。首先由回归结果知道，很多省份的系数不显著，且安徽和甘肃的 α^* 估计值出现了负值，这显然不符合中国经济现实。同时，为了结果的稳定性，使用人力资本和劳动力人力资本再次对 α^* 和 β^* 进行估计，见附表 3，但结果同样不理想。本书认为，通过改革开放中国基本形成了市场经济体制，国

---

① 有些学者为了研究方便，假设规模报酬不变，即 $\alpha_i + \beta_i = 1$，也有假设规模报酬是变化的，但是到底选择哪种，本书将依据 Wald 检验结果选择。

② Wald 检验原理参考了潘省初（2012）的计量经济学中级教程。具体参见：潘省初. 计量经济学中级教程 [M]. 北京：清华大学出版社，2012：84-85。

③ 结论和中国经济快速发展的直觉上是相悖的，然而，科和赫尔普曼（1995）在计算 TFP 时也是假设 $\alpha_i + \beta_i = 1$，加上 Wald 检验结论的支持，本书设定规模报酬不变具有合理性。

内的生产要素基本达到充分流动，基于这种情况，再假设不同省份间的资本和劳动产出弹性是不同的显然是不符合中国国情的。同时，由于中国经济体制由计划经济转变为社会主义市场经济及此过程中的国有企业改革，中国经济一直处于转型中，具有时代的痕迹，所以采用时间效应的 α^* 和 β^* 估算 TFP 更加合理。假设不同省份同时期的 α^*、β^* 相同，即 $\alpha_{it}^* = \alpha_{jt}^*$ 和 $\beta_{it}^* = \beta_{jt}^*$，但 $\alpha_{it}^* \neq \alpha_{it+1}^*$ 和 $\beta_{it}^* \neq \beta_{it+1}^*$，得出的结果见附表 4。比较两种假设估计的 α^* 和 β^* 值后，本书认为，附表 4 估计结果更合理①。同时，为了结果的稳定性，使用人力资本和劳动力人力资本再次对 α^* 和 β^* 进行估计，得到的估计结果同样比 $\alpha_i^* \neq \alpha_j^*$、$\beta_i^* \neq \beta_j^*$ 及 $\alpha_{it}^* = \alpha_{jt+1}^*$、$\beta_{it}^* = \beta_{jt+1}^*$ 假设下的结果理想。因此，本书以表 5-4 的 α^* 和 β^* 估计值为基准计算 1987~2017 年中国 31 个省份的全要素生产率②。将附表 4 的 α^* 和 β^* 及实际产出、资本存量及劳动力数量代入 TFP 估计式，计算得到中国 31 个省份 1987~2017 年的全要素生产率 TFP_{it}，再通过 TFP_{it} 和 TFP_{it-1} 计算出中国 31 个省份 1987~2017 年的全要素生产率增长率 tfp_{it}，同时，为了结果的稳定性，使用人力资本和劳动力人力资本进行再估算。

由基于索洛法估算的 1987~2017 年中国全要素生产率增长率可知（如图 5-6 所示），用劳动力数量估算得到的全国 TFP 增长率波动比人力资本和劳动力人力资本估算的 TFP 增长率波动小。用劳动力数量估算得到的全国 TFP 增长率 1989 年、1990 年、1999 年及 2008~2012 年呈现出负增长。而借助人力资本和劳动力人力资本估算得到的全国 TFP 出现负增长的年份有所增加，如在人力资本估算下，1987 年、1990 年、1991 年、1997~2000 年、2002 年、2009 年及 2009 年都是负增长。由劳动力人力资本估算得到的全国总体 TFP 也有很多年份呈现了负增长，但是由于这两种方法都同时考虑了劳动力的质量问题，表现出了一致性，如 1987 年、1991 年、1997~2000 年及 2002~

---

① 判断是依据资本和劳动弹性系数本身及其显著水平，由于篇幅限制，在此没有报告出 t 值。

② 在实际估算时，也使用了附表 3 中的 α^* 和 β^* 估计值进行了估算，但是发现得到的全要素生产率波动大，且与前面使用 Malquist 指数法估计得到的 TFP 差异显著，在书中将不再阐述此估计结果。

2006年呈现负增长。

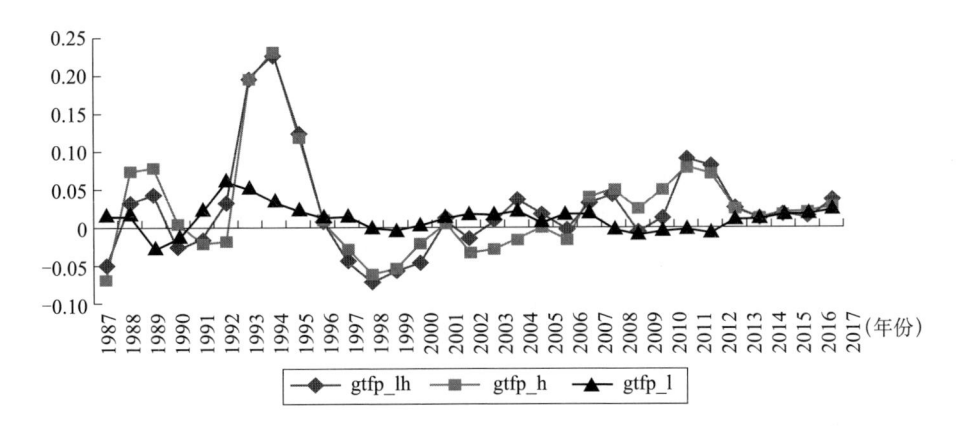

图 5-6　基于索洛法的全国层面 TFP 增长率（时间维度）

注：图例中的 gtfp 代表全要素生产率的增长率，后面加上 _h、_lh 及 _l 分别表示是用人力资本、劳动力人力资本及劳动力数量计算得到的 TFP 增长率。下文若没有特殊说明，则相同图例含义相同。

由 1987~2017 年中国全要素生产率描述统计表可知（见表 5-1），由劳动力数量估算得到的全国 TFP 年平均增长率是 1.2%，而使用劳动力人力资本和人力资本估算得到的全国 TFP 年均增长率分别是 2.2% 和 2.3%[①]。由最大值和最小值及标准误看，劳动力人力资本和人力资本估算得到的 TFP 增长率波动要比劳动力数量估算波动大。

表 5-1　基于索洛法的全国层面 TFP 增长率描述统计

变量	均值	中位数	标准误	偏度	峰度	最小值	最大值
gtfp_l	0.012	0.014	0.020	0.45	3.516	-0.027	0.062
gtfp_h	0.022	0.002	0.076	1.189	4.214	-0.08	0.234
gtfp_lh	0.023	0.013	0.072	1.238	4.385	-0.074	0.224

注：gtfp 代表全要素生产率的增长率，后面加上 _h、_lh 及 _l 分别表示是用人力资本、劳动力人力资本及劳动力数量估算得到的 TFP 增长率。

从时间维度考察中国三大区域 TFP 增长率。由图 5-7 和表 5-2 可知，

---

① 由于描述统计计算的平均增长率是算术平均，而计算增长率的平均应该使用几何平均，表中列出的均值是笔者通过单独计算后替换了统计软件给出的均值。

东部地区 TFP 增速优于全国整体水平，虽然东部地区的 TFP 增长率比较高，但是 1987~2017 年的增长率波动比较大，如用劳动力数量估算的全国 TFP 增长率 1992 年、1993 年、1997~1999 年、2007 年、2009 年及 2010~2013 年都出现了不同程度的负增长，其中，1993 年全要素生产率出现了高达 25.4%的负增长，而 1995 年又出现了 38.9%的高速增长。而借助人力资本和劳动力人力资本估算得到的全国整体 TFP 出现负增长的年份有所减少，且波动也有所下降。

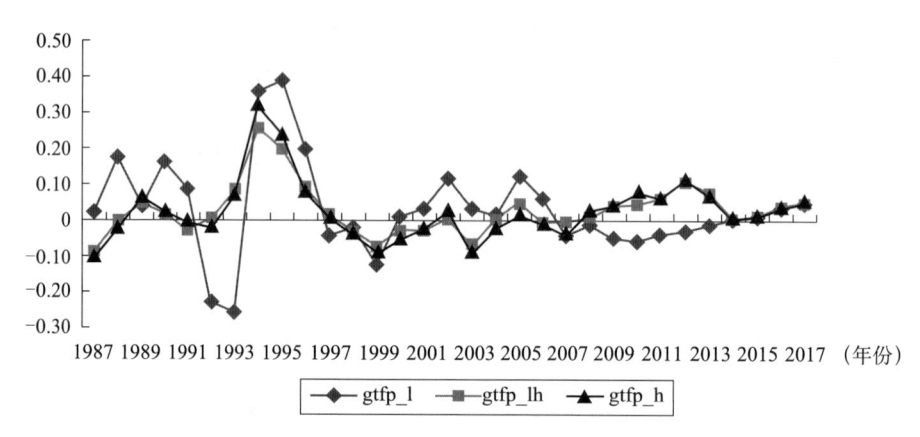

图 5-7　基于索洛法的东部地区 TFP 增长率（时间维度）

表 5-2　　　　　　基于索洛法的东部地区 TFP 增长率描述统计

变量	均值	中位数	标准误	偏度	峰度	最小值	最大值
gtfp_l	0.014	0.016	0.151	-0.164	4.431	-0.445	0.317
gtfp_h	0.043	0.019	0.121	1.918	6.727	-0.112	0.462
gtfp_lh	0.036	0.013	0.082	1.343	4.418	-0.095	0.253

注：gtfp 代表全要素生产率的增长率，后面加上_h、_lh 及_l 分别表示是用人力资本、劳动力人力资本及劳动力数量估算得到的 TFP 增长率。

由图 5-8 和表 5-3 可知，中部地区 TFP 增速明显低于全国整体水平，而且 1987~2017 年 TFP 增长率波动也比较大，其中，1994 年全要素生产率出现了高达 34.5%的负增长，而 2006 年又出现了 31.5%的高速增长。与东部地区比较发现，中部地区出现负增长年份和东部一样多，但是具体年份差异很大。借助人力资本和劳动力人力资本估算得到的全国 TFP 出现负增长的年份有所减少，且波动也有所下降。

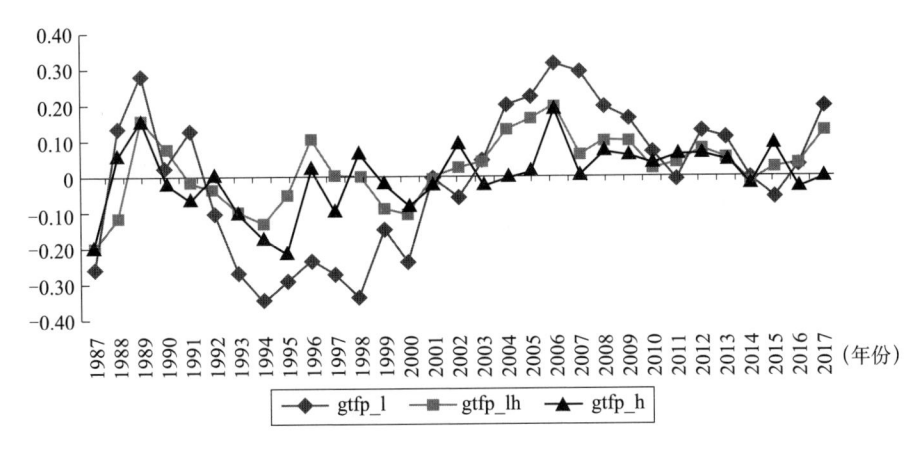

图 5-8　基于索洛法的中部地区 TFP 增长率（时间维度）

注：图例中的 gtfp 代表全要素生产率的增长率，后面加上_h、_lh 及_l 分别表示是用人力资本、劳动力人力资本及劳动力数量估算得到的 TFP 增长率。

表 5-3　　　　　基于索洛法的中部地区 TFP 增长率描述统计

变量	均值	中位数	标准误	偏度	峰度	最小值	最大值
gtfp_l	0.006	0.008	0.154	-0.174	4.451	-0.486	0.308
gtfp_h	0.046	0.018	0.126	1.908	6.717	-0.102	0.472
gtfp_lh	0.037	0.012	0.089	1.335	4.408	-0.085	0.278

注：gtfp 代表全要素生产率的增长率，后面加上_h、_lh 及_l 分别表示是用人力资本、劳动力人力资本及劳动力数量估算得到的 TFP 增长率。

由图 5-9 和表 5-4 可知，西部地区 1987～2017 年 TFP 增长率出现负增长的年份比东、中部多，且出现了连续负增长，波动幅度也比较大，其中，1993 年全要素生产率出现了 28.64% 的负增长，而 1990 年又出现了 30.84% 的高速增长。人力资本和劳动力人力资本估算得到的西部 TFP 出现负增长的年份有所减少，且波动也有所下降。从时间段来看，1987～2001 年，全要素生产率增长率波动比较大，不过出现大幅波动与对外开放和国有企业改革历史进程是相符的。而 2001 年后波动幅度下降，加入 WTO 后中国东部、中部及西部地区技术进步率经过短暂阵痛期，基本上是在持续提高的。与基于 Malquist 指数法估计结果一致，2007 年美国次贷危机后，中国为了保增长进行的"4 万亿投资"，导致出现很明显的技术效率下降问题。

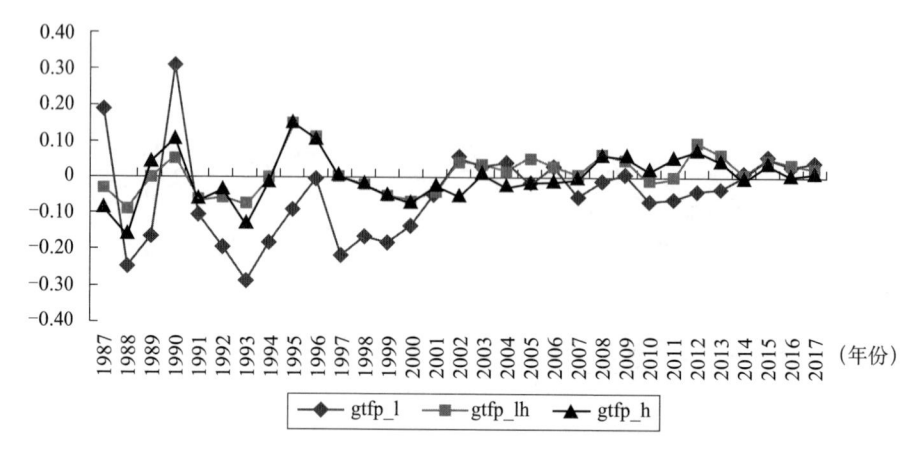

图 5-9　基于索洛法的西部地区 TFP 增长率（时间维度）

表 5-4　　　　　　基于索洛法的西部地区 TFP 增长率描述统计

变量	均值	中位数	标准误	偏度	峰度	最小值	最大值
gtfp_l	0.009	-0.065	0.157	-0.176	4.452	-0.386	0.328
gtfp_h	0.048	0.021	0.136	1.807	6.812	-0.104	0.372
gtfp_lh	0.039	0.014	0.091	1.436	4.506	-0.095	0.274

注：gtfp 代表全要素生产率的增长率，后面加上 _h、_lh 及 _l 分别表示是用人力资本、劳动力人力资本及劳动力数量估算得到的 TFP 增长率。

# 第 6 章

提升全要素生产率路径的有效性

技术溢出和吸收本质上是一个从外到内的动态演化过程，虽然理论框架和模型将技术溢出和吸收能力置于同等高度分析，并考虑了吸收能力的反馈作用，很好地刻画了中国全要素生产率提升的动态过程，但是构建的理论框架和模型存在一定的主观性。鉴于此，本章借助莱萨奇和费舍尔（LeSage & Fischer，2012），费舍尔等（Fischer et al.，2009）和罗宾斯（Robbins，2006）等方法估算了中国 31 个省份的研发（R&D）存量，并在科和赫尔普曼（1995）的基础上对 G7 国家的 R&D 存量的估算结果由 1990 年拓展到了 2013 年。采用科和赫尔普曼的方法估算了 G7 国家、俄罗斯、韩国等国家和地区通过 FDI 及进口贸易对中国各省份溢出的 R&D 存量。虽然技术溢出渠道（进口、FDI 等）对技术溢出效应并不必然存在哪一个更重要的问题，但是由于吸收能力具有选择性，会引发哪一个更有效的问题。因此，需要采用面板计量模型对前面构建的理论框架和模型进行实证检验。

6.1 变量选取及数据来源说明

6.1.1 核心变量

6.1.1.1 全要素生产率（TFP）

全要素生产率表示一个地区除了生产要素对经济增长贡献外的余额，在实证研究中一般用来代表技术进步对经济增长的贡献,如果全要素生产率的贡献度比较大,则说明经济增长质量好。在劳动力和资本面临增长的瓶颈时,全要素生产率是经济可以持续增长的动力。一些国际机构在研究经济时,经常把全要素生产率的变动作为考察经济增长质量的重要内容。如世界银行(WB)、经合组织(OECD)都以全要素生产率的变动趋势考察一个国家或地区的经济增长质量。本书实证中,以全要素生产率为被解释变量,截取第3章索洛余值法估算(使用劳动数量代替劳动投入量)的各省份1998~2017年的全要素生产率进行实证,以人力资本和劳动力人力资本估算的全要素生产率进行稳健性检验。

6.1.1.2 研发(R&D)存量(S^d)

R&D活动会产出无形资产(王孟欣,2011),R&D存量的估算是实证研究 R&D 与其他变量关系中无法回避的问题。目前,对 R&D 存量的估算主要从两个方面进行:一方面,从支出方面估算 R&D 资本存量,即通过 R&D 支出费用估算 R&D 存量。如格里里奇(Griliches,1979)较早利用永续盘存法测算美国 1960~1977 年 R&D 资本存量;胡等(Hu et al.,2005)测算了中国大中型工业企业 1995~1999 年 R&D 存量。另一方面,从产出方面估算 R&D 资本存量,即用创新产出(如专利数、发表论文数等)来测算 R&D 资本存量。如韩(Han,2007)借助专利数测算韩国传统制造业 R&D 资本存量及使用发表论文数测算新兴制造业 R&D 资本存量。另外,美国商务部经济分析局(BEA)在 R&D 资本存量的测算理论与实践方面进行了系统和深入的研究。国内对 R&D 资本存量测算研究起步较晚,而且受数据的限制,研究成果很少。国内对 R&D 资本存量大部分从支出方面进行测算,且基本上是使用永续盘存法,但是在相关参数的选择与构造上存在差异。如吴延兵(2006)测算了中国制造业分行业 1993~2002 年 R&D 资本存量;邓进(2007)测算了中国高新技术产业 1995~2004 年 R&D 资本存量;李小胜(2007)测算了 1978~2005 年中国 R&D 资本存量;王俊(2009)测算了中国 28 个制造业 R&D 资本存量;王孟欣(2011)对中国 R&D 资本存量进行了估算。

第6章 提升全要素生产率路径的有效性

本书也从支出方面测算中国各省份R&D资本存量,采用永续盘存法,借鉴格里里奇(1979)、戈托和铃木(Goto & Suzuki, 1989)、吕忠伟和李峻浩(2008)等做法,将各省份的R&D资本存量表示为:

$$S_{jt}^d = (1-\delta)S_{j,t-1}^d + \sum_{i=1}^{n}\varphi_i RD_{j,t-i} \qquad (6-1)$$

其中,S_{jt}^d和$RD_{j,t-i}$为t年省份j的R&D实际资本存量和t-i年支出的R&D实际值费用;n为RD支出的滞后期,δ为S_{jt}^d的折旧率,φ_i为RD积累为S_j^d的比率。由于R&D支出具有滞后效应,即R&D支出后会逐年积累成S_j^d,但每年的积累率φ_i会不同。实际研究中很难了解R&D支出的滞后期和转化率,因此,为了研究方便,一般需要设定平均滞后期限为θ,并假设R&D在θ年后一次性全部转化成S_j^d,式(6-1)可简化为:

$$S_{jt}^d = (1-\delta)S_{j,t-1}^d + RD_{j,t-\theta} \qquad (6-2)$$

再假定式(6-2)中的$\theta=1$,可以进一步简化为:

$$S_{jt}^d = (1-\delta)S_{j,t-1}^d + RD_{j,t-1} \qquad (6-3)$$

基于式(6-3)测算各省份的S_{jt}^d还需要R&D支出量、初始R&D资本存量和相应价格指数及折旧率等。本书采用R&D经费内部支出数据代替各省份R&D支出量,1998~2017年的R&D经费内部支出数据直接来源于《中国科技统计年鉴》。由于使用永续盘存法短期对初始值很敏感,即数据存续期间足够长,初始值对后期的存量影响很小。但中国R&D相关统计数据期间短,分省份R&D经费内部支出数据1998年才有,如果只使用1998~2017年数据进行估算,初始值会对后续各年存量产生较大影响。由于《中国科技统计年鉴》提供了1990年以来全国R&D经费内部支出数据,本书借鉴王孟欣(2011)的研究成果,按照各省份GDP占全国的比重构建中国1990~1997年各省份R&D经费内部支出数据,将估算的期间扩展到1990~2017年。本书估算R&D资本存量初始年份为1990年,初始值使用以下公式得到:

$$S_{j1990}^d = \frac{RD_{j1990}}{\delta+\lambda} - RD_{j1991} \quad 其中,\lambda = \left(\frac{RD_{j1994}}{RD_{j1990}}\right)^{1/4} - 1 \qquad (6-4)$$

公式（6-4）中，S_{j1990}^d 为 1990 年省份 j 的 R&D 资本存量，δ 是实际 R&D 资本折旧率，λ 是实际 R&D 资本流量平均增长率，此处实际 R&D 资本流量平均增长率选取 1990~1994 年实际 R&D 资本流量几何平均增长率作为 λ 的估计值，并由此得到初期 R&D 资本存量 S_{j1990}^d。这样的合理性在于，1990 年之前的实际 R&D 资本增长率不可得，与 1990 年相近年份的增长率最接近，故做此估计[①]。

测算 R&D 资本折旧率有生产函数方法、分期摊销模型、专利展期模型和市场估价模型四种方法。实践研究中为了方便，很多学者直接假定一个常数，由于知识的更新速度较快，R&D 资本折旧率应高于物质资本。如梅里斯（Mairesse，1995）设定为 15%，科和赫尔普曼（1995）设定为 5%。本书参考梅里斯（1995）的做法，将折旧率设定为 15%[②]。

为了计算实际 R&D 资本存量，还需构造价格指数。现有文献构造 R&D 支出价格指数是通过加权平均相关价格指数得到。杰夫（Jaffe，1972）、格里利希（Griliche，1980）和詹森（Jensen，1987）赋予金融企业工资价格指数 0.49 权重和设备投资的 GNP 价格指数 0.51 权重构造 R&D 支出价格指数；勒布和林（Loeb & Lin，1977）赋予 R&D 人员工资价格指数 0.55 权重和 GNP 价格指数 0.45 权重构造 R&D 支出价格指数；朱平芳和徐伟民（2003）采用固定资产投资价格指数和消费物价指数加权构造 R&D 支出价格指数；吴延兵（2006）采取固定资产投资价格指数和原材料购进价格指数加权构造 R&D 支出价格指数；王俊（2005）是在知识生产函数中引入折旧率消除物价影响，而不是构造价格指数。本书在考察现有文献的基础上，采用固定资产投资价格指数和消费物价指数加权构造 R&D 支出价格指数，分别赋予 0.5 和 0.5 的权重。根据以上得到的 R&D 支出流量、初始 R&D 资本存量、R&D 支出价格指数及 R&D 资本折旧率，估算出各省份 R&D 资本存量（见附表 6）。

---

① 科和赫尔普曼（1995）、王孟欣（2011）等选取全部期间几何平均，由于改革开始后加速了中国的 R&D 投资，如果采用全期平均估计 λ 会偏高，由此计算得到的初期资本存量偏低。

② 为了保证实证结果不受设定值的影响，本书同时估算了折旧率为 5% 和 10% 的 R&D 存量，同时代入实证检验发现得到的结论和 15% 相似。

6.1.1.3 国际技术溢出（S^f）

本书主要考察进口贸易和 FDI 两种渠道国际技术对中国省际 TFP 的影响[①]。科和赫尔普曼（1995）采用 R&D 资本存量检验了国际技术溢出对本国全要素生产率的影响，随后，利希滕贝格和波德斯贝格（Lichtenberg & Pottelsberghe, 1998）弥补了其在度量国际 R&D 溢出的偏差基础上，同样采用外国 R&D 资本溢出验证了国际技术溢出对东道国全要素生产率的影响效应。本书借鉴科和赫尔普曼（1995）度量技术溢出的思路，采用利希滕贝格和波德斯贝格（1998）方法估算国际 R&D 溢出，并作为国际技术溢出的代理变量。

（1）进口渠道产生的国际技术溢出（S_{it}^{f-im}）。

$$S_{it}^{f-im} = \frac{IM_{it}}{IM_t} \sum_{j=1}^{n} \left(\frac{EX_{jt}}{GDP_{jt}} S_{jt}^{R\&D} \right) \quad (6-5)$$

其中，S_{it}^{f-im} 代表 t 年省份 i 通过货物进口吸收的国际研发知识；$S_{jt}^{R\&D}$ 为 t 年国家 j 的知识资本存量；EX_{jt}/GDP_{jt} 为 t 年国家 j 对中国货物出口额占其 GDP 比重，与其研发资本存量的乘积表示对中国溢出的研发知识；IM_{it}/IM_t 代表 t 年省份 i 货物进口额占全国的比重，用这权重来平摊国际对省际溢出的研发知识，即代表该省通过货物进口所吸收的国际研发知识。

（2）FDI 渠道产生的国际技术溢出（S_{it}^{f-FDI}）。

$$S_{it}^{f-FDI} = \frac{FDI_{it}}{FDI_t} \sum_{j=1}^{n} \left(\frac{FDI_{jt}}{K_{jt}} S_{jt}^{R\&D} \right) \quad (6-6)$$

其中，S_{it}^{f-FDI} 代表中国 t 年省份 i 通过 FDI 获得国际研发知识；FDI_{jt}/K_{jt} 为 t 年国家 j 跨国公司对中国投资占其本国资本形成总额的比重，与其知识资本存量的乘积（FDI_{jt}/K_{jt}）$S_{jt}^{R\&D}$ 表示对中国溢出的国际研发技术；FDI_{it}/FDI_t 代表 t 年省份 i 引进外资占全国的比重，用该权重平摊国际对中国溢出的国际研发知识，即代表该省份通过引进外资吸收的国际研发知识。

计算变量 S_{it}^{f-im} 和 S_{it}^{f-FDI} 需要的 $S_{jt}^{R\&D}$ 也是借助永续盘存法计算得到，计算

---

① 文献中国际技术溢出有四种渠道对东道国 TFP 产生影响，分别为进口贸易、出口贸易、FDI 及 OFDI。在考察发达国家间的技术溢出时，OFDI 和出口贸易同样对东道国产生显著的影响。根据中国以市场换技术的改革初衷，本书主要考虑进口贸易和 FDI 两种渠道对中国省市全要素生产率的影响。

的方法和估算国内 R&D 一样，由每年 R&D 支出费用估算。其中，G7 国家、俄罗斯、韩国等国家和地区的 R&D 经费内部支出数据来源于 OECD 网站的数据库①。R&D 支出价格指数由居民消费价格指数和固定资本形成指数构造，且权重为 0.5 和 0.5，数据来源于 Penn World Table 8.1②。在估计初始 R&D 资本存量时，采用科和赫尔普曼（1995）和格里里奇（1980）方法估计各国初始 R&D 资本存量，R&D 资本折旧率采用科和赫尔普曼（1995）设定的 5%。本书考察的国家和地区的 FDI、出口贸易、GDP 及 GDP 平减指数来源于世界银行数据库，中国从 G7 国家、俄罗斯、韩国等地进出口的货物、FDI 数据及各省份进口货物及 FDI 占全国的比率来源于《中国统计年鉴》。根据以上数据，采用式（6-5）和式（6-6）测算 G7 国家、俄罗斯、韩国等国家和地区对中国各省份溢出的 R&D 资本流量，再根据前面求国内 R&D 存量方法，将国际溢出的 R&D 资本流量转化为存量。

6.1.1.4 人力资本（H）

自从舒尔茨（Schultz，1961）和贝克尔（Becker，1964）提出人力资本的概念以来，人力资本在学术研究和政策分析中已被广泛应用。国际经济合作与发展组织（OECD）对人力资本的最新定义为"人力资本是个人拥有的能够创造个人、社会和经济福利的知识、技能、能力和素质"（OECD，2001）。科尔曼（Coleman，1990）认为，人力资本理论是"二十世纪后半叶对教育经济学最原创、最重要的发展"。人力资本是技术创新与经济增长的源泉，是经济社会可持续发展的重要推动因素（Stroombergen et al.，2002；Keeley，2007）。人力资本是一个"超越国内生产总值"、用以衡量经济发展和社会进步的指标（Stiglitz et al.，2009）。自改革开放以来、人力资本对中国经济效率的提高以及地区差异的缩小具有重要的作用（Fleisher et al.，2009）。人力资本被认为是"中国经济奇迹"的主要促进因素（Fleisher & Chen，1997；Démurger，2001）。

目前，国际上测量人力资本的方法主要有三种：乔根森和弗劳梅尼

---

① 参见 OECD 数据库网站：https://data.oecd.org/。

② 佩恩表：http://www.rug.nl/research/ggdc/data/pwt/。

（Jorgenson & Fraumeni，1989，1992a，1992b）的终生收入法；肯迪克（Kendrick，1976）的成本法；拉罗什和梅雷特（Laroche & Merette，2000）及世界银行（2006）所使用的余额法。J-F 收入法主要优点是有充分的理论依据，它基于人力资本产生的收入流来计算人力资本；此外，它所要求的数据和变量相对容易获得。因此，J-F 收入法在人力资本测量领域得到了广泛的应用，许多国家用它来构建人力资本账户。如加拿大（Gu & Ambrose，2008），新西兰（Gibson & Oxley，2005），挪威（Greaker & Liu，2008），瑞典（Alroth，1997）和美国（Jorgenson & Fraumeni，1989，1992a，1992b；Christian，2009）。《中国人力资本报告》也是使用 J-F 方法估算了中国及各省份人力资本、劳动力人力资本存量。

  J-F 方法具有充分的理论基础，它是用人力资本产生的收入流现值来度量人力资本。收入（包括隐性收入）可以从市场活动中取得，即为市场收入；也可以从非市场活动中产生，即为非市场收入。市场活动是指劳动者可以通过市场活动生产商品和劳务，也可以运用管理方法和创造性思维促进创新和增长并从中获得收入用以购买商品和劳务。非市场活动包括家庭生产，如做饭、打扫卫生和护理等。人力资本投资既可以产生于市场活动，又可以产生于非市场活动。典型的人力资本账户通常不考虑非市场活动，其主要原因是家庭生产活动的价值难以量化和估算。为了使人力资本账户建立在一个可操作的范围内，《中国人力资本报告》采用 J-F 方法测算中国各省份人力资本存量时，与绝大部分学者一致，只考察市场活动所产生的收入流来估算人力资本存量。同时，《中国人力资本报告》结合中国的实际情况对 J-F 方法进行改进，构建出一套既适用于国家层面又适用于省级层面的综合性人力资本衡量体系[①]。使用 J-F 分析法对中国人力资本状况的估算已经从国家层面延伸到了省级层面。估算范围既包括 1985～2012 年总体人力资本存量、人均人力资本存量、劳动力人力资本存量以及人均劳动力人力资本存量，也分别考察了包括城镇和农村以及不同性别人力资本水平。估算结果不仅包括人力资本

[①] 具体可参阅 CHLR 官方网站：http://humancapital.cufe.edu.cn。

的名义值和实际值,而且包括人力资本指数。《中国人力资本报告》的另一个贡献体现为对 J-F 收入法的改进。具体的做法是:结合微观层次的调查数据,利用各种可获得的家庭调查数据,使用明塞尔(Mincer)方程来估算收入以弥补中国收入数据的缺乏。这样也使得《中国人力资本报告》的计算能够反映出在经济转型过程中教育的回报率和工作经验(在职培训和"干中学")回报率的变化对人力资本的影响。鉴于《中国人力资本报告》采用国际通用的方法并根据中国国情进行有效改进,保证了估算数据的可靠性及国际的可比性,本书中使用的人力资本(H)及劳动力人力资本(LH)数据来源于 2018 年《中国人力资本报告》,由于报告的数据只到 2016 年,2017 年的数据本书采用最近五年平均拟合值估算得到。

为了使本书理论推导变量和实证过程中软件报告的变量对接,表 6-1 给出核心变量对照。

表 6-1　　　　　　　　　　核心变量对照表

变量名	含义	取对数后实证中显示形式
TFP	全要素生产率	tfp
S^{f-FDI}	FDI 渠道溢出的 R&D 存量	frd_f
S^{f-im}	进口渠道溢出的 R&D 存量	frd_i
H	人力资本(潜在吸收能力)	h
S^d	R&D 存量(潜在吸收能力)	rd_d

6.1.2　控制变量

6.1.2.1　对外开放度(open)

学术界关于贸易开放度指标的选择依然没有达成共识。目前,文献中使用较多的贸易开放度指标有非关税壁垒、集成关税率、平均关税率、贸易依存度、Learner 指标等。国内的学者许和连等(2006)、包群等(2003)使用进出口贸易总额与 GDP 比值的贸易依存度作为贸易开放度的代理指标。由于进出口贸易和 FDI 都是表征对外经济开放水平的重要组成部分,使用单一指标来衡量对外经济开放水平可能不够全面和准确。鉴于此,本书借鉴汪锋等

(2006)、毛其淋和盛斌（2011）等做法，用进出口贸易总额与 GDP 比值表示外贸依存度，用 FDI 与 GDP 比值表示外资依存度，使用主成分法将外贸依存度和外资依存度加权，构造能够较全面地反映各省份对外经济开放水平的代理变量。使用央行发布的当年人民币兑美元汇率的中间价将 FDI 和进出口额折合成人民币，并使用 1990 年为基期的 GDP 平减指数剔除价格波动的影响。数据来源于《中国统计年鉴》和《新中国六十年统计资料汇编》。根据以上分析，预期对外开放度系数符号为正。

6.1.2.2 技术水平（tech）

有些文献认为，技术水平差距越大，国际 R&D 对东道国溢出效果越明显；也有文献认为，技术差距太大，会导致引进的技术无法消化和利用，因而国际 R&D 对东道国溢出效果不显著。本书使用各省份专利申请数作为本身技术水平的流量指标，同样通过永续盘存法，将流量转化为存量，为各省份技术水平的代理变量。数据来源于国家统计局网站数据库及各省份统计年鉴。

6.1.2.3 教育水平（edu）

教育水平的高低，决定了创新人才的培养。一般说来，高等教育水平越高，拥有的创新人才就越多。在开放的条件下，国外流入的知识资本被有效吸收利用并再创新的可能性就越大。本书使用各省份每万人普通高等学校专任教师数作为各省份教育水平的代理变量，数据来源于国家统计局网站数据库。

6.1.2.4 金融发展水平（finance）

金融发展水平应从质和量两方面评价，需要从金融规模、金融结构和金融效率三个维度评价。金融规模是地区金融实力的体现，金融规模越大，可利用社会储蓄的能力就越强，创新性活动获得金融资金支持的可能性越大；金融结构反映的是金融与产业匹配程度，金融结构的优化有利于金融行业对高新产业投资；金融效率高意味着储蓄投资转化能力强，金融资源的配置能力强。考虑数据的局限性，本书从金融效率的维度衡量金融发展水平。具体计算时选取各省份金融机构贷款余额与 GDP 的比值来衡量金融发展水平，

2008 年前的各省份金融机构贷款余额来源于《新中国六十年统计资料汇编》，2008～2017 年的数据来源于《中国金融年鉴》。

6.1.2.5 物资资本存量（r_c）

各省份资本存量需要在统计数据基础上进行估算。本书测算资本存量的方法是借鉴戈德史密斯（Goldsmith，1951）提出的永续盘存法。延续第 3 章测算的各省份物资资本存量，截取实证研究需要的样本范围（1998～2017 年）。因此对中国而言，物资资本存量越多，越有利于各省份对国际 R&D 知识的消化和吸收，从而更有利于国际 R&D 促进本省技术进步，有利于提高整体的技术水平和效率，增加 TFP 对经济发展的贡献，可预期实证检验中该项符号为正。

6.1.2.6 经济发展水平（pgdp）

地区经济发展水平衡量指标很多，本书的主要目标是考察经济差异可能引发的国际 R&D 对东道国溢出效果的不同，由于各省份人口多少不均，故此本书选择人均地区生产总值为各省份经济发展水平的代理变量。数据来源于国家统计局数据库。

6.1.2.7 市场化程度（market）

财政支出占 GDP 的比重表示政府对经济活动的干预程度，可以反映地区的市场化程度，本书使用各省份财政支出占 GDP 的比重作为各省份市场化程度的代理变量。一般来说，市场化程度越高，企业间的竞争越激烈，会促使企业引进新技术和提高效率，增加 TFP 对产出的贡献。相反，市场化程度低说明政府对经济的干预比较高，如果政府将财政支出用于经济干预和行政管理上，将有可能导致资源错配、效率低下；如果政府把财政支出用于教育投入和社会软环境提升，将有利于促进技术进步和效率提升，因此，市场化程度系数符号正负性都存在，有待实证确定。

6.1.2.8 制度质量（institution）

非国有经济发展水平与市场体制中各方面制度紧密相连（蒋殿春和张宇，2008），因此，可以从非国有经济发展水平的角度来量化各省份制度质量。局限于数据的可获得性，本书借鉴毛其淋和盛斌（2011）、李富强等（2008）及蒋殷春和张宇（2008）等学者的方法，采用各省份非国有工业增加值占全省工业增加值的比重代替制度质量变量。2000~2017年的相关数据来源于国家统计局数据库，1999年和1998年的相关数据是通过查阅各省的统计年鉴或统计局网站获得。根据文献，制度越完善，对知识产权的保护也就越强，会激发更多的创新。因此对中国而言，制度质量越好的省份对知识产权的保护也越强，会促使本省企业投资更多的研发和创新，有利于提高整体的技术水平和效率，增加TFP对经济发展的贡献，可预期实证检验中该项符号为正。

6.1.3 描述统计

由于数据的限制，核心解释变量分省份的国内R&D流量数据从1998年开始统计，同时，统计年鉴中分国别的进口货物和FDI的数据也是从1998年才开始统计，因此，为保持变量的齐整性，构建平衡面板数据，本书最终选取31个省1998~2017年面板数据为实证研究所用。为了与前面研究理论模型保持一致，对本书中的核心及控制变量进行取对数处理。表6-2报告了本书实证研究中需要使用的变量相关系数和统计特征，可以看出，解释变量与被解释变量相关性基本与预期一致，通过进口溢出的国际R&D及国内R&D与各省份TFP的相关系数分别为0.4679和0.4217，且在5%水平上显著。此外，各个解释变量之间的相关系数的绝对值大部分低于0.7，计算方差膨胀因子（variance inflation factor，VIF）得到1.53 < VIF < 3.61，说明本书的变量间不存在严重的多重共线性问题[①]。最后，为了直观了解技术溢出与各省份全要素生产率之间关系，本书绘制了散点图及拟合趋势线图6-1。由图6-1可知，省际全要素生产率与进口溢出（frd_i）、FDI溢出（frd_f）、总溢出（frd_if）的国际R&D及本省自身拥有的R&D存量（rd_d）之间均存在正相关关系，对前面的理论模型提供了初步的经验支持。当然，进行严格计量检验的后面的结论才更加可靠。

---

① 如果 VIF = max {VIF_1, ···, VIF_n} > 10，则可认为存在严重多重共线性，特别在解释变量较多的情况下。具体参见：潘省初. 计量经济学中级教程[M]. 北京：清华大学出版社，2012。

表6-2 变量相关系数矩阵及描述统计

变量	tfp	rd_d	frd_i	h	r_c	tech	pgdp	open	finance	market	institution	edu
tfp	1											
rd_d	0.4217*	1										
frd_i	0.4679*	0.8406*	1									
h	0.3151*	0.9034*	0.8305*	1								
r_c	0.3976*	0.8915*	0.7733*	0.8542*	1							
tech	0.4350*	0.9561*	0.8650*	0.9300*	0.8764*	1						
pgdp	0.3768*	0.7416*	0.6768*	0.5681*	0.8232*	0.7049*	1					
open	0.2241*	0.3393*	0.6851*	0.2493*	0.2379*	0.3736*	0.3727*	1				
finance	-0.2377*	-0.3912*	-0.4251*	-0.4764*	-0.4160*	-0.4321*	-0.1743*	-0.2324*	1			
market	-0.2071*	-0.3556*	-0.5284*	-0.5197*	-0.2126*	-0.4362*	0.087	-0.4027*	0.3536*	1		
institution	-0.3628*	-0.5279*	-0.6746*	-0.5441*	-0.6242*	-0.5953*	-0.6207*	-0.4343*	0.2935*	0.2140*	1	
edu	0.3279*	0.9216*	0.7452*	0.9403*	0.8193*	0.9043*	0.5426*	0.1660*	-0.3815*	-0.4707*	-0.4160*	1
均值	-2.62	6.645	9.641	12.975	10.775	8.636	9.649	-0.707	0.017	-1.789	-0.92	0.757
中位数	-2.628	6.749	9.746	13.124	10.766	8.638	9.632	-1.059	0.05	-1.848	-0.814	0.957
标准差	0.234	1.716	1.629	1.118	1.105	1.767	0.816	0.896	1.114	0.506	0.587	1.022
偏度	0.065	-0.31	-0.227	-0.805	-0.039	-0.333	0.109	0.759	-1.18	1.068	-1.328	-1.04
峰度	2.526	2.694	2.813	3.688	2.641	3.563	2.141	2.437	5.051	5.132	4.653	3.8
最小值	-3.155	1.92	5.384	9.188	7.839	2.303	7.768	-2.272	-3.419	-2.854	-2.959	-2.526
最大值	-2.039	10.345	13.19	15.32	13.487	13.131	11.514	1.778	1.965	0.256	-0.1	2.382
观察值	496	496	496	496	496	496	496	496	496	496	496	496

注：本表将变量的描述统计表和相关系数矩阵表合为一张表，其中，国际对各省份溢出的R&D溢出，FDI的溢出描述性统计和相关系数没有报告；* 表示5%显著水平，完全小写的控制变量表示是取对数后的对应变量，下面若没有特殊说明，则相同。

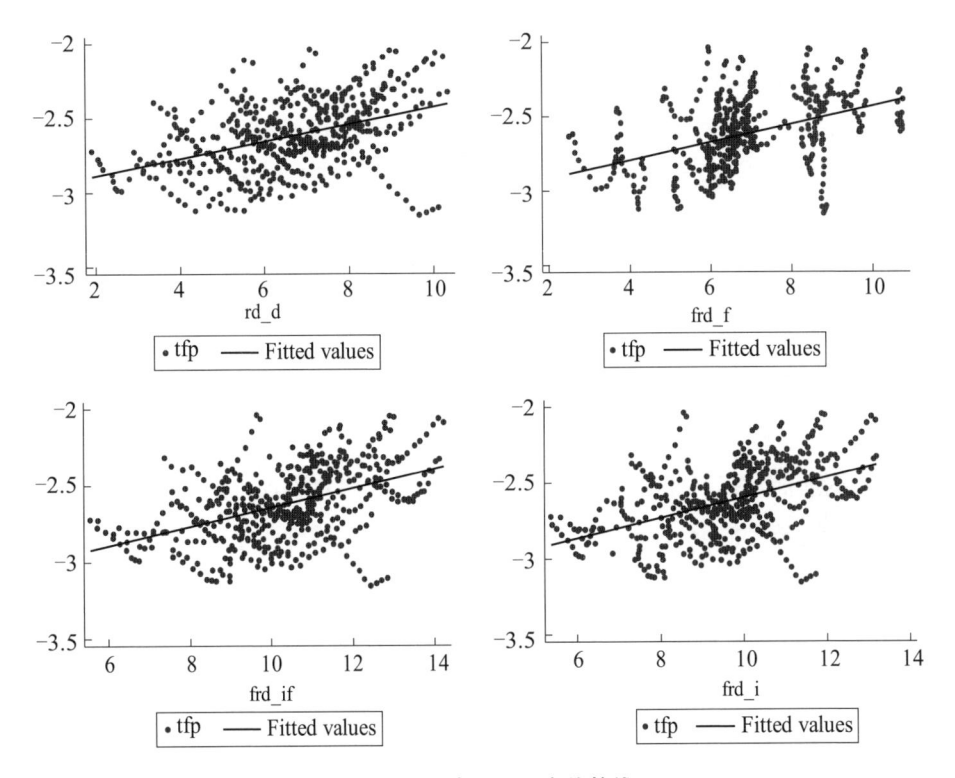

图 6-1　散点图及拟合趋势线

注：纵轴为 tfp，横轴分别为取对数后的进口溢出的国际 R&D 存量（frd_i）、FDI 溢出的国际 R&D 存量（frd_f）、FDI 和进口总溢出的国际 R&D 存量（frd_if）及本省拥有的 R&D 存量（rd_d）。

6.2　计量模型设定及检验

6.2.1　计量模型设定

在第 4 章理论模型（4-19）的基础上，直接构建本部分的计量模型为：

$$\ln TFP_{it} = \beta_0 + \eta \ln S_{it}^f + \varphi \ln S_{it}^d + \theta \ln H_{it} + \mu \ln S_{it}^f \times \ln S_{it}^d + \sigma \ln S_{it}^f \times \ln H_{it} + \varepsilon_{it} \quad (6-7)$$

在理论推导中，技术溢出渠道（进口、FDI 等）对技术溢出效应的作用并不必然存在哪一个更重要的问题，但是在实证检验中，由于吸收能力具有选择性，会引发技术溢出渠道哪一个更有效的问题。本部分实证研究中将国际技术溢出（S_{it}^f）进一步分为进口渠道的国际技术溢出（S_{it}^{f-im}）和FDI渠道的国际技术溢出（S_{it}^{f-FDI}），同时，为了估计结果更可靠，在计量模型（6-7）的基础上加入相关控制变量（X），对模型（6-7）整理得到如下计量模型：

$$\ln TFP_{it} = \beta_0 + \beta_1 \ln S_{it}^{f-im} + \beta_2 \ln S_{it}^{f-FDI} + \beta_3 \ln S_{it}^d + \beta_4 \ln H_{it} + \beta_5 \ln S_{it}^{f-im} \times \ln S_{it}^d$$
$$+ \beta_6 \ln S_{it}^{f-im} \times \ln H_{it} + \beta_7 \ln S_{it}^{f-FDI} \times \ln S_{it}^d + \beta_8 \ln S_{it}^{f-FDI} \times \ln H_{it} + \beta_9 X + \varepsilon_{it}$$

$$(6-8)$$

根据前面对控制变量的分析，计量模型（6-8）中加入的控制变量（X）主要包括对外开放度（open）、技术水平（tech）、教育水平（edu）、金融发展水平（finance）、物资资本存量（r_c）、经济发展水平（pgdp）、市场化程度（market）及制度质量（institution）等①。另外，为了实证操作的方便，后面（包括第7章）使用 frd_i_d 代替 $\ln S_{it}^{f-im} \times \ln S_{it}^d$，frd_i_h 代替 $\ln S_{it}^{f-im} \times \ln H_{it}$，frd_f_d 代替 $\ln S_{it}^{f-FDI} \times \ln S_{it}^d$，frd_f_h 代替 $\ln S_{it}^{f-FDI} \times \ln H_{it}$，结合核心变量对照表6-1，对模型（6-8）简化处理得到本章最终计量模型为：

$$tfp_{it} = \beta_0 + \beta_1 frd\_i_{it} + \beta_2 frd\_f_{it} + \beta_3 rd\_d_{it} + \beta_4 h_{it} + \beta_5 frd\_i\_d_{it}$$
$$+ \beta_6 frd\_i\_h_{it} + \beta_7 frd\_f\_d_{it} + \beta_8 frd\_f\_h_{it} + \beta_9 X + \varepsilon_{it} \quad (6-9)$$

6.2.2 计量模型检验

Panel Data 模型同时使用截面、时期和变量三个方面的信息，如果 Panel Data 模型设定不恰当，模型估计得到的结果会与所要解释的现实经济情况产生偏差。因此，在对 Panel Data 模型估计之前，需要检验截距和系数是否对所有截面相同②，即为了避免模型设定的偏差，需要检验样本数据符合哪种

---

① 完全小写的控制变量是取对数后的对应变量，下面若没有特殊说明，则意义相同，不再说明。

② 由于数据的限制，样本时期比较短，本书实证中不考虑变系数的 Panel Data 模型，只关注混合 OLS 模型、固定效应模型和随机效应模型的选择问题。

面板模型形式，以改进 Panel Data 模型参数估计的有效性（高铁梅，2009）。

由于数据的限制，本书实证中的样本时期比较短，在此不考虑变系数的 Panel Data 模型，直接假定系数是不变的，后面也不再对变系数问题进行检验，只关注混合 OLS 模型、固定效应模型和随机效应模型的选择问题。首先检验个体是否显著异于零，构造以下 F 统计量：

$$F = \frac{(R_u^2 - R_r^2)/(N-1)}{(1-R_u^2)/(NT-N-K)} \sim F(N-1, NT-N-K) \quad (6-10)$$

其中，R_u^2 表示不受约束回归模型的整体拟合优度，R_r^2 表示受约束回归模型的整体拟合优度，如果接受原假设，即认为个体间差异在统计意义上不显著，使用混合 OLS 模型即可[①]。借助 Stata14 软件，通过回归得到 F 统计量对应的 P 为 0.000[②]，说明个体间差异在统计意义上显著不为零，本书使用固定效应模型优于混合 OLS 模型。根据布雷斯和帕根（Breusch & Pagan，1980）的建议，构造以下 LM 统计量来检验随机效应：

$$LM = \frac{nT}{2(T-1)} \left[\frac{\sum_{i=1}^{n} [\sum_{t=1}^{T} e_{it}]^2}{\sum_{i=1}^{n} \sum_{t=1}^{T} e_{it}} - 1 \right]^2 \quad (6-11)$$

在原假设下，进行 LM 检验得到的 P 值为 0.000[③]，可拒绝原假设，接受存在随机效应。表明本书样本期数据使用随机效应模型也优于混合 OLS 模型。

虽然通过上面的 F 检验和 LM 检验可确定，在本书的样本期，模型中加入个体效应将显著优于不存在个体效应假设下的混合 OLS 模型，但是仍然无法确认，本书样本期数据选择固定效应模型好，还是选择随机效应模型好。文献中到底是选择固定效应模型还是随机效应模型，学者们依然没有达成共识。蒙德拉克（Mundlak，1978）指出，研究中应当把个体效应视为随机的，固定效应模型往往会损失很多自由度，因此对于截面个体很大的面板数据，

[①] 混合 OLS 模型一般设定为 $y_{it} = \alpha + X_{it}'\beta + \varepsilon_{it}$，也称为混合数据模型，对应的估计量称为 pooled OLS 估计量。

[②] 此处的 F 统计检验是在固定效应进行检验的，Stata 在回归结果中给出了 $H_0: a_1 = a_2 = K = a_n$ 的原假设下的 F 检验值及对应的 P 值，为了简洁，书中只给出了 P 值，没有报告其他结果。

[③] 此处是借助 Stata 中的 xttest0 命令得到的检验结果。

随机效应模型似乎更合适。但固定效应模型的优势是研究中不需要假设个体效应与其他解释变量不相关,而随机效应模型中如果不满足这个假设,由于内生性问题,导致模型参数估计的不一致性。巴尔塔吉(Baltagi, 2001)指出,如果样本是随机取自总体时,选择随机效应模型实证分析比较合理,而当研究实证局限于特定个体时,则应当选择固定效应模型。本书实证研究对象按照省级区域划分,研究对象局限于 31 个省份的样本,遵循巴尔塔吉(2001)的观点,本书应该选择固定模型。科学选择模型还需借助 Hausman 检验方法检验个体效应与其他解释变量是否不相关。

在假设个体效应与其他解释变量不相关下,使用 OLS 估计的固定效应模型和使用 GLS 估计的随机效应模型得到的估计参数应具有无偏性和一致性,但是固定效应模型不具有有效性。当拒绝个体效应与其他解释变量不相关的原假设时,则固定效应模型估计的参数具有一致性,而随机效应模型估计的参数则不具有一致性。在个体效应与其他解释变量不相关的原假设下,固定效应模型和随机效应模型估计的参数差异应该不显著,Hausman 检验的基本思想就是基于固定效应模型和随机效应模型估计的参数差异构造 Wald 统计检验量为:

$$W = [b - \hat{\beta}]' \hat{\psi}^{-1} [b - \hat{\beta}] : \chi^2(K-1) \qquad (6-12)$$

其中,$\hat{\psi}$ 采用两种模型的协方差矩阵计算得到,本书借助 Stata14 软件进行 Hausman 检验。使用 Hausman 检验时,需先估计样本期的固定效应模型和随机效应模型,并储存估计结果,再使用 Hausman 命令对估计结果进行检验,得到 Wald 统计量为 580.77 和相应的 p 值为 0.0000[①]。因此,拒绝固定效应模型和随机效应模型不存在显著差异的原假设,本书样本期数据采用固定效应模型比随机效应模型更合理[②]。

---

① 此处只给出了 Wald 统计量和相应的 p 值,Hausman 检验的其他结果在此没有报告;根据 Hausman 命令要求,此处在做固定效应回归和随机效应回归时没有使用稳健标准误。

② 采用固定效应模型不是唯一的也不是最好的选择,而是一种无奈的选择。一般采取两种方法处理个体效应与解释变量相关:一是采用工具变量法处理个体效应与解释变量相关带来的内生问题;二是在很难找到恰当的工具变量时,只能采用固定效应模型来处理。

6.3 中国全要素生产率提升路径的有效性检验及分析

6.3.1 初步检验结果及分析

本书首先使用固定效应模型考察前期经典文献①提及的国际 R&D 溢出和国内 R&D 对全要素生产率的影响，相关回归结果见表 6-3。表中第（1）列回归结果是 R&D 对全要素生产率影响显著为正，与罗默（1990）内生增长的理论预期一致；国际技术溢出对全要素生产率影响显著为正，与科和赫尔普曼（1995）国际研发的溢出理论一致。同时我们注意到，基于经典文献模型的调整后的决定系数 adj-R^2 仅为 0.219，意味着本书样本期中，前期文献中所强调的国际 R&D 溢出和国内 R&D 的解释能力非常有限。如前所述，一些不可观测因素在很大程度上影响着对国际 R&D 溢出技术的消化吸收。因此，本书进一步在模型中加入了 31 个反映各省份个体效应的虚拟变量，回归结果在第（2）列中。此时，回归模型的（adj-R^2）提高为 0.749，这意味着，不随时间改变的区域因素能够进一步解释各省份全要素生产率的变动②。在样本期内，中国对外开放的脚步进一步加快，同时，国家和地方的引资政策也进行了调整，因此本书进一步加入年度虚拟变量反映全要素生产率变动的时间特征，回归结果在第（3）列中，显示在多数年份中虚拟变量和直觉预期的一样显著③。这表明在本书的样本期内，很多省份的全要素生产率具有一定的稳定性。从上面的分析可以看出，前期文献中所强调的核心变量似乎无法很好地

---

① 主要指基于科和赫尔普曼（Coe & Helpman, 1995）模型的相关文献。
② 为了保证结论的稳健性，本书进一步采用 LR test（似然比检验）检验个体效应的联合显著性，在 $H_0: a_i = 0$ 下，$\chi^2 = 594.052$，对应的 p 值 0.000，即可拒绝原假设。具体检验原理参见：潘省初. 计量经济学中级教程 [M]. 北京：清华大学出版社，2012。
③ 为了保证结论的稳健性，本书进一步采用 LR test（似然比检验）检验时间效应的联合显著性，在 $H_0: \eta, \gamma = 0$ 下，$\chi^2 = 467.719$，对应的 p 值 0.0000，即拒绝原假设。

表 6-3 初步估计结果

变量	[1] OLS	[2] FE	[3] FE+Year	[4] OLS	[5] OLS	[6] OLS	[7] OLS	[8] OLS
rd_d	0.013* (1.87)	0.095*** (5.56)	0.035* (1.85)	0.063*** (5.07)	0.051*** (3.99)	0.001 (0.07)	-0.011 (-0.86)	0.013 (1.25)
frd_i	0.056*** (5.27)	0.058** (2.14)	0.009 (0.47)	0.077*** (7.22)	0.074*** (6.65)	0.052*** (4.57)	0.098*** (5.81)	0.054*** (4.98)
h				0.119*** (6.33)				
r_lh					0.092*** (4.57)			
tech						0.015 (0.75)		
edu							-0.057*** (-3.21)	
finance								-0.009 (-0.99)
常数项	-3.243*** (-55.02)	-2.767*** (-17.93)	-2.864*** (-19.22)	-2.829*** (-32.67)	-3.015*** (-39.43)	-3.260*** (-51.89)	-3.534*** (-32.78)	-3.219*** (-50.34)
观察值	620	620	620	620	620	620	496	496
R^2	0.222	0.765	0.908	0.358	0.353	0.223	0.238	0.223
Adi-R^2	0.219	0.749	0.899	0.376	0.349	0.218	0.233	0.218
个体效应	No	Yes	Yes	No	No	No	No	No
年度效应	No	No	Yes	No	No	No	No	No

续表

变量	[9] OLS	[10] OLS	[11] OLS	[12] OLS	[13] OLS	[14] OLS	[15] OLS
rd_d	0.006 (0.45)	0.005 (0.48)	0.011 (1.11)	0.015 (1.49)	0.059*** (3.43)	0.081*** (5.06)	0.049*** (3.25)
frd_i	0.055*** (5.18)	0.053*** (4.98)	0.061*** (5.13)	0.045*** (3.69)	0.051*** (4.81)	0.084*** (7.41)	0.077*** (7.15)
r_c	0.013 (0.69)						0.031* (1.72)
pgdp		0.028* (1.65)				0.034* (1.76)	
market			0.021 (0.95)				
institution				−0.038* (−1.75)			
open					−0.077*** (−3.26)		
h						0.139*** (6.36)	0.125*** (6.54)
常数项	−3.330*** (−24.02)	−3.439*** (−25.99)	−3.243*** (−55.00)	−3.187*** (−47.42)	−3.444*** (−40.65)	−2.528*** (−13.19)	−3.022*** (−21.39)
观察值	620	620	620	620	620	620	620
R²	0.222	0.226	0.223	0.226	0.238	0.385	0.384
Adj-R²	0.218	0.221	0.218	0.222	0.234	0.379	0.378
个体效应	No	No	No	No	No	No	No
年度效应	No	No	No	No	No	No	No

注：括号内的数值是基于 White 异方差稳健标准误得到 t 值，*、** 及 *** 分别表示在 10%、5% 及 1% 水平上具有显著性。

解释不同省份之间的全要素生产率变动。虽然第（2）列的结果表明，个体效应的虚拟变量能在一定程度上解释 TFP 的截面差异，但本书更为关注的是：什么个体效应导致了各省份全要素生产率的差异？

在第（1）列设定的基础上加入了人力资本（h）①。由第（4）列的结果来看，人力资本变量的系数为 0.119，在 1% 水平上显著，吻合了人力资本积累理论（lucas，1988）。从样本期模型的整体拟合优度 adj-R^2 来看，模型回归结果的调整拟合优度提高到 0.376，表明人力资本可以解释约 28.49% 的前面提及的区域个体效应。进而在基准模型基础上加入了另外一个代理吸收能力变量——劳动力人力资本（lh），得到第（5）列的回归结果，同样在 1% 显著水平下其系数显著为正，表明劳动力人力资本存量越多吸收能力越强，全要素生产率越高。此时，模型的调整拟合优度（adj-R^2）为 0.349，第（5）列的回归结果的 adj-R^2 比第（1）列提高了 0.13，这就表明劳动力人力资本所代表的吸收能力约可以解释 24.53% 的前面提到的个体效应。

进一步引入教育水平（edu）和技术水平（tech），考察其对国际 R&D 技术溢出的影响，得到第（6）列和（7）列的回归结果，教育水平的估计系数为 -0.057，且均在 1% 显著水平下显著。技术水平的估计系数为 0.015 且不显著，与预期结果不一致。当然，在第（6）列和第（7）列的回归结果中，调整后 R^2 分别为 0.218 和 0.233，均低于第（4）列和第（5）列。为此，后续分析将主要采用人力资本和 R&D 存量来衡量吸收能力。

再进一步分别引入文献中提及的相关控制变量——经济发展水平（pgdp）、金融发展水平（finance）、市场化程度（market）、制度质量（institution）、物资资本存量（r_c）等考察对基础环境不同下国际 R&D 技术溢出的影响。第（8）列的回归结果考察了金融发展水平（finance）差异下国际 R&D 技术溢出对中国省际全要素生产率的影响。金融发展水平的估计系数为 -0.009，在 10% 显著水平下不显著。在本书样本期中，从模型调整后决定

---

① 在第（4）列至第（6）列的回归模型中，并未加入省份虚拟变量以反映个体效应，原因是本书关注的焦点是个体效应的具体构成。

系数 adj-R^2 来看，模型回归结果中的 adj-R^2 与第（1）列没有显著的变化，表明金融发展水平还没有达到促进国际 R&D 技术溢出对全要素生产率的影响水平。第（9）列的回归结果考察了物资资本存量（r_c）差异下国际 R&D 技术溢出对全要素生产率的影响。物资资本存量的估计系数为 0.013，在 10% 显著水平下不显著。在本书样本期中，从模型调整后的决定系数 adj-R^2 来看，模型回归结果中的调整拟合优度与第（1）列没有显著的变化，表明物资资本存量对国际技术溢出效应影响不显著。第（10）列的回归结果考察了经济发展水平（pgdp）差异下国际 R&D 技术溢出对全要素生产率的影响。经济发展水平的估计系数为 0.028，在 10% 显著水平下显著。在本书样本期中，从模型调整后的决定系数 adj-R^2 来看，模型回归结果中的调整拟合优度与第（1）列没有显著的变化，表明经济发展水平对国际技术溢出效应影响不显著。

第（11）列的回归结果考察了市场化程度（market）差异下国际 R&D 技术溢出对中国省际全要素生产率的影响。市场化程度的估计系数为 0.021，但是在 10% 显著水平下不显著，在本书样本期中，从模型整体拟合优度 adj-R^2 来看，模型回归结果中的调整拟合优度变化不大，表明市场化程度可以解释前面提及的个体效应有限。第（12）列的回归结果考察了制度质量（institution）差异下国际 R&D 技术溢出对全要素生产率的影响。制度质量的估计系数为 -0.038，在 10% 显著水平下显著，在本书样本期中，从模型整体拟合优度 adj-R^2 来看，模型回归结果中的调整拟合优度提高得不显著，表明制度质量可以解释前面提及的个体效应也有限。第（13）列回归结果考察了对外开放水平（open）差异下国际 R&D 技术溢出对全要素生产率的影响。外开放水平的估计系数为 -0.077，在 1% 显著水平下显著，在本书样本期中，从模型整体调整后决定系数 adj-R^2 来看，模型回归结果中的调整拟合优度比第（1）列提高了 0.015，表明外开放水平可以解释约 2.83% 的前面提及的区域个体效应差异。

第（14）列的回归结果是在基准模型设定的基础上，同时加入反映经济水平的代理变量——人均 GDP（pgdp）和吸收能力的代理变量——人力资本

(h)，估计得到的系数均在1%显著水平上异于零，分别为0.034和0.139。此模型下得到的整体拟合优度adj-R^2为0.379，略高于第（4）列中仅加入人力资本时的0.376。这表明在控制了区域经济发展水平（pgdp）后，吸收能力的代理变量——人力资本（h）对省际之间全要素生产率差异的解释能力有所上升。进一步分析相关系数发现，二者的相关系数比较高，为0.568，表明省际之间吸收能力偏差可能主要根源于其所处的经济发展水平，甚至已经内化于所处的经济环境之中。

第（15）列的回归结果是在基准模型设定的基础上，同时加入反映区域物资资本存量水平的代理变量——物资资本存量（r_c）和吸收能力的代理变量——人力资本（h），估计得到的系数均显著异于零，分别为0.031和0.125。此模型下的调整后的adj-R^2为0.378，也略高于第（4）列中仅加入人力资本（h）时的0.376。这表明在控制了物资资本存量（r_c）后，吸收能力的代理变量——人力资本（h）对区域全要素生产率差异的解释能力有所上升。进一步分析相关系数发现，二者的相关系数也比较高，为0.854，表明省际之间吸收能力偏差也可能根源于其所处的物资资本存量，甚至已经内化于所处的物资资本之中。

6.3.2　OLS估计结果及分析

利用1998～2017年31个省份样本数据对模型（6-9）进行回归，根据前面模型适用性检验的结果，接下来以固定效应模型为基础进行回归，相关结果见表6-4。样本期数据可能存在异方差问题，表6-4的估计结果是经过了White异方差修正的。根据理论模型分析，在做回归时，先检验潜在吸收能力和技术溢出对区域全要素生产率的影响，见表6-4的第（1）列；再将现实吸收能力加入进行回归，见表6-4的第（2）列。

由表6-4第（1）列的结果可知，在1%显著水平上，进口渠道带来的国际R&D溢出的技术（frd_i）对中国各省份全要素生产率具有正的显著影响，这与国际R&D溢出的技术与中国各省份全要素生产率图（图6-1中的frd_i图）展示的关系一致。支持了在控制其他影响因素下，国际技术通过进口贸易渠道将产生技术溢出效应，影响对外开放国家或地区的全要素生产率（技术水平）的提升。在10%显著水平下，FDI渠道带来的国际R&D溢出的技术（frd_f）对中国各省份全要素生产率具有正的影响，但是不显著。不能确定在控制其他影响因素下，国际技术通过FDI渠道产生技术溢出效应。各省份的R&D存量估计系数显著为正，这与R&D存量与中国各省份全要素生产率图（图6-1中的rd_d图）显示的结果也具有一致性，即各省份的R&D存量增加有利于提高全要素生产率。各省份的人力资本存量（h）系数显著为正，即各省份的人力资本存量增加有利于提高全要素生产率。

在控制变量中，经济发展水平（pgdp）、技术水平（tech）、教育水平（edu）、金融发展水平（finance）及市场化程度（market）与预期一致。经济发展水平（pgdp）和技术水平（tech）对中国各省份TFP具有正向的影响。制度质量（institution）对TFP的影响显著为负，这与前面的预期相反，主要是前面预期是基于发达国家情况形成的。目前中国，特别是中西部还是以模仿消化吸收为主，如果制度对知识产权的保护过度，可能不利于国际技术的溢出。此外，市场化程度（market）对中国各省份全要素生产率的影响显著为负，这与刘生龙和胡鞍钢（2010）的研究结论一致，如前所述，政府支出对各省份TFP的影响具有两面性，结论说明了政府引起的资源错配所导致的效率损失可能超过了其对教育、创新等支持带来的技术进步，因而会对TFP存在负的影响。

表6-4第（1）列显示，本国研发投入是中国全要素生产率提升的重要动力源泉，rd_d系数为0.136，表明R&D存量每增加1%，全要素生产率会提高13.6%，这表明国内研发投资已成为中国全要素生产率提升的重要内部动力源泉。以进口为渠道的国际技术溢出的代理变量（frd_i）的回归系数为0.051，表明通过进口渠道利用外溢和扩散的国际技术也已成为中国全要素生产率提升的外源动力。

与第（1）列的回归结果相比较，第（2）列同时考察了现实吸收能力（代理变量frd_i_h、frd_i_d、frd_i_f、frd_i_f）对全要素生产率的影响。第（2）列的回归结果表明，一旦同时考虑了现实吸收能力，潜在吸能力的国内 R&D 存量（rd_d）回归系数显著下降，由原来的 0.136 降为 0.109，显著水平也有所下降；人力资本回归系数从 0.408 上升为 0.422，说明人力资本作为国际溢出技术吸收的载体，需要与其他因素结合才能更好地对全要素生产率产生积极的作用。国际技术溢出的回归系数表现不一致，通过进口渠道溢出的国际技术（frd_i）系数由原来的 0.051 上升为 0.098，但是不显著；通过 FDI 渠道溢出的国际技术（frd_f）系数由原来的 0.011 上升为 0.250，在 5% 的水平上显著。第（2）列与第（1）列回归结果显示：现实吸收能力对国际溢出技术消化吸收起到决定作用；现实吸收能力对通过 FDI 渠道溢出的国际技术比通过进口渠道溢出的国际技术更为关键。

表 6-4　　　　　OLS 估计和工具变估计（IV）结果

变量	OLS 估计		工具变量估计（IV）	
	[1]	[2]	[3]	[4]
rd_d	0.136*** (0.019)	0.109* (0.061)	0.140*** (0.020)	0.152* (0.082)
h	0.408*** (0.026)	0.422*** (0.129)	0.421*** (0.029)	0.683*** (0.203)
r_c	0.105*** (0.023)	0.110*** (0.023)	0.110*** (0.023)	0.157*** (0.027)
tech	0.025** (0.011)	0.015 (0.012)	0.021* (0.011)	0.036*** (0.014)
pgdp	0.476*** (0.035)	0.567*** (0.038)	0.448*** (0.037)	0.626*** (0.047)
finance	0.082*** (0.018)	0.056*** (0.018)	0.078*** (0.019)	0.037* (0.020)
market	−0.064** (0.029)	−0.147*** (0.032)	−0.127*** (0.032)	−0.214*** (0.037)
institution	−0.026 (0.021)	−0.018 (0.022)	−0.008 (0.022)	−0.071*** (0.026)
edu	0.326*** (0.023)	0.289*** (0.026)	0.324*** (0.024)	0.223*** (0.033)
frd_i	0.051*** (0.02)	0.098 (0.063)	0.027 (0.023)	0.508*** (0.121)
frd_f	0.011 (0.021)	0.250** (0.097)	0.047** (0.023)	0.935*** (0.196)

续表

变量	OLS 估计		工具变量估计（IV）	
	[1]	[2]	[3]	[4]
frd_i_h		0.035** (0.016)		0.126*** (0.028)
frd_f_h		0.033 (0.022)		0.175*** (0.042)
frd_i_d		0.020** (0.009)		0.058*** (0.014)
frd_f_d		0.002 (0.01)		0.041*** (0.015)
常数项	-3.186*** (0.271)	-2.442*** (0.623)	-2.844*** (0.295)	-0.574 (0.981)
Adj. R²	0.715	0.739		
F	116.693	96.634		
Davidson MacKinnon 检验			12.298 [6.4e06]	16.896 [7.5e13]
Anderson canon LM 检验				355.676 [0.0000]
Cragg Donald F 检验				477.951
Sargan Hansen 检验				[0.251]
观察值	620	620	620	620

注：①圆括号内的数值是基于 White 异方差稳健标准误差，*、**及***分别表示在10%、5%及1%水平上具有显著性，方括号内数值是对应统计量的 p 值；②Davidson-MacKinnon 检验是对内生性是否存在的检验，其原假设是 OLS 估计和 IV 估计是一致的，即 OLS 估计结果受内生性问题影响不大；③Anderson canon LM 检验是对工具变量识别不足问题进行检验，其原假设是所选取的工具变量与相应内生变量不相关，存在识别不足；④Cragg-DonaldF 检验是检验弱工具变量问题，其原假设是所选取的工具变量与相应的内生变量之间有较强的相关性；⑤Sargan-Hansen 检验是检验工具变量过度识别问题，其原假设是所选取的工具变量与相应的内生变量相关，且工具变量与相应干扰项不相关。另外，由于对外开放度（open）与核心变量（frd_i 和 frd_f）存在多重共线性，在回归过程中被剔除，后面回归与此处相同，不再说明。

6.3.3 内生性讨论及工具变量（IV）估计

在前面的全样本实证估计中，使用固定效应模型可以有效解决遗漏变量问题，能够剔除非观测的个体效应，相对 POOLED OLS 模型和随机效应模型估计的参数具有一致性。由于只有假设解释变量与随机误差项无关，即解释变量是外生的，固定效应模型的估计才具有一致性。本书的国际 R&D 存量是通过 FDI 和进口两种渠道溢出技术，中国各省份在通过 FDI 和进口货物促进 TFP 提升的同时，全要素生产率得到提升的省份一般也会加大对相关配套基础设施投入，这些相关配套设施会进一步吸引外商投资和进口的扩大，反过来强化了全要素生产率的进一步提升。也就是说，变量 frd_i 和 frd_f 在样本期内与 TFP 之间存在联立性偏误，可能存在内生性问题。通过 Davidson-MacKinnon 检验（见表 6-4 的 IV 估计），得到检验统计量分别为 12.298 和 16.896，且都在 1% 的显著性水平上拒绝变量 frd_i 和 frd_f 在样本期内是外生的原假设，接受备择假设，即变量 frd_i 和 frd_f 在样本期内存在内生性问题。内生性问题一般会引起 OLS 估计结果有偏[1]，因此，本书进一步采用工具变量（IV）估计法控制内生性问题，降低估计结果的偏误。

本书选取 1985 年各省份的对外开放度（open_1985）作为变量 frd_i 和变量 frd_f 在样本期内的工具变量[2]，为了使工具变量 open_1985 与其他变量一致，借鉴黄玖立和李坤望（2006）及毛其淋和盛斌（2012）的做法，使用 1988~2003 年的名义汇率（rate）与工具变量（open_1985）相乘，使得工具变量（open_1985）具有动态效应，得到 rate×open_1985 作为变量 frd_i 和变量 frd_f 在样本期内的最终工具变量，并采用两阶段最小二乘法（2SLS）进行估计。一个理想的工具变量需要具有与扰动项不相关，且与对应的内生变量具有相关性。本书基于以下两方面考虑选取对外开放度（open_1985）作为工具变量：首先，1985 年各省份对外开放度（open_1985）主要是由历史制度、地理位置等因素决定的，反映的是历史制度、地理位置对贸易和 FDI 的影响；同时，1985 年各省份对外开放度是历史上的数据，对当前的全要素生产率不再产生影响，因此 1985 年份各省对外开放度（open_1985）满足与扰动项不相关。其次，从对外开放度（open_1985）与变量 frd_i 和变量 frd_f 在样本期内的相关性来看，海运是对外贸易运输的主要形式，从中国开放政策来看，也是先开放沿海城市；同时，中国的外商投资企业主要产

---

[1] 潘省初. 计量经济学中级教程 [M]. 北京：清华大学出版社，2012.
[2] 实际操作中分别采用各省份 1985 年进出口总额、FDI 除以 GDP 得到对应变量 frd_i 和变量 frd_f 的工具变量。

品是为了出口，1985年各省份对外开放度越高，说明这些省份具有某些天然的优势，说明本书选取的各省份1985年对外开放度（open_ 1985）满足与变量frd_ i和变量frd_ f在样本期内相关性的要求。

为了保证选择1985年对外开放度作为工具变量的可靠性，还需要借助各种检验方法对工具变量进行检验。本书对open_ 1985作为工具变量的合理性检验结果见表6-4第（4）列，首先，采用Anderson canon LM检验对工具变量识别不足问题进行检验，检验对外开放度（open_ 1985）与变量frd_ i和变量frd_ f在样本期内是否相关，若不相关则存在工具变量识别不足问题。由表6-4的检验结果可知，Anderson canon LM检验的统计值为355.676，对应概率为0.000，因此在1%显著性水平上可以拒绝原假设，即认为不存在工具变量识别不足的问题。其次，采用Cragg-DonaldF检验对弱工具变量问题进行检验，检验对外开放度（open_ 1985）与变量frd_ i和变量frd_ f在样本期内是否存在较强的相关性，若相关性不强，则存在弱工具变量问题。由检验结果可知，Cragg-DonaldF检验的统计值为477.951，大于对应的临界值，因此可以拒绝原假设，即认为不存在弱工具变量问题。最后，采用Sargan-Hansen检验对工具变量过度识别问题进行检验，检验对外开放度（open_ 1985）与变量frd_ i和变量frd_ f在样本期内相关，且open_ 1985与相应干扰项不相关。由检验结果可知，Sargan-Hansen检验的相伴概率为0.251，在10%的显著性水平上不能拒绝原假设，即采用的工具变量具有合理性。故此，统计检验支持了本书采用对外开放度（open_ 1985）作为变量frd_ i和变量frd_ f在样本期内的工具变量具有合理性，这与前面的分析具有一致性。

比较固定效应模型与工具变量法估计的结果发现：在采用对外开放度（open_ 1985）作为工具变量有效地控制了变量frd_ i和变量frd_ f在样本期内的内生性之后，变量frd_ i的估计系数下降了，变量frd_ f的估计系数上升了且显著，说明内生性问题可能使得OLS估计的固定效应模型产生偏倚，从而错误估计了国际R&D存量的技术溢出对TFP的有效促进作用，因此，采用工具变量法2SLS估计是必要的。可见，在控制了国际R&D存量的技术溢出内生性的情况下，回归结果支持了国际R&D存量的技术溢出对省际TFP

具有促进作用。在工具变量法估计中,人力资本和国内 R&D 存量的估计系数为正,说明人力资本和国内 R&D 存量对省际 TFP 具有促进作用,其原因为人力资本和国内 R&D 存量增强了掌握新技术和适应新管理思想的能力,可以提高利用物资资本效率。此外,人力资本和 R&D 合理的结合可以更为有效地吸收和模仿国际先进技术、知识和经验等,支持了现实吸收能力显著地提高了省际 TFP 的理论分析。

比较控制变量的结果发现:物资资本在 1% 显著性水平上系数显著为正,说明样本期内的物资资本也是促进省际 TFP 提升的影响因素之一,这也印证了由于物资资本是技术的重要载体,对物资资本进行更新也就意味着引进更高的技术水平(唐志勇,2009)。市场化程度的显著性有所上升,但对省际 TFP 的影响仍然是负向的。制度质量对省际 TFP 产生了负向影响效应,其主要原因是制度越完善的地区,其对产权和专利的保护力度也越强,不利于技术模仿,但制度越完善的地区会增加企业研发创新活动的收益预期,会激励企业进行研发投入和创新活动,可能是目前制度还没有达到激励企业创新的程度,更好的选择是进行技术模仿,故此制度质量的提升阻碍了该地区技术水平和生产效率的提升。经济发展水平对 TFP 的影响依然显著为正向。技术水平和教育水平对 TFP 的影响变化不大,金融发展水平对省际 TFP 的影响有所提升,且显著为正。

6.3.4 动态效应及 GMM 估计

考虑到前期技术水平可能会对当期 TFP 变动产生一定的影响,为了捕捉动态特征,第 4 章的理论模型(6 – 22)中加入了时间趋势。采用 TFP 的一期滞后项[①]作为理论模型(6 – 22)中时间趋势的代理变量,构建动态计量模型为:

$$\ln TFP_{it} = \beta_0 + \lambda \ln TFP_{it-1} + \eta \ln S_{it}^f + \varphi \ln S_{it}^d + \theta \ln H_{it}$$
$$+ \mu \ln S_{it}^f \ln S_{it}^d + \sigma \ln S_{it}^f \ln H_{it} + \varepsilon_{it} \qquad (6-13)$$

[①] 可能多项滞后期都会对当前全要素生产率产生影响,借鉴毛其淋和盛斌(2012)的做法,只考虑引入一期滞后项。

同前面的非动态计量模型一样,实证检验中由于吸收能力具有选择性,会引发技术溢出渠道哪一个更有效的问题。实证研究中需要将国际溢出(S_{it}^f)进一步分为进口溢出(S_{it}^{f-im})和FDI溢出(S_{it}^{f-FDI}),为了使得估计结果更可靠,在计量模型(6-13)中还需要加入相关控制变量(X)①,同时,按照模型(6-9)的简化方法,得到本部分的最终动态计量模型为:

$$tfp_{it} = \beta_0 + \beta_1 frd\_i_{it} + \beta_2 frd\_f_{it} + \beta_3 rd\_d_{it} + \beta_4 h_{it} + \beta_5 frd\_i\_d_{it}$$
$$+ \beta_6 frd\_i\_h_{it} + \beta_7 frd\_f\_d_{it} + \beta_8 frd\_f\_h_{it} + \beta_9 tfp_{it-1} + \beta_9 X + \varepsilon_{it} \quad (6-14)$$

计量模型(6-14)是在计量模型(6-9)的基础上进一步引入 tfp_{it-1} 得到的动态表达式。引入滞后项后可以捕捉到未考虑到的可能影响省际 TFP 的其他因素,可降低模型的设定偏误,但由于引入滞后项会带来内生性问题。为了解决滞后项 tfp_{it-1} 引起内生性问题,本书采用 FD-GMM(差分 GMM)和 SYS-GMM(系统 GMM)两种方法进行估计。在估计过程中将 tfp_{it-1}、frd_i_{it} 和 frd_f_{it} 视为内生变量,并且将内生变量 tfp_{it-1} 的两阶及更高阶的滞后项作为变量本身的工具变量,将内生变量 frd_ i 和变量 frd_ f 的一阶及两阶的滞后项作为变量本身的工具变量。FD-GMM 和 SYS-GMM 两种方法估计结果见表 6-5。由于样本有限,FD-GMM 和 SYS-GMM 两种方法估计结果可能会产生偏倚,影响统计推断。借鉴邦德等(Bond et al.,2001)的经验法则,如果 GMM 估计的滞后因变量的系数介于固定效应和 OLS 估计之间,可认为 GMM 对有限动态模型的估计是可靠的②。本书中 FD-GMM 和 SYS-GMM 对滞后因变量 tfp_{it-1} 的估计系数分别为 0.641 和 0.500,确实处于 POOLED OLS 和固定效应估计系数之间③,因此,此处对样本期间的动态模型进行 FD-GMM 和 SYS-GMM 估计是有效的。表 6-5 的 Sargan 检验的 p 值为 1,表明不能拒绝工具变量是合理的原假设,即接受所选取的工具变量与相应的内生变量相关,且工具变量与相应干扰项不相关的备择假设;Arellano-Bond AR(1)检验的 p 值都小于 0.05,表明拒绝原假设接受扰动项序列是存在一阶自相关的

---

① 相关控制变量和前面非动态面板计量模型一样,不再详细说明。
② 一般来说,混合 OLS 会高估滞后因变量的系数,而固定效应则会低估滞后因变量的系数。
③ 为了保证行文的连贯,在此没有报告出 POOLED OLS 和固定效应估计结果。

备择假设；Arellano-Bond AR（2）检验的 p 值都大于 0.1，表明在 10% 的显著水平上可以拒绝原假设，接受扰动项序列存在二阶自相关的备择假设。根据 Arellano-Bond 检验的结果，可以推断模型（6-14）的扰动项不存在序列相关性。

从表 6-5 报告的估计结果可以看出，FD-GMM 和 SYS-GMM 两种方法对技术溢出的相关变量估计系数都为正，说明在加入动态效应下技术溢出对中国省际全要素生产率仍然具有促进作用，但是基本上不显著（只有第 3 列的 frd_i 在 10% 的水平上显著），引入现实吸收能力后（第 2 列和第 4 列），仍然不显著。代表潜在吸收能力的国内 R&D 存量（rd_d）和人力资本（h）回归系数都为正，但是不显著。第 2 列和第 4 列考察的现实吸收能力估计系数虽然为正，但不显著。估计的滞后因变量（tfp_{it-1}）的系数都为正，且都在 1% 显著水平上显著。控制变量市场化程度（market）在 1% 显著水平上显著为正，与非动态下计量模型估计结果相反。技术水平（tech）和教育水平（edu）估计系数虽然基本上显著，但是与理论预期不相符。物资资本（r_c）估计系数有正有负，且不显著，表现出很不稳定。其他控制变量的估计系数和符号与前面的估计结果也基本不一致。

整体上看，样本期内的动态面板估计结果没有静态固定效应模型稳健，以及不像后者一样所有核心变量系数都具有统计上的显著性。原因可能是 Stata 软件提供的线性动态面板语句适用于 t 很小而 i 很大的样本，如果 t 很大，工具变量数目会随着 t 的增大而急剧上升，动态面板误差会变得不显著（Alvarez & Arellano，2003）。本书所用样本的截面个体是 31 个省份，样本期是 1998~2017 年，按照阿尔瓦雷斯和阿雷拉诺（Alvarez & Arellano，2003）的观点，本书的样本数据更适合采用静态面板模型估计。

表 6-5　　　　　　　　动态效应的 GMM 估计结果

变量	(1) FD_GMM	(2) FD_GMM	(3) SYS_GMM	(4) SYS_GMM
rd_d	0.018 (0.91)	0.006 (0.12)	0.026 (1.20)	0.038 (0.69)

续表

变量	(1) FD_GMM	(2) FD_GMM	(3) SYS_GMM	(4) SYS_GMM
h	0.008 (0.22)	0.071 (0.79)	0.058 (1.34)	0.034 (0.32)
r_c	-0.044 (-1.40)	-0.038 (-1.28)	0.058 (1.47)	0.01 (0.41)
tech	-0.014* (-1.85)	-0.02 (-1.09)	-0.020*** (-2.65)	-0.032** (-2.05)
pgdp	0.217*** (6.17)	0.206*** (3.55)	0.163*** (3.69)	0.190*** (2.78)
finance	0.025 (1.41)	0.026 (1.28)	0.002 (0.16)	0.024 (1.19)
market	0.134*** (5.91)	0.122*** (4.67)	0.086*** (4.06)	0.101*** (3.62)
institution	0.005 (0.55)	0.007 (0.400)	0.005 (0.50)	0.024 (1.20)
edu	-0.194*** (-3.74)	-0.106** (-1.96)	-0.085** (-2.46)	-0.145** (-2.48)
L.tfp	0.641*** (8.19)	0.691*** (7.96)	0.500*** (9.64)	0.536*** (6.65)
frd_f	0.078 (1.35)	0.229 (0.71)	0.031 (0.64)	0.217 (0.83)
frd_i	0.032 (0.53)	0.081 (0.52)	0.121* (1.72)	0.242 (1.01)
frd_i_h		0.014 (0.58)		0.014 (0.57)
frd_f_h		0.029 (0.80)		0.019 (0.59)
frd_i_d		0.001 (0.40)		0.004 (0.85)
frd_f_d		0.002 (0.5)		0.004 (0.86)
常数项	-2.470*** (-3.06)	-0.77 (-0.80)	-1.596*** (-3.45)	-1.754* (-1.87)
Sargan 检验	24.890 [1.000]	26.024 [1.000]	29.138 [1.000]	20.965 [1.000]

续表

变量	（1） FD_GMM	（2） FD_GMM	（3） SYS_GMM	（4） SYS_GMM
Arellano-Bond AR（1）检验	-1.204 [0.022]	-1.964 [0.049]	-2.143 [0.032]	-0.964 [0.034]
Arellano-Bond AR（2）检验	-1.385 [0.166]	-2.540 [0.101]	-1.968 [0.149]	-1.258 [0.208]
观察值	558	558	589	589

注：①圆括号内的数值是异方差稳健标准误得到z值，*、**及***分别表示在10%、5%及1%水平上具有显著性，方括号内数值是对应统计量的p值；②Sargan检验是检验工具变量是否合理问题，其原假设是所选取的工具变量与相应的内生变量相关，且工具变量与相应干扰项不相关；③Arellano-BondAR（1）检验是检验扰动项序列是否存在一阶自相关，原假设是序列不存在一阶自相关；④Arellano-BondAR（2）检验是检验扰动项序列是否存在二阶自相关，原假设是序列不存在二阶自相关。

6.4 稳健性检验

为了确保前面估计结论的可靠性，从以下四个方面进行稳健性检验①。

稳健性检验Ⅰ：LIML 估计法。在有限样本下，斯托克等（Stock et al.，2002）通过蒙特卡罗模拟发现采用有限信息最大似然估计（limited-information maximum likelihood）方法估计结果更优。本书由于样本有限，故此采用有限信息最大似然估计法进行再估计，为了消除内生性，使用对应变量的滞后期为工具变量进行估计，估计结果见表6-6的第（1）列。与基准模型归回估计结果比较发现，潜在吸收能力和现实吸收能力代理变量的系数值和显著性没有显著的变化，控制变量的系数值和显著性也没有显著性变化。再次证实了前面选择的工具变量是合理的，回归估计结果具有稳健性。

稳健性检验Ⅱ：考虑滞后效应。通过进口贸易和FDI渠道溢出的国际技术可能具有时滞效应，即变量frd_i和变量frd_f的滞后项会对当期TFP的产生影响。故此，需要将模型中当期的frd_i和frd_f替换为对应的滞后一

---

① 由于动态模型具有不稳定性，稳健检验只是针对非动态模型。

期项进行回归①,估计方法采用 IV – 2SLS 方法进行估计,采用滞后一期的 frd_ i 和 frd_ f 作为当期 frd_ i 和 frd_ f 的工具变量,可有效降低变量 frd_ i 和变量 frd_ f 内生性问题导致的估计偏差。考虑滞后效应估计结果见表 6 – 6 的第(2)列,可知 frd_ i 和 frd_ f 的系数显著为正,人力资本和省份 R&D 存量的系数在显著上升,省份 R&D 存量估计系数和其显著性水平略有上升,同样支持了理论模型。控制变量的估计系数和显著水平也基本和基准模型估计的结果相同,教育水平的系数符号发生了变化,且在 10% 水平上显著,可能是教育水平对于省际 TFP 的作用也具有时滞效应,即当期的教育水平对 TFP 不会产生即时的影响或即时影响很小,而后会显现出来,进而对省份 TFP 产生促进作用。因此,在考虑滞后效应的情况下,回归结果具有稳健性。

稳健性检验Ⅲ:剔除异常样本点。改革开放以来,中国地区间进口贸易和吸收 FDI 投资发展不平衡,就吸收 FDI 而言,广东、江苏、上海等东南沿海地区吸收了大部分对中国的外商直接投资,而像西藏、青海、新疆等地引进外资很少。如 2013 年,吸收外商直接投资最多的江苏是吸收外资最少的西藏的 500 多倍。因此,本书样本期估计结果可能会受极值情况的影响。为了检验本书样本期内估计结果是否受到发展不平衡的影响,需要进行剔除异常样本再检验。本书剔除样本异常点的方法是首先计算各省份 frd_ i 和 frd_ f 在样本期内的均值,并找出各自的 10% 和 90% 分位数值,然后将样本期内 frd_ i 和 frd_ f 的均值低于 10% 分位数和高于 90% 分位数的相关省份剔除②,保留了 25 个省份 1998 ~ 2017 年样本数据。对剔除异常点后的 25 个省份 1998 ~ 2017 年样本数据进行 GMM 估计,估计结果见表 6 – 6 第(3)列。由表 6 – 6 第(3)列可知,frd_ i 和 frd_ f 的估计系数和显著水平都略有上升,在 5% 显著性水平上通过了检验,人力资本和省份 R&D 存量的估计系数也有

---

① 可能多项滞后期都会对当前全要素生产率产生影响,为了简化研究,只考虑引入一期滞后项。
② 均值高于 90% 分位数的三个省份是广东、江苏及上海,均值低于 10% 分位数的三个省份是西藏、青海及新疆。

所上升。因此，本书前期得到主要结论并不受地区发展不平衡的影响。控制变量的系数值和显著性与基准模型估计结果基本相似。所以，地区发展不平衡引起的异常样本点并未对本书估计结果造成质的影响，本书1998~2017年样本期内的估计结果具有稳健性。

稳健性检验Ⅳ：Bootstrap方法。为了检验本书样本期内估计结果的稳健性，采用自抽样法（Bootstrap方法）再次对基准模型进行估计。自抽样法是指从母体样本中随机抽取个体组成新的样本计算统计分布，然后反复地从母体中抽样来模拟母体的分布（程惠芳、陆嘉俊，2014）。通过自抽样法得到的估计结果准确性更高，也更能反映样本期内总体特征。通常抽样次数在300次以上即可达到比较好的效果，本书选择抽样500次，估计的结果见表6-6的第（4）列。与基准模型估计结果比较发现，通过Bootstrap方法估计的核心变量的参数值和显著性都没有明显改变，因此，在考虑自抽样的情况下，回归结果依然具有稳健性。

表6-6　　　　　　　　　稳健性检验估计结果

变量	（1）LIML	（2）考虑滞后效应	（3）剔除异常值	（4）Bootstrap
rd_d	0.114*** (0.017)	0.105*** (0.043)	0.445*** (0.071)	0.402*** (0.033)
h	0.578*** (0.175)	0.578** (0.239)	0.554*** (0.041)	0.757*** (0.152)
r_c	0.019 (0.025)	0.029 (0.026)	0.085** (0.034)	0.098 (0.148)
tech	0.053** (0.021)	0.051** (0.023)	0.037 (0.024)	0.058 (0.067)
pgdp	0.283*** (0.029)	0.274*** (0.031)	0.354*** (0.044)	0.260* (0.144)
finance	0.026* (0.011)	0.024* (0.012)	0.003 (0.014)	0.067* (0.026)
market	-0.002 (0.033)	-0.068* (0.037)	-0.115** (0.048)	-0.359* (0.159)
institution	-0.001 (0.024)	-0.013 (0.027)	-0.043* (0.025)	-0.076 (0.092)

续表

变量	(1) LIML	(2) 考虑滞后效应	(3) 剔除异常值	(4) Bootstrap
edu	0.005 *** (0.037)	0.090 ** (0.042)	0.041 *** (0.004)	0.133 *** (0.024)
frd_i	0.346 ** (0.143)	0.460 ** (0.222)	0.293 *** (0.059)	0.350 * (0.119)
frd_f	0.154 *** (0.033)	0.328 *** (0.089)	0.236 * (0.121)	0.280 ** (0.096)
frd_i_h	0.077 ** (0.036)	0.105 ** (0.053)	0.1545 ** (0.074)	0.1045 ** (0.059)
frd_f_h	0.134 *** (0.031)	0.176 *** (0.045)	0.195 *** (0.063)	0.136 *** (0.029)
frd_i_d	0.060 *** (0.020)	0.072 *** (0.027)	0.077 *** (0.029)	0.063 *** (0.022)
frd_f_d	0.096 *** (0.018)	0.114 *** (0.021)	0.103 *** (0.022)	0.104 *** (0.024)
常数项	-2.341 *** (0.571)	-2.307 *** (0.79)	-2.247 (1.415)	-0.616 (5.24)
N	589	558	475	589

注：括号内的数值是异方差稳健标准误，*、** 及 *** 分别表示在 10%、5% 及 1% 水平上具有显著性。

第 7 章

提升全要素生产率路径的异质性

技术可通过人才流动、区域间贸易、产学研合作等形式实现其在不同空间区位的同步重复使用，具有空间溢出效应。由于线性结构模型设定形式的局限性，以往针对国际技术溢出效应的检验只能考察国际技术在本地的首次溢出效应。虽然物化的知识和技术只能存在于首次溢出效应之中，但非物化的知识和技术却既可以存在于国际技术对其所在地的首次溢出效应之中，也可能以空间扩散的形式溢出到其他地区。因此，为了追踪全要素生产率提升的空间路径，基于空间视阈下全要素生产率提升路径的数理模型，借助静态和动态空间 Durbin 模型对中国全要素生产率提升路径的异质性进行检验。

7.1 空间权重构造

随着 GIS 技术的不断发展并得到深入应用，在对经济社会的研究中，已不再局限于采用假设各个变量间是相互独立的传统计量方法，而是在考虑经济之间的空间交互（spatial interaction）和空间依赖性（spatial dependence）基础上，根据空间计量模型分析经济运行的一般规律。空间交互和空间依赖就是考察空间分布在对相邻区域和最近相邻单元经济活动存在怎样的空间交互和空间依赖性，这就需要借助空间权重（spatial weighting matrix）来表达，同时，模型中引入空间权重 W，还可以更有效地估计模型的参数。

7.1.1 空间权重的一般形式

空间权重是进行空间经济计量学研究的一个关键性支点。根据现有文献来看，确定空间权重一般依据距离而定，文献中常用的距离有地理距离、经济距离、文化距离等，在经济研究中，地理距离和经济距离是最常用的两种距离，其中，地理距离又分为相邻距离、有限距离和负指数距离等。

假设 $\{x_i\}_{i=1}^n$ 是来自 n 个空间单元的数据，其中，下标 i 表示空间单元 i，如果空间单元 i 和空间单元 j 之间的距离为 w_{ij}，则空间权重 W 可以采取如下形式定义：

$$W = \begin{pmatrix} w_{11} & \cdots & w_{1n} \\ \vdots & \ddots & \vdots \\ w_{n1} & \cdots & w_{nn} \end{pmatrix} \quad (7-1)$$

由于假设空间单元内不存在距离，即 $w_{11} = w_{22} = \cdots = w_{nn} = 0$，又由于空间单元之间的距离是相等的，即 $w_{ij} = w_{ji}$，所以空间权重是主对角线元素为 0 的对称矩阵[①]。由于在估计过程中程序要求对空间权重矩阵进行标准化（row standardization）处理[②]，即将空间单元权重矩阵的元素（w_{ij}）除以所在行元素之和，得到标准化后的元素（$\tilde{w}_{ij}$），使空间矩阵 W 每行元素之和为 1，具体计算式子为：

$$\tilde{w}_{ij} = \frac{w_{ij}}{\sum_j w_{ij}} \quad (7-2)$$

进行行标准化后的空间权重矩阵为实际研究带来了方便的同时，也增加了本身的缺陷。首先，行标准化之后的空间权重矩阵一般不再是对称矩阵，

---

① 本书考虑的空间权重矩阵是一阶相邻，如果是二阶或多阶相邻，即需要考虑空间单元相邻的相邻，由于空间单元的邻居也包括本身，所有空间权重矩阵的主对角线上元素不再为 0。

② 在实际研究中，根据需要对权重矩阵的标准化可采用行标准化（row standardization）、最小最大值标准化（minmax standardization）及谱标准化（spectral standardization），由于本书实证程序的需要，空间权重矩阵都采用行标准化。

即 $w_{ij} \neq w_{ji}$；其次，由于行标准化之后的空间权重矩阵行元素之和均为1，这意味着区域给空间单元 i 带来的空间交互和空间依赖强度和空间单元 j 是相等的，这种假设在现实中可能过强。由于本书使用的经济数据是以省份为多边形的单元，因此，本书生成的空间权重矩阵也为空间多边形。由于空间计量模型参数的估计结果受到空间权重 W 的影响，如果空间权重矩阵设定不恰当，即不能很好地反映经济活动的空间交互和空间依赖，可能会导致模型参数估计结果的不真实，甚至是错误的。为了解决权重设定偏误问题，本书构造相邻空间权重、地理距离空间权重、经济距离空间权重及技术距离空间权重等不同权重，确保估计结果具有稳健性。

7.1.2 构造相邻空间权重（W1）

最初对空间单元间的依赖性和交互性的测度，是基于空间单元间的二进制相邻思想进行的[1]，且相邻由二进制的 0 和 1 两个值表达。如果空间单元 i 和空间单元 j 之间有非零长度的公共边界，认定空间单元 i 和空间单元 j 之间是相邻的，即二进制权重矩阵元素 w_{ij} 赋值为1，即 $w_{ij}=1$，反之，则 $w_{ij}=0$，具体元素定义形式如下：

$$w_{ij} = \begin{cases} 1 & \text{空间单元 i 和空间单元 j 相邻} \\ 0 & \text{i=j 或者空间单元 i 和空间单元 j 不相邻} \end{cases}$$

这种定义下的空间权重矩阵称为相邻空间权重或 0-1 空间权重，也叫作二进制连接矩阵（binary contiguity matrix）。在设定空间权重矩阵 W 时，根据空间单元的空间关系界定的不同而构建的权重也不同，相邻（contiguity）是最常用也是最简单的 0-1 权重，即如果空间单元 i 与空间单元 j 之间是否有共同的边界来确定空间元素的取值。如何确定相邻，构建空间权重时主要使用车相邻（rook contiguity）、象相邻（bishop contiguity）及后相邻（queen contiguity）三种基本的相邻关系。当两个空间单元有共同的边时称为车相邻；

---

[1] Moran P A P. The Interpretation of Statistical Maps [J]. Journal of the Royal Statistical Society. Series B (Methodological), 1948, 10 (2): 243 – 251.

当两个空间单元只有共同的顶点而没有共同的边时称为象相邻；当两个空间单元有共同的边或顶点时称为后相邻。在 0－1 权重的定义下，只有相邻的空间单元之间才有空间交互和空间依赖，这只是对空间模型中的空间单元之间交互程度和依赖性的有限反映。这种相邻的定义对于许多拓扑转换并不敏感，这也是 0－1 空间权重的一大缺陷，因此，需要根据研究的现实情况对 0－1 空间权重矩阵作进一步改进设计。由于随着中国对外开放程度的不断加深及区域一体化的推进，即使两个区域之间不存车相邻，而只是象相邻，也就是说，两个省份之间没有共同的地理边界，只有某一点相接，省份间的经济合作也会在不断地加强，特别是由于交通基础设施的不断完善，如果省份之间存在高速公路或铁路，即使只有象相邻的省份之间的空间交互和空间依赖也是很显著的。因此，在区域一体化和区域经济合作不断加强下，单纯依据是否共有地理边界来界定省份间的相邻关系不能准确反映区域间经济交互性和依赖性。本书研究在权衡上述情况后选择后相邻来构造中国 31 个省份的 0－1 空间权重（W_1）①，由于空间权重样本中如果包含孤岛单元，会导致权重不可标准化及在估计时会产生程序出错，在实际研究中，需要把这些孤岛单元剔除或则可将分母改为 $\max\left(1, \sum_j w_{ij}\right)$。但是本书希望全面考察中国省份技术溢出对全要素生产率的影响，所以人为设定海南省与广东省是相邻②。

7.1.3 构造地理距离空间权重（W2）

构造空间权重矩阵必须采用外生变量，否则不能识别，空间地理距离是一个很好的外生变量，因而得以广泛采用。本书主要研究中国省内和省份间技术溢出对全要素生产率的影响机理，在省份间技术溢出与 TFP 的潜在空间交互和空间依赖关系缺乏直接可观测情况下，基于省份地理距离的空间权重

---

① 0－1 空间权重矩阵的具体生成过程是使用来源于国家基础地理信息系统的 shp 格式图，借助 Open Geoda 软件，选择后相邻生成空间权重矩阵。国家基础地理信息中心网址：http://ngcc.sbsm.gov.cn。

② 设定的合理性是：首先，海南省与广东省相邻比较近；其次，海南省原本是从广东省分离出来的，所以假设这两个省份在经济上存在空间交互和依赖性具有合理性。

矩阵可以被用来诠释省份间 R&D 存量与 TFP 的潜在空间交互和空间依赖关系。根据地理环境的第二个基本规律，距离衰减规律的实质是地理要素间的相互作用与距离有关，在其他条件相同时，地理要素间的作用与距离的平方成反比。科勒（Keller，1998）指出，技术溢出效应会随着交流主体距离的增加而降低，帕伦特和里欧（Parennt & Riou，2005）也指出，在交流和交通方便的主体间更易产生知识溢出。承载技术溢出的主体越接近越有利于溢出，随着距离的增加，技术传递的边际成本也在增加，技术溢出受制于地理距离（宁军明，2008）。因此，本书进一步构造基于省份地理距离的空间权重（W_2）。

$$w_{ij} = \frac{1}{d_{ij}^2} \quad (7-3)$$

其中，d_{ij} 表示省份 i 与省份 j 的地理距离，这里的距离算法采用的是欧式距离①。一个空间单元的经纬度能准确反映空间单元的位置，本书使用经纬度转化的地理坐标，在二维空间里计算地理距离的欧式距离，经纬度数据来源于国家基础地理信息系统的 shp 格式图②，并使用 Open Geoda 软件提取其中的经纬度坐标。

7.1.4 构造经济距离空间权重（W3）

相邻空间权重和地理距离空间权重并不能完全体现各省份经济的交互性和依赖性。例如，在基于空间相邻与否的 0-1 空间权重中，其中有一个很强的假设就是：相邻的省份之间的空间交互性和依赖性都简单地视为同质的，权重矩阵中相邻都取值为 1，而不相邻都同样视为没有空间交互性和依赖性，权重矩阵中不相邻都取值为 0。事实上，省份间的空间交互性和依赖性可能

---

① 欧氏距离（Euclidean distance）是在 m 维空间中两个点之间的真实距离，也称欧几里得距离，n 维向量 a（$x_{11}, x_{12}, \cdots, x_{1n}$）与 b（$x_{21}, x_{22}, \cdots, x_{2n}$）间的欧氏距离计算式子：$d_{12} = [\sum_{k=1}^{n}(x_{1k} - x_{2k})^2]^{1/2}$。

② 来源于国家基础地理信息中心：http://www.ngcc.cn。

第7章 提升全要素生产率路径的异质性

并非完全一样,在研究中需要加以区别。例如,河北省在地理空间分布上与北京、天津、山西、内蒙古、山东、河南等省份相邻,在空间相邻权重设定中这些省份都取值是1,但是,很显然河北与北京的经济空间交互性和依赖性程度较其他省份要高。虽然地理距离空间权重矩阵通过地理距离的不同,部分解决了相邻省份间的空间交互性和依赖性的异质性。但是随着基础设施的进一步完善,省份间的空间交互性和依赖性并不与地理距离平方成反比,特别是一些区域龙头省市(如北京、上海),其空间效应辐射的范围比一般省市大。为了解决空间交互和依赖异质问题,经济学学者尝试使用经济距离来构造空间权重,如林光平、龙志和吴梅(2004)尝试使用人均实际GDP差额作为测度中国28个省份间"经济距离"的指标,构建经济距离权重矩阵[①]。本书借鉴林光平、龙志和吴梅(2004)构建经济距离权重思路,尝试构建不同省份间的经济距离空间权重 W_3,反映中国31个省份间经济差距。与林光平、龙志和吴梅(2004)权重矩阵不同的是,本书考虑了在经济距离中会出现有零距离问题,如在采用人均实际GDP构建经济权重时,两个省份的人均实际GDP差别甚微,甚至为0,这个时候分母无穷小,构建的矩阵会出现奇异值。本书在计算经济差距倒数时采取如下形式:

$$g_{ij} = \frac{1}{|\bar{T}_i - \bar{T}_j|} \tag{7-4}$$

其中,g_{ij} 表示的是省份 i 与省份 j 经济距离的倒数,$\bar{T}_i$ 和 $\bar{T}_j$ 表示的是省份 i 与省份 j 经济水平的平均,当 i = j 时,也就是与自己的技术差距为0,但是分母为0不能计算,所以 g_{ii} 取值为0。

这里的 T_{it} 和 T_{jt} 分别代表省份 i 和省份 j 第 t 年的经济水平,计算式为:

$$\bar{T}_i = \frac{1}{t_T - t_0 + 1} \sum_{t=t_0}^{t_T} T_{it} \tag{7-5}$$

$$\bar{T}_j = \frac{1}{t_T - t_0 + 1} \sum_{t=t_0}^{t_T} T_{jt} \tag{7-6}$$

[①] 林光平,龙志,吴梅. 中国地区经济收敛的空间计量实证分析:1978 - 2002 [J]. 经济学(季刊),2005,4(S1):67-82.

本书的经济距离是指省份 i 和省份 j 的经济差距,参考现有文献,本书采用实际人均 GDP 作为经济水平的代理变量。经济距离空间权重矩阵不是简单地将地理距离权重中的反映地理距离的 d_{ij} 换成经济差距 g_{ij},而是把地理距离和经济距离加权后引入空间权重,即 $W_3 = WG$,这里 W 表示地理距离矩阵①,G 表示经济距离矩阵,g_{ij} 是经济距离矩阵 G 的相应元素。综上可知,把地理距离和经济距离加权后引入空间权重构建的经济距离空间权重 W_3 同时考虑了省份间经济与地理上的空间交互和依赖。W_3 通过经济距离矩阵对同样两个相邻省份的经济差异进行了区别,避免了用相邻和地理距离空间权重矩阵假设相邻或相同距离下空间交互和依赖是相同的过强假设问题。同时,由于 $\bar{T}_i$ 和 $\bar{T}_j$ 会随着时间的推移而变化,所以由 g_{ij} 元素构成的经济权重矩阵 G 也会随时间变化而变化,因而 W_3 是一个随着时间而变化的动态矩阵,W_3 不仅在截面上反映省份经济之间的交互性和依赖性,也反映了经济随时间变化导致省份间经济交互和依赖的强度变化。

7.1.5 构造技术距离空间权重（W4）

由于本书研究的是区域内和区域间技术溢出对全要素生产率的影响及全要素生产率对区域间 R&D 的空间依赖,所以如果仅仅采用经济距离并不是一个很好的选择,同时,经济距离空间权重的设定须满足有意义、有限性和非负性的要求。地理距离与经济距离加权的空间权重矩阵并不能完全体现各省份技术层面的交互性和依赖性。因此,有必要像引进经济距离空间权重一样构造由地理距离和技术距离加权的技术距离权重。和经济距离权重一样,技术距离空间权重矩阵不是简单地将地理距离权重中的地理距离换成技术差距,而是把地理距离和技术距离加权后引入空间权重。综上可知,把地理距离和技术距离加权后引入空间权重构建的技术距离空间权重 W_4 同时考虑了省份间技术与地理上的空间交互和依赖。W_4 通过技术距离矩阵对同样两个相邻省

---

① 在实际研究中,此处的 W 可以是地理距离矩阵（W_2）,也可以是相邻的 0 - 1 矩阵（W_1）,本书在此采用的是地理距离矩阵（W_2）。

份的技术差异进行了区别,避免了用相邻和地理距离空间权重矩阵假设相邻或相同距离下空间交互和依赖是相同的过强假设问题。具体构造过程借鉴詹蒂(Jeanty,2010)的做法,首先构造省份 i 和省份 j 技术差距距离矩阵,矩阵元素为:

$$r_{ij} = \frac{1}{|\overline{R}_i - \overline{R}_j + 1|} \quad (7-7)$$

其中,$\overline{R}_i$ 和 $\overline{R}_j$ 分别指省份 i 和省份 j 技术存量占总技术存量的比率,文献中一般使用专利申请量代理一个区域技术水平,本书在此也使用权利申请数量计算出 $\overline{R}_i$ 和 $\overline{R}_j$,从而计算出矩阵元素 r_{ij},构造出纯技术距离矩阵(R)。然后再采取以下式子计算出技术距离权重元素 w_{ij}:

$$w_{ij} = R \times \exp(-\beta D_{ij}) \quad (7-8)$$

即通过省际间距离倒数的指数与技术距离加权构造技术距离矩阵 W_4[①],其中,D_{ij} 是 i 地与 j 地之间的距离,与构造 W_2 一样,根据纬度和经度距离计算[②]。

7.2 空间自相关检验

前面的空间计量模型推导过程得出存在空间自相关,根据"让数据说话"的原则,在确定是否使用空间计量之前,需要分析样本期数据是否存在一定的空间相关性,只有当样本期数据存在空间相关性才可以使用空间计量模型。目前,文献中有三种主要的方法检验变量的空间自相关,分别是莫兰指数 I(Moran,1950),吉尔里指数 C(Geary,1954)及 Getis-Ord 指数 G(Getis & Ord,1992)。

[①] 具体构造计算过程是首先采用 GeoDa 生成 GAL file 文件,将经纬度文件转化为 dta 格式数据,然后根据 Stata 中的 Spwmatrix 命令得到。

[②] 距离算法采用的是欧式距离,经纬度数据来源于国家基础地理信息系统的 shp 格式图,并使用 Open Geoda 提取其中的经纬度坐标。国家基础地理信息中心:http://www.ngcc.cn。

7.2.1 基于莫兰指数 I 的检验

莫兰指数 I 为：

$$I = \frac{\sum_{i=1}^{n}\sum_{j=1}^{n}w_{ij}(x_i-\bar{x})(x_j-\bar{x})}{S^2\sum_{i=1}^{n}\sum_{j=1}^{n}w_{ij}} \quad (7-9)$$

其中，样本方差 $S^2 = \sum_{i=1}^{n}(x_i-\bar{x})^2/n$，$w_{ij}$ 为空间权重矩阵，对空间权重矩阵标准化后可得 $\sum_{i=1}^{n}\sum_{j=1}^{n}w_{ij} = n$。莫兰指数 $I \in [-1,1]$，如果 $I > 0$，表示存在空间正相关，即空间分布是变量取值高和变量取值低的存在一定空间集聚；如果 $I < 0$，表示存在空间负相关，即空间分布是变量取值高和变量取值低的空间集聚；如果 $I = 0$，表示不存在空间相关，即变量的空间分布是一个随机过程。下面使用 Stata 软件的相关命令，对省份的 TFP 全局莫兰指数 I 进行检验，表7-1 是基于 0-1 空间权重矩阵检验的结果，表7-2 是基于地理距离空间权重矩阵检验的结果①。

表7-1　　　　基于相邻空间权重的全局莫兰指数 I 及检验

变量	I	E (I)	sd (I)	z	p-value*
TFP	0.143	-0.033	0.105	1.674	0.014

注：表格报告的是进行单边检验的结果。

表7-2　　　　基于地理距离空间权重的全局莫兰指数 I 及检验

变量	I	E (I)	sd (I)	z	p-value*
TFP	0.228	-0.033	0.109	0.562	0.027

注：表格报告的是进行单边检验的结果。

从表7-1 和表7-2 检验的结果可以看出，中国省份间的 TFP 的莫兰指数 I 的计算值为正，在 5% 显著水平下，在 0-1 空间权重和地理距离空间权重下莫兰指数 I 均拒绝无空间自相关的原假设，即认为中国省份间的 TFP 具有空间自相关。下面局部空间自相关指标，同时是选择在 0-1 空间权重和地

---

① 在此只报告了基于 0-1 空间权重矩阵和地理距离空间权重矩阵的检验结果，而基于经济距离和技术距离的检验结果得到相同的结论，不再报告。

理距离空间权重下的局部莫兰指数 I。

表 7-3 列出了中国 31 个省份的局部莫兰指数 I 及其检验的结果①，对于某些省份，可以强烈拒绝 I=0 的原假设，即可以认为很多省份间的 TFP 存在空间自相关，这与全局莫兰指数 I 自相关检验结果一致。

表 7-3   基于相邻空间权重的局部莫兰指数 I 及检验

省份	Ii	E(Ii)	sd(Ii)	z	p-value*
安徽	-1.175	-0.2	2.133	-0.457	0.648
北京	-1.001	-0.067	1.317	-0.709	0.478
重庆	0.951	-0.167	1.982	0.564	0.573
福建	-0.589	-0.1	1.588	-0.308	0.758
甘肃	2.14	-0.2	2.133	1.097	0.273
广东	-6.604	-0.167	1.982	-3.247	0.001
广西	-0.145	-0.133	1.803	-0.006	0.995
贵州	2.025	-0.167	1.982	1.106	0.269
湖南	0.274	-0.2	2.133	0.222	0.824
海南	-0.585	-0.033	0.946	-0.583	0.56
河北	-1.14	-0.233	2.262	-0.401	0.689
黑龙江	0.136	-0.067	1.317	0.154	0.878
河南	-0.016	-0.2	2.133	0.086	0.931
湖北	0.702	-0.2	2.133	0.423	0.672
江苏	7.268	-0.133	1.803	4.104	0
江西	-1.018	-0.2	2.133	-0.384	0.701
吉林	0.261	-0.1	1.588	0.227	0.82
辽宁	-0.488	-0.1	1.588	-0.244	0.807
内蒙古	1.963	-0.267	2.373	0.939	0.347
宁夏	1.223	-0.1	1.588	0.833	0.405
青海	1.916	-0.133	1.803	1.136	0.256
山东	2.287	-0.133	1.803	1.342	0.18
上海	4.116	-0.067	1.317	3.175	0.001
山西	0.532	-0.133	1.803	0.369	0.712
陕西	0.08	-0.267	2.373	0.146	0.884
四川	-0.954	-0.233	2.262	-0.318	0.75

① 在此只报告了基于 0-1 空间权重矩阵的检验结果，而基于地理距离、经济距离和技术距离的检验结果得到基本相同的结论在此不再报告。

续表

省份	Ii	E（Ii）	sd（Ii）	z	p-value*
天津	-0.05	-0.067	1.317	0.013	0.99
新疆	2.015	-0.1	1.588	1.332	0.183
西藏	1.965	-0.133	1.803	1.163	0.245
云南	1.538	-0.133	1.803	0.927	0.354
浙江	2.136	-0.167	1.982	1.162	0.245

7.2.2 基于吉尔里指数C的检验

吉尔里指数C为：

$$C = \frac{(n-1)\sum_{i=1}^{n}\sum_{j=1}^{n}w_{ij}(x_i-x_j)^2}{2\sum_{i=1}^{n}\sum_{j=1}^{n}w_{ij}[w_{ij}(x_i-\bar{x})^2]} \quad (7-10)$$

由式（7-10）可知，由于$(x_i-x_j)^2$是吉尔里指数C的核心部分，所以与莫兰指数I不同的是，吉尔里指数$C \in [0,2]$，如果C>1，表示存在空间正相关，即空间分布是变量取值高和变量取值低的存在一定空间集聚；如果C<1，表示存在空间负相关，即空间分布是变量取值高和变量取值低的空间集聚；如果C=1，表示不存在空间相关，即变量的空间分布是一个随机过程。使用Stata软件的相关命令对省份的TFP全局吉尔里指数C进行检验，得到表7-4是基于0-1空间权重的检验结果，表7-5是基于地理距离空间权重的检验结果。

表7-4　　基于相邻空间权重的全局吉尔里指数C及检验

变量	c	E（c）	sd（c）	z	p-value*
TFP	0.696	1	0.17	-1.793	0.023

注：表格报告的是进行单边检验的结果。

表7-5　　基于地理距离空间权重的全局吉尔里指数C及检验

变量	c	E（c）	sd（c）	z	p-value*
TFP	0.869	1	0.138	-0.951	0.011

注：表格报告的是进行单边检验的结果。

从表7-4和表7-5检验的结果可以看出，中国省份间的TFP的全局吉尔里指数 C 的计算值为正，检验结果显示，在 5% 显著水平下，在 0-1 空间权重和地理距离空间权重下全局吉尔里指数 C，检验结果均拒绝无空间自相关的原假设，即认为中国省份间的 TFP 具有空间自相关。下面进一步对空间自相关性进行局部吉尔里指数检验，同时使用 0-1 权重和地理距离权重进行局部吉尔里指数 C 计算及检验。

表 7-6 列出了中国 31 个省份的局部吉尔里指数 C 及其检验的结果，对于某些省份，可以强烈拒绝 C=0 的原假设，即可以认为很多省份间的 TFP 存在空间自相关，这与全局吉尔里指数 C 自相关检验结果一致。

表 7-6　基于相邻空间权重的局部吉尔里指数 C 及检验

省份	ci	E（ci）	sd（ci）	z	p-value*
安徽	11.007	12.4	12.46	-0.112	0.911
北京	15.941	4.133	5.202	2.27	0.023
重庆	1.037	10.333	10.675	-0.871	0.384
福建	9.063	6.2	7.061	0.406	0.685
甘肃	1.354	12.4	12.46	-0.886	0.375
广东	48.111	10.333	10.675	3.539	0
广西	10.668	8.267	8.878	0.27	0.787
贵州	1.071	10.333	10.675	-0.868	0.386
湖南	12.413	12.4	12.46	0.001	0.999
海南	7.873	2.067	3.232	1.797	0.072
河北	12.942	14.467	14.239	-0.107	0.915
黑龙江	0.512	4.133	5.202	-0.696	0.486
河南	2.688	12.4	12.46	-0.779	0.436
湖北	0.683	12.4	12.46	-0.94	0.347
江苏	9.536	8.267	8.878	0.143	0.886
江西	12.484	12.4	12.46	0.007	0.995
吉林	0.886	6.2	7.061	-0.753	0.452
辽宁	0.668	8.2	6.916	-0.535	0.502
内蒙古	2.016	16.533	16.012	-0.907	0.365
宁夏	0.749	6.2	7.061	-0.772	0.44
青海	1.201	8.267	8.878	-0.796	0.426
山东	8.392	8.267	8.878	0.014	0.989
上海	0.967	4.133	5.202	-0.609	0.543
山西	0.747	8.267	8.878	-0.847	0.397

续表

省份	ci	E（ci）	sd（ci）	z	p-value*
陕西	2.299	16.533	16.012	-0.889	0.374
四川	5.68	14.467	14.239	-0.617	0.537
天津	7.135	4.133	5.202	0.577	0.564
新疆	0.023	6.2	7.061	-0.875	0.382
西藏	1.265	8.267	8.878	-0.789	0.43
云南	0.897	8.267	8.878	-0.83	0.406
浙江	6.703	10.333	10.675	-0.34	0.734

7.2.3 基于 Getis-Ord 指数 G 的检验

由于在莫兰指数 I 和吉尔里指数 C 中，不能够有效区分空间分布是由于高值区域（热点区域）的空间集聚导致，还是由于低值区域（冷点区域）的空间集聚导致，这也是莫兰指数 I 和吉尔里指数 C 的缺陷，即由于热点区域（hot spot）和冷点区域（cold spot）的空间分布表现的都是正相关，莫兰指数 I 和吉尔里指数 C 无法有效区分。为此，1992 年，格蒂斯和奥德（Getis & Ord）构建了 Getis-Ord 指数 G 为：

$$G = \frac{\sum_{i=1}^{n}\sum_{j=1}^{n} w_{ij} x_i x_j}{\sum_{i=1}^{n}\sum_{j \neq i}^{n} x_i x_j} \quad (7-11)$$

其中，$x > 0$，$\forall i$，由 Getis-Ord 指数 G 表达式可知，如果高值空间分布在一起，则计算的 G 比较大，如果低值空间分布在一起，则计算的 G 比较小，如果变量的空间分布不存在自相关，则得到 G 的期望值为：

$$E(G) = \frac{\sum_{i=1}^{n}\sum_{j=1}^{n} w_{ij}}{n(n-1)} \quad (7-12)$$

在式（7-12）中，如果 $G > E(G)$，则是热点区域；如果 $G < E(G)$，则是冷点区域。使用 Stata 软件的相关命令对省份的 TFP Getis-Ord 指数 G 进行检验，得到表 7-7 是基于 0-1 空间权重的检验结果，表 7-8 是基于地理距离空间权重的检验结果。

表7-7　　基于相邻空间权重的全局 Getis-Ord 指数 G 及检验

变量	G	E(G)	sd(G)	z	p-value*
TFP	0.153	0.148	0.031	0.162	0.031

注：表格报告的是进行单边检验的结果。

表7-8　　基于地理距离空间权重的全局 Getis-Ord 指数 G 及检验

变量	G	E(G)	sd(G)	z	p-value*
TFP	0.153	0.148	0.004	1.035	0.015

注：表格报告的是进行单边检验的结果。

从表7-7和表7-8检验的结果可以看出，中国省份间的 TFP 的全局 Getis-Ord 指数 G 的计算值为正，检验结果显示，在5%显著水平下，在0-1空间权重和地理距离空间权重下全局 Getis-Ord 指数 G，检验结果均拒绝无空间自相关的原假设，即认为中国省份间的 TFP 具有空间自相关。下面进一步对空间自相关性进行局部 Getis-Ord 指数 G 检验。

表7-9列出了中国31个省份的局部 Getis-Ord 指数 G 及其检验的结果，对于某些省份，可以强烈拒绝 G=0 的原假设，即可以认为很多省份间的 TFP 存在空间自相关，这与全局吉尔里指数 C 自相关检验结果一致。

表7-9　　基于相邻空间权重的局部 Getis-Ord 指数 G 及检验

省份	Gi	E(Gi)	sd(Gi)	z	p-value*
安徽	0.332	0.2	0.082	1.604	0.109
北京	0.058	0.067	0.051	-0.166	0.868
重庆	0.099	0.167	0.076	-0.889	0.374
福建	0.204	0.1	0.062	1.681	0.093
甘肃	0.085	0.2	0.081	-1.424	0.155
广东	0.08	0.167	0.076	-1.144	0.252
广西	0.138	0.133	0.069	0.064	0.949
贵州	0.069	0.167	0.075	-1.301	0.193
湖南	0.182	0.2	0.08	-0.219	0.827
海南	0.127	0.033	0.037	2.532	0.011
河北	0.346	0.233	0.087	1.294	0.196
黑龙江	0.022	0.067	0.052	-0.868	0.385
河南	0.195	0.2	0.084	-0.061	0.951
湖北	0.117	0.2	0.082	-1.011	0.312

续表

省份	Gi	E（Gi）	sd（Gi）	z	p-value*
江苏	0.277	0.133	0.071	2.037	0.042
江西	0.259	0.2	0.081	0.725	0.468
吉林	0.08	0.1	0.061	-0.327	0.744
辽宁	0.042	0.1	0.063	-0.912	0.362
内蒙古	0.159	0.267	0.089	-1.205	0.228
宁夏	0.046	0.1	0.06	-0.899	0.369
青海	0.05	0.133	0.068	-1.22	0.223
山东	0.204	0.133	0.072	0.977	0.329
上海	0.19	0.067	0.053	2.315	0.021
山西	0.095	0.133	0.069	-0.549	0.583
陕西	0.143	0.267	0.092	-1.336	0.182
四川	0.067	0.233	0.089	-1.87	0.062
天津	0.15	0.067	0.052	1.605	0.108
新疆	0.009	0.1	0.06	-1.517	0.129
西藏	0.051	0.133	0.068	-1.217	0.223
云南	0.053	0.133	0.069	-1.176	0.24
浙江	0.265	0.167	0.079	1.239	0.215

7.3 空间 Durbin 模型设定及检验

7.3.1 空间 Durbin 模型设定

在第4章理论模型（4-32）的基础上，参考埃尔豪斯特（Elhorst J. P., 2012）关于空间面板计量模型设定的思路，构建本部分空间计量模型为：

$$\ln TFP_{it} = \rho W \ln TFP_{it} + \beta_1 \ln S_{it}^f + \beta_2 \ln S_{it}^d + \beta_3 \ln H_{it} + \beta_4 \ln S_{it}^f \times \ln S_{it}^d$$
$$+ \beta_5 \ln S_{it}^d \times \ln H_{it} + \beta_6 W \ln S_{it}^f + \beta_7 W \ln S_{it}^d + a_i + \gamma_t + v_{it} \quad (7-13)$$

空间计量模型（7-13）中，W 是空间自回归项和空间滞后自变量的空间矩阵权重①，a_i 可解释个体的固定效应或随机效应，γ_t 为时间效应，v_{it} 符

---
① 空间自回归项和空间滞后自变量的空间矩阵权重可以设定为不同，本书为了简化设定其相同。

合正态分布的扰动项。在理论分析中，技术溢出渠道（进口、FDI 等）对技术溢出效应的作用并不必然存在哪一个更重要的问题，但是在实证检验中，由于区域吸收能力具有选择性，会引发技术溢出渠道哪一个更有效的问题。本部分实证研究中将国际溢出（S_{it}^f）进一步分为进口溢出（S_{it}^{f-im}）和 FDI 溢出（S_{it}^{f-FDI}），对计量模型（7-13）进行整理，得到计量模型为：

$$\ln TFP_{it} = \rho W \ln TFP_{it} + \beta_1 \ln S_{it}^{f-im} + \beta_2 \ln S_{it}^{f-FDI} + \beta_3 \ln S_{it}^d + \beta_4 \ln H_{it} + \beta_5 \ln S_{it}^{f-im}$$
$$\times \ln S_{it}^d + \beta_6 \ln S_{it}^{f-im} \times \ln H_{it} + \beta_7 \ln S_{it}^{f-FDI} \times \ln S_{it}^d + \beta_8 \ln S_{it}^{f-FDI} \times \ln H_{it}$$
$$+ \beta_9 W \ln S_{it}^{f-im} + \beta_{10} W \ln S_{it}^{f-FDI} + \beta_{11} W \ln S_{it}^d + a_i + \gamma_t + v_{it} \qquad (7-14)$$

为了使估计结果更可靠，在空间计量模型（7-14）的基础上加入相关控制变量（X），得到计量模型为：

$$\ln TFP_{it} = \rho W \ln TFP_{it} + \beta_1 \ln S_{it}^{f-im} + \beta_2 \ln S_{it}^{f-FDI} + \beta_3 \ln S_{it}^d + \beta_4 \ln H_{it} + \beta_5 \ln S_{it}^{f-im}$$
$$\times \ln S_{it}^d + \beta_6 \ln S_{it}^{f-im} \times \ln H_{it} + \beta_7 \ln S_{it}^{f-FDI} \times \ln S_{it}^d + \beta_8 \ln S_{it}^{f-FDI} \times \ln H_{it}$$
$$+ \beta_9 X + \beta_{10} W \ln S_{it}^{f-im} + \beta_{11} W \ln S_{it}^{f-FDI} + \beta_{12} W \ln S_{it}^d + a_i + \gamma_t + v_{it} \qquad (7-15)$$

根据前面对控制变量的分析，计量模型（7-15）中加入的控制变量（X）主要包括对外开放度（open）、技术水平（tech）、教育水平（edu）、金融发展水平（finance）、物资资本存量（r_c）、经济发展水平（pgdp）、市场化程度（market）及制度质量（institution）等①。另外，为了实证操作的方便，与第 6 章一样，使用 frd_i_d 代替 $\ln S_{it}^{f-im} \times \ln S_{it}^d$，frd_i_h 代替 $\ln S_{it}^{f-im} \times \ln H_{it}$，frd_f_d 代替 $\ln S_{it}^{f-FDI} \times \ln S_{it}^d$，frd_f_h 代替 $\ln S_{it}^{f-FDI} \times \ln H_{it}$，结合核心变量对照表 4-1，对计量模型（7-15）简化处理，得到本章最终空间计量模型为：

$$tfp_{it} = \rho W tfp_{it} + \beta_1 frd\_i_{it} + \beta_2 frd\_f_{it} + \beta_3 rd\_d_{it} + \beta_4 h_{it} + \beta_5 frd\_i\_d_{it}$$
$$+ \beta_6 frd\_i\_h_{it} + \beta_7 frd\_f\_d_{it} + \beta_8 frd\_f\_h_{it} + \beta_9 X$$
$$+ \beta_{10} W frd\_i_{it} + \beta_{11} W frd\_f_{it} + \beta_{12} W rd\_d_{it} + a_i + \gamma_t + v_{it} \qquad (7-16)$$

---

① 完全小写的控制变量是取对数后的对应变量，下面若没有特殊说明，则意义相同，不再说明。

7.3.2 空间 Durbin 模型检验

7.3.2.1 空间效应检验

前面分别是通过全局和局部莫兰指数 I、吉尔里指数 C 及 Getis-Ord 指数 G 检验了全要素生产率存在空间自相关，但空间自相关在空间计量模型中存在两种形式：第一种是空间自相关（spatial Autoregressive model），即扰动项不存在空间相关，被解释变量存在空间自相关，模型变为空间自回归模型，简称 SAR 模型。第二种是空间误差自相关（spatial error model），因变量和自变量不存在空间相关，只有扰动项存在空间相关，模型变为空间误差模型，简称 SEM 模型。判断空间自相关的形式通常采用空间误差（spatial error）的莫兰指数 I（Moran's I）、拉格朗日乘数（Lagrange multiplier）和稳健拉格朗日乘数（robust Lagrange multiplier）及空间滞后（spatial lag）的拉格朗日乘数（Lagrange multiplier）及稳健拉格朗日乘数（robust Lagrange multiplier）。本书在相邻空间权重、地理距离空间权重、经济距离空间权重及技术距离空间权重下分别进行空间自相关检验，见表 7-10[①]。安塞林等（Anselin et al., 2004）指出，如果空间滞后拉格朗日乘数比空间误差拉格朗日乘数显著，且稳健空间滞后拉格朗日乘数显著，稳健空间误差拉格朗日乘数不显著，则选择空间自回归形式自相关比空间误差自形式自相关合适；若空间误差拉格朗日乘数比空间滞后拉格朗日乘数显著，且稳健空间误差拉格朗日乘数显著，稳健空间滞后拉格朗日乘数不显著，选择空间误差形式自相关比空间自回归形式自相关合适。以上被称为 Anselin 简易判断法则。由表 7-10 可知，空间误差和空间滞后的拉格朗日乘数统计值分别为 42.601 和 43.684，两者对应的 p 值均为 0.000，表示空间误差和空间滞后的拉格朗日乘数统计值都显著，同时，空间误差和空间滞后的稳健拉格朗日乘数统计值分别为 3.852 和 6.935，

---

① 此处的检验是采用 Stata14 中的 spatdiag 完成的，输出的检验结果包括莫兰指数 I，但是按照安塞林（Anselin）判断规则不需要莫兰指数 I，且前面已经给出了相应的莫兰指数 I，在此不再报告；表中报告的结果是基于空间相邻权重的检验，基于地理距离权重、经济距离权重、技术距离权重的相关检验结果和基于相邻权重的检验结果基本相同，在此也不再报告。

对应的 p 值分别为 0.056 和 0.009，可见在 5% 的显著水平上，稳健空间滞后拉格朗日乘数显著，稳健空间误差拉格朗日乘数不显著。根据 Anselin 简易判断法则，本书选择空间滞后模型。

表 7-10 拉格朗日乘数检验

模型	判断形式	相关统计值	相应的 P 值
空间误差	拉格朗日乘数	42.601	0.000
	稳健拉格朗日乘数	3.852	0.056
空间滞后	拉格朗日乘数	43.684	0.000
	稳健拉格朗日乘数	6.935	0.009

7.3.2.2 Hausman 检验

实证中，到底是选择固定效应空间模型还是随机效应空间模型，学术界在研究中没有达成共识。把空间面板计量模型中的个体效应视为随机效应可以避免自由度大量损失，若基于自由度考虑，把空间面板计量模型个体效应视为随机效应似乎更合适。但空间面板固定效应模型具有不需要假设个体效应与其他解释变量不相关的优势，若空间面板模型不满足个体效应与其他解释变量数不相关的假设，则空间面板固定效应模型参数估计比空间面板随机效应模型更具有一致性。因此，文献中到底是选择固定效应模型还是随机效应模型，学者们依然没有达成共识。蒙德拉克（Mundlak, 1978）也指出，研究中应当把个体效应视为随机的，固定效应模型往往会损失很多自由度，因此对于截面个体很大的面板数据，随机效应模型似乎更合适。巴尔塔吉（Baltagi, 2001）指出，当样本是随机取自总体时，则选择随机效应模型实证分析比较合理，而当研究实证局限于特定个体时，则应当选择固定效应模型。本书实证研究对象按照省级区域划分，研究对象局限于 31 个省份的样本，遵循巴尔塔吉的观点，本书应该选择固定模型。科学选择模型还需借助空间面板计量模型的 Hausman 检验方法检验个体效应与其他解释变量数是否不相关。

在假设个体效应与其他解释变量不相关下，使用固定效应空间面板计量模型和随机效应空间面板计量模型得到的估计参数应具有无偏性和一致性，但是固定效应空间面板计量模型不具有有效性。当拒绝空间面板计量模型个体效应与其他解释变量不相关的原假设时，则固定效应空间面板计量模型估计的参数具有一致性，而随机效应空间面板计量模型估计的参数则不具有一致性。在个体效应与其他解释变量不相关的原假设下，固定效应空间面板计量模型和随机效应空间面板计量模型估计的参数差异应该不显著，空间面板计量模型 Hausman 检验的基本思想也是基于非空间固定效应模型和随机效应模型估计的参数差异构造检验统计量。本书借助 Stata14 软件自带的 Hausman 命令进行检验。在进行 Hausman 检验时，需要先估计本书样本期内的固定效应空间面板计量模型和随机效应空间面板计量模型[1]，并储存估计结果，再使用 Hausman 命令对估计结果进行检验，得到 Hausman 统计量值为 -68.77[2]。因此，拒绝固定效应空间面板计量模型和随机效应空间面板计量模型估计的系数不存在显著差异的原假设，本书样本期内数据采用固定效应空间面板计量模型比随机效应空间面板计量模型合理[3]。

总之，以非空间面板计量模型的估计为基础，基于空间权重执行拉格朗日检验来诊断样本期数据是否存在空间交互效应。从拉格朗日检验及其稳健性检验结果来看，以非空间面板计量模型为基础的（稳健性）拉格朗日检验均可以在 5% 的显著水平上拒绝样本期数据不具有空间误差项或空间滞后项的原假设，这也说明了本书的样本期实证模型需要考虑前面计量模型可能遗漏掉的技术空间溢出效应，需要将非空间面板计量模型扩展为空间面板计量模型。另外，为了设定恰当的空间面板计量模型形式，继续对空间面板计量模型的截面和时间固定效应进行联合显著性检验，发现不能拒绝在空间面板

---

[1] 此处的估计是借助 Stata 中的 xsmle 命令进行估计得到，选择的是空间杜宾模型（SDM 模型）。

[2] 此处的 Hausman 检验是借助 Stata 中的 Hausman 命令对(b-B)'[(V_b – V_B)^(-1)](b-B)进行估计，其中，b 表示固定效应获得的空间面板回归系数，B 表示随机效应获得的空间面板回归系数（参考 Stata 自带帮助文件）；另外，在此报告的是基于相邻空间权重的回归结果，而基于地理距离空间权重、技术距离空间权重等回归检验结果与基于相邻空间权重得到的检验结果基本相同，不再报告。

[3] 与普通面板的 Hausman 检验一样，Hausman 命令要求在做固定效应回归和随机效应回归时不使用稳健标准误。

计量模型当中同时包含截面和时间固定效应。

在 SDM 空间面板计量模型估计基础上，给出了 SDM 空间面板计量模型是否有别于 SLM 空间面板计量模型和 SEM 空间面板计量模型的假设检验。无论是在固定效应空间面板计量模型设定还是随机效应空间面板计量模型设定形式下，都可以拒绝 SDM 空间面板计量模型退化成 SLM 空间面板计量模型和 SEM 空间面板计量模型的原假设。因此，依据空间效应的检验结果，本书选择空间滞后模型，因为考虑到解释变量中的技术也存在空间溢出效应，所以本章最终选择固定效应的空间杜宾模型（SDM 模型）进行实证分析。另外，Hausman 检验结果表明，固定效应的空间面板计量模型形式与随机效应空间面板计量模型形式之间存在着系统性差异，本书样本数据需要使用固定效应空间面板计量模型考察技术空间溢出效应。

7.4 中国全要素生产率提升路径的异质性检验及分析

对中国省际 TFP 的莫兰指数 I、吉尔里指数 C 及 Getis-Ord 指数 G 的测算及检验，提供了存在空间效应的初步检验，要获得更可靠的经验结论，有待借助空间面板计量模型进一步检验。以下分别采用静态和动态 SDM 模型对样本期数据进行实证分析。

7.4.1 基于静态空间 Durbin 模型的异质性检验及分析

表 7-11 和表 7-12 是基于相邻空间权重、地理距离空间权重、经济距离空间权重及技术距离空间权重的 SDM 模型估计的结果[1]，每个空间权重下的模型又分为无固定效应（no fixed effects）、时间固定效应（time fixed effect）、个体固定效应（individual fixed effects）及个体时间双固定效应

---

[1] 引入空间权重，将空间因素纳入模型后，如果依然采用 OLS 估计会违背 BLUE 原则，产生偏误的估计结果（Anselin，1988），本书在估计过程中采用安塞林（Anselin，1988）建议的极大似然法。

（both time and individual fixed effects）。

表 7-11 和表 7-12 估计结果的 ρ、σ^2 和 Log-likelihood 值显示，个体固定效应的 SDM 模型和个体时间双固定效应的 SDM 模型估计效果较好，另外，从空间面板计量模型的参数估计值及其显著性来看，个体固定效应 SDM 模型估计结果优于时间固定效应及个体时间双固定效应的 SDM 模型。在无固定效应的 SDM 模型估计过程中，假设了各省份之间对于影响全要素生产率的投入、区位与政策等具有同质性，未能区分全要素生产率的区域和时间差异性。在时间固定效应的 SDM 模型估计中，虽然考虑了时间因素对全要素生产率的影响，但未能将地区差异性纳入分析中，因此时间固定效应的 SDM 模型估计结果也可能是有偏的。个体时间双固定效应的 SDM 模型则同时考虑了省际全要素生产率的时间、区域差异性，但部分变量估计结果并不显著。可能是由于个体固定效应 SDM 模型更多考虑经济和社会结构及区域资源禀赋等因素对全要素生产率的影响，时间固定效应 SDM 模型更多关注经济周期、社会事件等对区域全要素生产率的冲击，而外在事件的冲击影响一般具有时滞性（杨刚和杨孟禹，2013）。因此，就本书样本期内数据分析结果来看，个体固定效应估计结果比时间固定效应和个体时间双固定效应的 SDM 模型更显著。

表 7-11 和表 7-12 报告的 W×frd_i、W×frd_f 和 W×rd_d 的结果显示，个体固定效应的 SDM 模型估计效果较好，个体固定效应下 SDM 模型的估计系数为正，且在 1% 的水平上显著。说明在吸收能力的条件下区域间技术空间溢出对全要素生产率具有正的空间效应。空间邻接、地理距离、经济距离及技术距离对省际全要素生产率产生了正关联的空间效应。空间邻接、区位接近更有利于省份间知识、技术的传播与扩散，这与科勒（Keller，2002）、符淼（2009）及杨刚和杨孟禹（2013）等研究结论一致，且技术距离、经济距离接近的地区，省际全要素生产率具有收敛性。

个体固定效应 SDM 模型的估计结果中，基于相邻空间权重和地理距离空间权重估计（见表 7-11）的空间相关性系数（ρ）分别为 0.332 和 0.241，大于基于经济距离和技术距离估计（见表7-12）的空间相关性系数（0.194、0.213）①。技术距离、经济距离对省际全要素生产率的空间关联没有地理特征的空间邻接和地理距离高，说明省际全要素生产率依赖创新和研究的人文环境，技术知识溢出与区位有关。技术距离、经济距离对省际全要素生产率影响是正向，但比较弱，这与本地的技术吸收承接能力有关，须以投资基础设施、发展教育、优化区域空间人力资本结构促进省际内外技术溢出来提高全要素生产率。同时，SDM模型估计结果表明，市场化水平对省际全要素生产率的影响基本都是显著；省际全要素生产率与区域及制度质量负相关，但是显著性不高，与教育发展水平负相关，这与理论预期相反②。而人力资本却显著地促进了省际全要素生产率的提升，这说明区域人力资本越高越能促进技术吸收消化，单纯地依靠自身R&D投入和国际技术的引进并不能促进全要素生产率提高；人力资本水平的上升意味着从业者学习新技术和接受新思想的能力提高，提升其进一步传播技术的能力，改变原来生产技术与管理方式，提高了接受技术知识的水平，进而提升了劳动者的技术承接能力和创新能力。

附表7的空间面板SDM模型直接溢出效应、间接溢出效应及总溢出效应系数和显著性与表7-11中的系数和显著性进行对比发现，空间面板SDM模型的变量参数估计值明显低于空间总溢出效应估计值。如以相邻空间权重的SDM模型的估计结果进行分析可知，区域内潜在吸收能力（R&D存量和人力资本）及国际技术溢出（通过进口和FDI渠道的技术溢出）的总效应估计结果分别为0.154、0.631、0.354和0.571，而由表7-1的基于空间相邻权重的SDM模型估计结果显示，区域内R&D、人力资本、国际技术通过进口及FDI渠道技术溢出变量系数估计值为0.102、0.424、0.239和0.386，空间滞后项估计值为0.332；以地理距离为权重的SDM模型估计结果可知，区域

---

① 由于前面分析指出个体固定效应更适合本书样本数据，故此，此处比较的是个体固定效应下不同权重得到的估计系数，下面没有特别说明，比较分析都是基于个体固定效应模型。

② 可能是因为地区在培养人才中有大量的投入，而在吸引人才时不具有竞争优势，导致培养的人才流失，这样就会出现教育水平的提高反而不利于全要素生产率提升的情况，不过本书认为，这可能只是人才培养过程中的短期效应。

内 R&D、人力资本及通过进口和 FDI 渠道技术溢出总溢出效应的估计结果分别为 0.022、0.714、0.084 和 0.395，而由表 7-11 地理距离为权重的 SDM 模型估计结果显示，区域内 R&D、人力资本及通过进口和 FDI 渠道溢出技术变量系数估计值为 0.017、0.542、0.067 和 0.304，空间滞后项估计值为 0.241；附表 8 以经济距离为空间权重的 SDM 模型的估计结果可知，区域内 R&D、人力资本及通过进口和 FDI 渠道技术溢出的总效应估计结果分别为 0.127、0.444、0.02 和 0.055，而由表 7-12 的 SDM 模型估计结果显示，区域内 R&D、人力资本及通过进口和 FDI 渠道溢出技术变量系数估计值为 0.103、0.364、0.01 和 0.055，空间滞后项估计值为 0.194；附表 8 以技术距离为权重的 SDM 模型的估计结果可知，区域内 R&D 存量、人力资本及通过进口和 FDI 渠道溢出技术的总效应的估计结果分别为 0.274、0.459、0.141 和 0.221，而由表 7-12 中 SDM 模型估计结果显示，区域内 R&D 存量、人力资本及通过进口和 FDI 渠道溢出技术变量系数估计值为 0.198、0.339、0.108 和 0.170，空间滞后项估计值为 0.213。可见，若以空间面板 SDM 模型的相关系数估值作为空间溢出效应，会低估技术空间溢出对省际全要素生产率的影响，印证了不能将空间计量模型参数的估计值作为解释变量对因变量的影响的观点（Elhorst，2012）。

另外，对比空间面板模型与非空间面板模型的估计结果，发现空间面板模型与非空间面板模型的估计系数值之间也存在着差异：如表 7-11 中的国际技术通过进口及 FDI 渠道溢出的技术对中国省际全要素生产率影响的系数明显低于表 6-4 的非空间面板计量模型估计结果，也低于非空间面板计量模型的相关稳健性检验的估计结果（见表 6-6）。以上关于直接溢出效应、间接溢出效应及总溢出效应等估计值与空间面板模型变量系数估值的对比以及与非空间面板模型系数估值的对比，充分说明在考虑到技术溢出具有空间效应、放宽非空间面板模型假定之后，需要重新审视国际技术通过进口及 FDI 渠道的技术溢出效应。国际技术通过进口及 FDI 渠道溢出的技术可能直接溢出，未能提高全要素生产率，但省际间空间技术溢出的国际 R&D 技术溢出却提升了省际全要素生产率。

表7-11 基于相邻、地理距离空间权重的回归结果（静态SDM）

变量	基于相邻空间权重（W1）				基于距离空间权重（W2）			
	(1)	(2)	(3)	(4)	(5)	(6)	(7)	(8)
rd_d	0.112**	0.102**	0.058	0.067**	0.02	0.017	0.076	0.072**
	(0.05)	(0.048)	(0.084)	(0.034)	(0.045)	(0.044)	(0.086)	(0.035)
frd_i	0.232***	0.239***	0.304***	0.237***	0.062	0.067	0.146	0.208***
	(0.053)	(0.052)	(0.091)	(0.039)	(0.048)	(0.046)	(0.097)	(0.040)
frd_f	0.316***	0.386***	0.199***	0.438***	0.239***	0.304***	0.133	0.372***
	(0.081)	(0.078)	(0.09)	(0.058)	(0.072)	(0.069)	(0.094)	(0.056)
h	0.313***	0.424***	0.327**	0.634***	0.432***	0.542***	0.456***	0.531***
	(0.113)	(0.108)	(0.133)	(0.079)	(0.104)	(0.099)	(0.139)	(0.085)
r_c	0.137***	0.145***	0.003	0.172***	0.138***	0.144***	0.033	0.173***
	(0.020)	(0.020)	(0.025)	(0.015)	(0.018)	(0.017)	(0.024)	(0.014)
tech	0.027***	0.034***	0.015	0.024**	0.020**	0.026***	0.004	0.017**
	(0.01)	(0.01)	(0.019)	(0.007)	(0.009)	(0.009)	(0.020)	(0.007)
pgdp	0.434***	0.469***	0.210***	0.487***	0.377***	0.406***	0.090**	0.440***
	(0.034)	(0.033)	(0.040)	(0.029)	(0.035)	(0.034)	(0.043)	(0.031)
finance	0.004	0.008	0.004	0.023**	0.044***	0.041***	0.011	0.027**
	(0.015)	(0.014)	(0.009)	(0.011)	(0.014)	(0.014)	(0.011)	(0.011)
market	−0.096***	−0.120***	−0.098**	−0.035	−0.079***	−0.103***	−0.166***	−0.008
	(0.027)	(0.026)	(0.041)	(0.025)	(0.026)	(0.025)	(0.041)	(0.025)
institution	−0.014	−0.017	−0.044*	−0.007	−0.013	−0.013	−0.056**	−0.021
	(0.018)	(0.018)	(0.023)	(0.013)	(0.017)	(0.017)	(0.024)	(0.013)
edu	−0.128***	−0.137***	−0.183***	−0.009	−0.091***	−0.100***	−0.205***	−0.018
	(0.023)	(0.023)	(0.039)	(0.018)	(0.022)	(0.021)	(0.040)	(0.019)

续表

变量	基于相邻空间权重 (W1)				基于距离空间权重 (W2)			
	(1)	(2)	(3)	(4)	(5)	(6)	(7)	(8)
frd_i_d	0.009	0.008	0.050***	0.001	0.005	0.005	0.058***	0.003
	(0.008)	(0.007)	(0.016)	(0.005)	(0.007)	(0.007)	(0.016)	(0.006)
frd_i_h	0.043***	0.042***	0.084***	0.029***	0.006	0.006	0.069***	0.028***
	(0.013)	(0.013)	(0.025)	(0.009)	(0.012)	(0.012)	(0.025)	(0.010)
frd_f_h	0.036**	0.046***	0.127***	0.053***	0.016	0.026*	0.119***	0.044***
	(0.018)	(0.017)	(0.022)	(0.013)	(0.016)	(0.015)	(0.023)	(0.013)
frd_f_d	0.015*	0.013*	0.082***	0.011*	0.020***	0.018***	0.092***	0.009
	(0.008)	(0.008)	(0.015)	(0.006)	(0.008)	(0.007)	(0.015)	(0.006)
W×rd_d	0.071***	0.070***	0.156***	0.020**	0.092**	0.185***	0.190***	0.033*
	(0.010)	(0.010)	(0.021)	(0.009)	(0.038)	(0.015)	(0.016)	(0.018)
VW×frd_i	0.066***	0.066***	0.157***	0.001	0.073*	0.175***	0.179***	0.036**
	(0.010)	(0.010)	(0.021)	(0.008)	(0.040)	(0.015)	(0.016)	(0.018)
W×frd_f	0.087***	0.088***	0.198***	0.012	0.114**	0.235***	0.238***	0.047**
	(0.013)	(0.012)	(0.027)	(0.010)	(0.050)	(0.020)	(0.020)	(0.023)
ρ	0.345***	0.332***	0.077	0.239***	0.250***	0.241***	0.095	0.342***
	(0.042)	(0.041)	(0.069)	(0.046)	(0.048)	(0.047)	(0.079)	(0.059)
σ^2	0.002***	0.003***	0.021***	0.001***	0.001***	0.002***	0.023***	0.001***
	(0.000)	(0.000)	(0.001)	(0.000)	(0.000)	(0.000)	(0.001)	(0.000)
Log likelihood	627.308	766.441	249.831	949.755	682.212	820.409	235.827	937.021
N	620	620	620	620	620	620	620	620

注：括号内的数值是标准误，*、**及***分别表示在10%、5%及1%水平上具有显著性。W×x表示技术溢出变量，ρ表空间滞后系数，σ^2表示方差平方，以上所有变量都是取对数之后的对应变量；(1) 列和 (5) 列为无固定效应，(2) 列和 (6) 列为个体固定效应，(3) 列和 (7) 列为时间固定效应，(4) 列和 (8) 列为个体时间固定效应。

表 7-12 基于经济、技术距离空间权重的回归结果（静态 SDM）

变量	基于经济、技术距离空间权重（W3）				基于技术距离权重（W4）			
	基于经济距离权重（W3）				基于技术距离权重（W4）			
	(1)	(2)	(3)	(4)	(5)	(6)	(7)	(8)
rd_d	0.113** (0.056)	0.103* (0.055)	0.300*** (0.096)	0.168*** (0.037)	0.207*** (0.054)	0.198*** (0.053)	0.285*** (0.094)	0.168*** (0.037)
frd_i	0.024 (0.063)	0.01 (0.061)	0.025 (0.126)	0.169*** (0.042)	0.095 (0.061)	0.108* (0.059)	0.084 (0.122)	0.169*** (0.042)
frd_f	0.018 (0.099)	0.055 (0.096)	0.026 (0.121)	0.237*** (0.065)	0.1 (0.096)	0.170* (0.093)	0.075 (0.118)	0.237*** (0.065)
h	0.290** (0.118)	0.364*** (0.114)	0.893*** (0.158)	0.300*** (0.083)	0.266** (0.114)	0.339*** (0.11)	0.822*** (0.154)	0.300*** (0.083)
r_c	0.167*** (0.021)	0.178*** (0.02)	0.036 (0.024)	0.102*** (0.014)	0.085*** (0.02)	0.095*** (0.019)	0.021 (0.023)	0.102*** (0.014)
tech	0.033*** (0.011)	0.039*** (0.011)	0.006 (0.021)	0.022*** (0.008)	0.014 (0.011)	0.020* (0.01)	0.006 (0.021)	0.022*** (0.008)
pgdp	0.530*** (0.036)	0.566*** (0.035)	0.235*** (0.043)	0.496*** (0.029)	0.401*** (0.035)	0.435*** (0.034)	0.241*** (0.042)	0.496*** (0.029)
finance	0.01 (0.015)	0.004 (0.015)	0.002 (0.011)	0.031*** (0.011)	0.008 (0.015)	0.003 (0.015)	0.005 (0.011)	0.031*** (0.011)
market	-0.111*** (0.031)	-0.138*** (0.03)	-0.141*** (0.045)	-0.046 (0.028)	-0.04 (0.03)	-0.065** (0.029)	-0.138*** (0.044)	-0.046 (0.028)
institution	-0.042** (0.019)	-0.039** (0.018)	-0.011 (0.025)	-0.028** (0.013)	-0.031* (0.018)	-0.028 (0.018)	-0.013 (0.024)	-0.028** (0.013)
edu	0.230*** (0.026)	0.243*** (0.025)	0.212*** (0.041)	0.086*** (0.02)	0.182*** (0.025)	0.192*** (0.024)	0.192*** (0.04)	0.086*** (0.02)

续表

变量	基于经济距离权重 (W3)				基于技术距离权重 (W4)			
	(1)	(2)	(3)	(4)	(5)	(6)	(7)	(8)
frd_i_h	0.002 (0.016)	0.004 (0.015)	0.031 (0.03)	0.01 (0.011)	0.037** (0.015)	0.035** (0.015)	0.039 (0.029)	0.01 (0.011)
frd_f_h	0.020 (0.02)	0.014 (0.02)	0.114*** (0.026)	0.006 (0.014)	0.020 (0.02)	0.026 (0.019)	0.116*** (0.025)	0.006 (0.014)
frd_i_d	0.001 (0.01)	0.004 (0.01)	0.044** (0.019)	0.013* (0.007)	0.023** (0.01)	0.020** (0.01)	0.043** (0.018)	0.013* (0.007)
frd_f_d	0.028*** (0.011)	0.031*** (0.01)	0.100*** (0.017)	0.043*** (0.008)	0.006 (0.01)	0.009 (0.01)	0.095*** (0.016)	0.043*** (0.008)
W×rd_d	0.013 (0.008)	0.077*** (0.009)	0.021 (0.017)	0.079*** (0.009)	0.021 (0.016)	0.082*** (0.009)	0.013 (0.008)	0.084*** (0.009)
W×frd_i	0.009 (0.006)	0.050*** (0.007)	0.006 (0.012)	0.052*** (0.007)	0.007 (0.012)	0.049*** (0.007)	0.009 (0.006)	0.050*** (0.007)
W×frd_f	0.012 (0.008)	0.067*** (0.009)	0.003 (0.016)	0.068*** (0.009)	0.005 (0.016)	0.070*** (0.009)	0.012 (0.008)	0.071*** (0.009)
ρ	0.193*** (0.031)	0.194*** (0.031)	0.013 (0.039)	0.095*** (0.031)	0.266*** (0.031)	0.213*** (0.03)	0.011 (0.039)	0.095*** (0.031)
σ²	0.003*** (0.000)	0.003*** (0.000)	0.022*** (0.001)	0.001*** (0.000)	0.003*** (0.000)	0.002*** (0.000)	0.021*** (0.001)	0.001*** (0.000)
Log likelihood	593.674	720.451	230.769	894.517	593.661	720.437	230.778	894.501
N	620	620	620	620	620	620	620	620

注：括号内的数值是标准误，*、** 及 *** 分别表示在10%、5%及1%水平上具有显著性。W×x 表示技术溢出池变量，ρ 表空间滞后系数，σ² 表示方差平方，以上所有变量都是取对数之后的对应变量；(1) 列和 (5) 列为无固定效应，(2) 列和 (6) 列为个体固定效应，(3) 列和 (7) 列为时间固定效应，(4) 列和 (8) 列为个体时间固定效应。

从附表7中以相邻空间权重的SDM模型估计结果来看，国际技术通过进口和FDI渠道的直接技术溢出效应分别为0.241和0.388，具有正向的影响且显著促进省际全要素生产率提升。通过进口及FDI渠道溢出的国际技术与本地潜在吸收能力相互作用形成的现实吸收能力带来的技术溢出也促进了全要素生产率提升，直接溢出效应分别为0.049、0.055、0.014和0.007。通过FDI渠道带来的国际技术与本地区R&D存量的相互作用形成的现实吸收能力直接空间溢出效应为正（0.007），但在统计上不具有显著性，说明以本地区R&D存量带动国际技术在中国省际空间扩散更多源自货物进口而非外商直接投资。国内R&D存量对本区域和毗邻省份的全要素生产率具有显著促进作用，其直接溢出效应和间接溢出效应分别为0.105和0.049，且在5%的显著水平上显著。并且区域内R&D存量对毗邻省份的溢出效应显著低于国际R&D在省际间的溢出效应，说明现阶段促进技术的进步外援引进比自主创新效果更显著，虽然国内R&D投入对技术生产更能贴近省市情况，更易加速从技术生产到创新利用的转化过程，但国际引进可能带来的是前沿技术，促进本地区的技术提升更显著。本书实证结论与陈继勇和盛杨怿（2008）的检验结果有所不同，陈继勇和盛杨怿（2008）基于非空间计量模型对国际R&D存量溢出检验结果表明，中国全要素生产率提升主要来自进口贸易，而外商直接投资在区域生产经营活动的技术溢出效应并不明显；而本书在考虑了区域技术吸收能力的情况下，并在空间维度上扩展后的实证研究结果却显示，中国省际全要素生产率受到的国际技术影响主要源自外商直接投资带来的生产经营活动的空间技术溢出，而不是通过进口渠道产生的技术溢出效应。

7.4.2 基于动态空间Durbin模型的异质性检验及分析

静态空间面板数据忽视了许多影响全要素生产率的难以量化的文化、制度及政策等因素，但这些因素往往对技术的空间溢出效应又是不容忽视的。因此，需要构造动态空间面板数据模型[①]来刻画这些因素对全要素生产率的

---

① 借鉴李婧等（2010）、杨刚和杨孟禹（2013）的做法，构造的动态空间面板数据模型是在前面SDM模型的基础上，引入全要素生产率的滞后一期，用以刻画静态空间面板忽视的诸多对全要素生产率影响的因素。

内生冲击。表 7-13 和表 17-14 是相邻空间权重、地理距离空间权重、经济距离空间权重及技术距离的空间面板计量模型估计结果，与静态 SDM 模型的估计结果相比，动态 SDM 模型的 ρ、σ^2 和 Log-likelihood 值减小，说明省市的全要素生产率不仅仅依赖其他省市的技术、经济的空间溢出，也受到文化、制度等创新环境的影响。基于相邻空间权重、地理距离空间权重、经济距离空间权重及技术距离空间权重的动态 SDM 模型的全要素生产率滞后一期都显著为正，表明省际文化、制度及政策等因素与全要素生产率是正相关的。在考虑了全要素生产率滞后一期下，基于相邻、地理距离、经济距离及技术距离的空间权重的动态 SDM 模型的空间相关系数比静态 SDM 模型有所降低，原因在于静态 SDM 模型没有把文化、制度及政策等因素分离出来，被纳入空间相关性因素中了。考虑了文化、制度及政策等内生性冲击因素后，基于相邻、地理距离、经济距离及技术距离空间权重的空间自回归系数分别为：0.121、0.172、0.076、0.045，较静态 SDM 模型空间自回归系数显著下降。

对附表 9 和附表 10 的动态 SDM 模型直接溢出效应、间接溢出效应及总溢出效应系数和显著性进行分析发现，动态 SDM 模型的变量参数估计值明显高于空间总溢出效应估计值。如以相邻空间权重的动态 SDM 模型的估计结果进行分析可知，区域内 R&D、人力资本及通过进口和 FDI 渠道的技术溢出的总效应估计结果分别为 0.022、0.135、0.013 和 0.105，而由表 7-13 中基于相邻空间权重的动态 SDM 模型估计结果显示，区域内 R&D、人力资本及国际 R&D 通过进口和 FDI 渠道技术溢出变量系数估计值为 0.023、0.121、0.015 和 0.093，空间滞后项估计值为 0.121；附表 9 中基于地理距离为权重的动态 SDM 模型估计结果可知，区域内 R&D、人力资本及通过进口和 FDI 渠道技术溢出总溢出效应的估计结果分别为 0.033、0.127、0.03 和 0.078，而由表 7-13 中地理距离为权重的动态 SDM 模型估计结果显示，区域内 R&D、人力资本及通过进口和 FDI 渠道溢出技术变量系数估计值为 0.031、0.107、0.029 和 0.065，空间滞后项估计值为 0.172；附表 10 中以经济距离为空间权重的 SDM 模型的估计结果可知，区域内 R&D、人力资本及通过进口和 FDI 渠道技术溢出的总效应估计结果分别为 0.067、0.154、0.127 和

0.054，而由表 7-14 中的 SDM 模型估计结果显示，区域内 R&D、人力资本及通过进口和 FDI 渠道溢出技术变量系数估计值为 0.065、0.145、0.122 和 0.05，空间滞后项估计值为 0.076；以技术距离为权重的 SDM 模型的估计结果可知，区域内 R&D、人力资本及通过进口和 FDI 渠道溢出技术的总效应的估计结果分别为 0.089、0.147、0.002 和 0.075，而由表 7-14 中的 SDM 模型估计结果显示，区域内 R&D、人力资本及通过进口及 FDI 渠道溢出技术变量系数估计值为 0.088、143、0.001 和 0.072，空间滞后项估计值为 0.045。

另外，对比动态 SDM 模型与静态 SDM 模型的估计结果发现，动态空间面板模型与静态空间面板模型的估计系数值之间也存在着差异：由表 7-11 可知，国际技术通过进口和 FDI 渠道溢出的技术均对中国省际全要生产率具有显著影响，而表 7-13 的动态空间面板计量模型估计结果却显示国际 R&D 通过进口和 FDI 渠道溢出的技术未能促进中国全要素生产率的提升，在相关稳健性检验的估计结果亦是如此。关于直接溢出效应、间接溢出效应及总溢出效应等估计值与动态空间面板模型变量系数估值的对比以及与静态空间面板模型系数估值的对比，充分说明在考虑到技术动态效应以放宽静态空间面板模型假定之后，需要重新审视国际技术通过进口和 FDI 渠道的技术溢出效应。国际 R&D 通过进口及 FDI 渠道溢出的技术可能直接溢出，未能提高全要素生产率，但省际间的空间技术溢出却提升了省际全要素生产率。

附表 9 中的基于相邻权重的动态 SDM 模型的国际技术对中国省际全要素生产率的空间溢出效应估计结果来看，国际 R&D 通过 FDI 渠道的直接技术溢出系数为 0.031，虽然具有正向的影响但未能显著促进省际全要素生产率提升。然而，通过进口渠道带来的国际技术空间直接溢出系数为正（0.083），且在 1% 水平上显著，说明国际技术在中国省际空间扩散更多源自货物进口而非外商直接投资。国内 R&D 存量对本区域和毗邻省市的全要素生产率具有促进作用，其直接溢出效应和间接溢出效应分别为 0.015 和 0.003，但在 10% 的显著水平上不显著，并且国内 R&D 存量对毗邻省市的溢出效应显著低于国际技术在省际间的空间溢出效应。

表7-13 基于相邻、地理距离空间权重的回归结果（动态SDM）

变量	基于空间相邻权重（W1）				基于地理距离权重（W2）			
	(1)	(2)	(3)	(4)	(5)	(6)	(7)	(8)
rd_d	0.046** (0.022)	0.023 (0.032)	0.013 (0.016)	0.017 (0.022)	0.024 (0.022)	0.031 (0.032)	0.027* (0.016)	0.012 (0.023)
frd_i	0.034 (0.025)	0.015 (0.035)	0.085*** (0.018)	0.089*** (0.025)	0.009 (0.025)	0.029 (0.033)	0.011 (0.018)	0.077*** (0.026)
frd_f	0.014 (0.024)	0.093* (0.053)	0.032* (0.017)	0.152*** (0.038)	0.011 (0.024)	0.065 (0.051)	0.020 (0.018)	0.099*** (0.037)
h	0.071** (0.036)	0.121 (0.075)	0.077*** (0.026)	0.154*** (0.054)	0.028 (0.036)	0.107 (0.076)	0.089*** (0.027)	0.086 (0.058)
r_c	0.002 (0.006)	0.077*** (0.013)	0.018*** (0.005)	0.113*** (0.009)	0.006 (0.006)	0.076*** (0.012)	0.017*** (0.004)	0.110*** (0.009)
pgdp	0.028*** (0.009)	0.117*** (0.024)	0.086*** (0.008)	0.125*** (0.022)	0.020** (0.009)	0.126*** (0.026)	0.004 (0.008)	0.105*** (0.023)
tech	0.002 (0.005)	0.017*** (0.006)	0.007* (0.004)	0.007* (0.004)	0.003 (0.005)	0.013** (0.006)	0.002 (0.004)	0.002 (0.004)
finance	0.002 (0.002)	0.018* (0.009)	0 (0.002)	0.003 (0.007)	0.002 (0.003)	0.021** (0.009)	0.001 (0.002)	0.002 (0.007)
market	-0.020** (0.009)	-0.065*** (0.018)	-0.033*** (0.008)	-0.022 (0.016)	0.009 (0.01)	-0.075*** (0.018)	-0.007 (0.008)	-0.016 (0.016)
institution	-0.005 (0.006)	-0.001 (0.011)	-0.022*** (0.004)	-0.001 (0.008)	-0.004 (0.006)	-0.012 (0.011)	-0.001 (0.004)	-0.002 (0.008)
edu	-0.007 (0.009)	-0.01 (0.015)	-0.036*** (0.008)	-0.036*** (0.012)	-0.004 (0.009)	-0.013 (0.015)	-0.035*** (0.008)	-0.030** (0.012)
L.tfp	0.811*** (0.011)	0.867*** (0.030)	0.851*** (0.009)	0.822*** (0.029)	0.807*** (0.011)	0.841*** (0.033)	0.816*** (0.008)	0.840*** (0.03)

续表

变量	基于空间相邻权重（W1）				基于地理距离权重（W2）			
	(1)	(2)	(3)	(4)	(5)	(6)	(7)	(8)
frd_i_h	0.009 (0.007)	0.007 (0.008)	0.025*** (0.005)	0.011** (0.006)	0.004 (0.007)	0.012 (0.008)	0.003 (0.005)	0.01 (0.006)
frd_f_h	0.001 (0.006)	0.003 (0.012)	0.032*** (0.004)	0.023*** (0.008)	0.001 (0.006)	0.003 (0.011)	0.015*** (0.004)	0.014* (0.008)
frd_i_d	0.003 (0.004)	0.007 (0.005)	0.014*** (0.003)	0.001 (0.003)	0.002 (0.004)	0.007 (0.005)	0.003 (0.003)	0.002 (0.003)
frd_f_d	0.004 (0.004)	0.009* (0.005)	0.020*** (0.003)	0.001 (0.004)	0.002 (0.004)	0.008 (0.005)	0.011*** (0.003)	0.002 (0.004)
W×frd_f	0.007 (0.007)	0.002 (0.009)	0.054*** (0.005)	0.004 (0.006)	0.013 (0.012)	0.014 (0.017)	0.017* (0.01)	0.009 (0.015)
W×frd_i	0.002 (0.006)	0.006 (0.007)	0.044*** (0.004)	0.008 (0.005)	0.003 (0.01)	0.016 (0.012)	0.016** (0.008)	0.002 (0.011)
W×rd_d	0.004 (0.007)	0.015* (0.008)	0.056*** (0.006)	0.013** (0.006)	0.006 (0.012)	0.033** (0.016)	0.017* (0.01)	0.004 (0.014)
ρ	0.032 (0.021)	0.121*** (0.032)	0.075*** (0.018)	0.194*** (0.032)	0.016 (0.024)	0.172*** (0.036)	1.552*** (0.019)	0.234*** (0.041)
σ²	0.001*** (0.000)	0.001*** (0.000)	0.001*** (0.000)	0.000*** (0.000)	0.001*** (0.000)	0.001*** (0.000)	0.001*** (0.000)	0.000*** (0.000)
N	589	589	589	589	589	589	589	589

注：括号内的数值是标准误，*、**及***分别表示在10%、5%及1%水平上具有显著性，以上所有变量都是取对数之后的对应变量；（1）列和（5）列为无固定效应，（2）列和（6）列为个体固定效应，（3）列和（7）列为时间固定效应，（4）列和（8）列为个体时间固定效应。

表 7-14 基于经济、技术距离空间权重的回归结果（动态 SDM）

变量	基于经济距离权重（W3）				基于技术距离权重（W4）			
	(1)	(2)	(3)	(4)	(5)	(6)	(7)	(8)
rd_d	0.033 (0.026)	0.065* (0.036)	0.018 (0.019)	0.310*** (0.025)	0.026 (0.023)	0.088*** (0.031)	0.400*** (0.018)	0.310*** (0.025)
frd_i	0.073** (0.035)	0.122*** (0.039)	0.057** (0.025)	0.384*** (0.028)	0.031 (0.03)	0.001 (0.033)	0.040* (0.024)	0.384*** (0.028)
frd_f	0.056* (0.032)	0.05 (0.063)	0.049** (0.024)	0.446*** (0.043)	0.032 (0.027)	0.072 (0.054)	0.089*** (0.022)	0.446*** (0.043)
h	0.066 (0.044)	0.145* (0.077)	0.023 (0.033)	0.309*** (0.054)	0.042 (0.038)	0.143** (0.065)	0.981*** (0.03)	0.309*** (0.054)
r_c	0.011* (0.006)	0.103*** (0.012)	0.014*** (0.005)	0.103*** (0.008)	0.003 (0.005)	0.067*** (0.010)	0.001 (0.004)	0.103*** (0.008)
pgdp	0.047*** (0.010)	0.244*** (0.025)	0.028*** (0.009)	0.639*** (0.022)	0.022** (0.009)	0.112*** (0.021)	0.253*** (0.008)	0.639*** (0.022)
tech	0.003 (0.006)	0.032*** (0.007)	0.001 (0.004)	0.022*** (0.005)	0.008* (0.005)	0.007 (0.006)	0.005 (0.004)	0.022*** (0.005)
finance	0.007*** (0.003)	0.009 (0.009)	0.004** (0.002)	0.014** (0.007)	0.003 (0.002)	0.003 (0.008)	0.023*** (0.002)	0.014** (0.007)
market	-0.043*** (0.009)	-0.124*** (0.020)	-0.016* (0.009)	-0.133*** (0.017)	-0.060*** (0.008)	-0.107*** (0.017)	-0.185*** (0.008)	-0.133*** (0.017)
institution	-0.007 (0.006)	-0.009 (0.011)	-0.001 (0.005)	-0.018** (0.008)	-0.004 (0.005)	-0.024*** (0.009)	0.001 (0.004)	-0.018** (0.008)
edu	0.015* (0.009)	0.078*** (0.017)	0.004 (0.008)	0.045*** (0.013)	0.003 (0.008)	0.025* (0.014)	0.183*** (0.008)	0.045*** (0.013)
L.tfp	1.015*** (0.011)	0.796*** (0.028)	1.112*** (0.009)	0.269*** (0.03)	1.036*** (0.01)	0.918*** (0.026)	2.150*** (0.009)	0.269*** (0.03)

续表

变量	基于经济距离权重（W3）				基于技术距离权重（W4）			
	(1)	(2)	(3)	(4)	(5)	(6)	(7)	(8)
frd_i_h	0.016*	0.045***	0.010*	0.047***	0.007	0.012	0.022***	0.047***
	(0.008)	(0.01)	(0.006)	(0.007)	(0.007)	(0.008)	(0.006)	(0.007)
frd_f_h	0.009	0.041***	0.012**	0.013	0.003	0.003	0.115***	0.013
	(0.007)	(0.013)	(0.005)	(0.009)	(0.006)	(0.011)	(0.005)	(0.009)
frd_i_d	0.004	0.030**	0.003	0.003	0.001	0.013**	0.032***	0.003
	(0.005)	(0.006)	(0.004)	(0.005)	(0.004)	(0.005)	(0.003)	(0.005)
frd_f_d	0.002	0.034***	0.005	0.050***	0.004	0.013**	0.092***	0.050***
	(0.005)	(0.007)	(0.003)	(0.005)	(0.004)	(0.006)	(0.003)	(0.005)
W×frd_f	0.009**	0.003	0.004	0.060***	0.003	0.013**	0.022***	0.060***
	(0.004)	(0.006)	(0.003)	(0.005)	(0.004)	(0.005)	(0.003)	(0.005)
W×frd_i	0.007**	0.003	0.002	0.025***	0.001	0.011**	0.022***	0.025***
	(0.003)	(0.005)	(0.002)	(0.004)	(0.003)	(0.004)	(0.002)	(0.004)
W×rd_d	0.009**	0.005	0.005	0.046***	0.002	0.012**	0.039***	0.046***
	(0.004)	(0.006)	(0.003)	(0.005)	(0.004)	(0.005)	(0.003)	(0.005)
ρ	0.004	0.076***	0.755***	2.416***	0.008	0.045**	5.717***	2.416***
	(0.012)	(0.022)	(0.009)	(0.021)	(0.011)	(0.02)	(0.009)	(0.021)
σ²	0.001***	0.001***	0.001***	0.000***	0.001***	0.001***	0.001***	0.00***
	(0.000)	(0.000)	(0.000)	(0.000)	(0.000)	(0.000)	(0.000)	(0.000)
N	589	589	589	589	589	589	589	589

注：括号内的数值是标准误，*，**，***及****分别表示在10%，5%及1%水平上具有显著性，以上所有变量都是取对数之后的对应变应。（1）列和（5）列为无固定效应，（2）列和（6）列为个体固定效应，（3）列和（7）列为时间固定效应，（4）列和（8）列为个体时间固定效应。

7.5 中国全要素生产率提升路径的创新和效率异质性检验及分析

为了进一步考察溢出和吸收路径对技术创新和技术效率影响的差异，本书将技术进步分解为技术创新（TECH）和技术效率（EFF），并构造相应的空间 Durbin 模型如下：

$$\text{tech}_{it} = \lambda W \text{tech}_{it} + \beta_1 s_{it}^{im} + \beta_2 s_{it}^{fdi} + \beta_3 s_{it}^{d} + \beta_4 h_{it} + \beta_5 s_{it}^{im} \times s_{it}^{d} + \beta_6 s_{it}^{im} \times h_{it} + \beta_7 s_{it}^{fdi} \times s_{it}^{d}$$
$$+ \beta_8 s_{it}^{fdi} \times h_{it} + \beta_9 x + \beta_{10} W s_{it}^{im} + \beta_{11} W s_{it}^{fdi} + \beta_{12} W s_{it}^{d} + a_i + \gamma_t + v_{it} \quad (7-17)$$

$$\text{eff}_{it} = \lambda W \text{eff}_{it} + \beta_1 s_{it}^{im} + \beta_2 s_{it}^{fdi} + \beta_3 s_{it}^{d} + \beta_4 h_{it} + \beta_5 s_{it}^{im} \times s_{it}^{d} + \beta_6 s_{it}^{im} \times h_{it} + \beta_7 s_{it}^{fdi} \times s_{it}^{d}$$
$$+ \beta_8 s_{it}^{fdi} \times h_{it} + \beta_9 x + \beta_{10} W s_{it}^{im} + \beta_{11} W s_{it}^{fdi} + \beta_{12} W s_{it}^{d} + a_i + \gamma_t + v_{it} \quad (7-18)$$

模型（7-17）和模型（7-18）的回归结果见表 7-15 的第（6）列和第（7）列。ρ 和 Log-likelihood 值显示技术创新（TECH）和技术效率（EFF）的空间 Durbin 模型估计效果较好。国际技术溢出（s^{im} 和 s^{fdi}）对区域技术效率提升和技术进步具有促进作用，但国际技术溢出对技术创新的影响不显著，对技术效率的影响在 1% 的水平上显著，这说明国外技术对中国技术进步的影响主要是通过技术效率路径实现的。虽然技术追赶战略对于处于远离前沿经济体国家可加快向国际前沿收敛，但目前中国已是国际准前沿经济体，追赶导向型技术进步将面临潜在的技术追赶陷阱。空间技术溢出（$W \times s^{fdi}$ 和 $W \times s^{d}$）对区域技术创新和技术效率存在正向影响，但对技术效率的提升作用更显著，这说明目前空间技术溢出也是通过影响技术效率进而促进区域技术进步。进口渠道溢出的 R&D 存量产生的空间技术溢出（$W \times s^{im}$）对区域技术创新和技术效率均存在负向影响，同样对技术效率的影响更显著。这主要是由于技术效率更易通过各种交流渠道，如研讨会、交流及人力资本转移等渠道扩散到其他区域。

表 7-15　技术创新和技术效率提升路径的异质性检验结果

变量	(1)	(2)	(3)	(4)	(5)	(6)	(7)
s^{im}	0.232***	0.252***	0.199***	0.275***	0.208***	0.054	0.246***
	(0.055)	(0.059)	(0.060)	(0.053)	(0.051)	(0.041)	(0.046)

续表

变量	(1)	(2)	(3)	(4)	(5)	(6)	(7)
s^{fdi}	0.014 (0.077)	0.033 (0.080)	0.004 (0.079)	0.085 (0.079)	0.0171** (0.077)	0.099 (0.061)	0.197*** (0.069)
s^d	0.129** (0.059)	0.119** (0.059)	0.060 (0.061)	0.163*** (0.053)	0.142*** (0.051)	0.173*** (0.046)	0.177** (0.079)
h	0.172 (0.117)	0.169 (0.118)	0.059 (0.119)	0.099 (0.112)	0.078 (0.108)	0.062 (0.087)	0.084 (0.096)
$h \times s^{im}$	0.064*** (0.014)	0.067*** (0.015)	0.049*** (0.015)	0.060*** (0.013)	0.039*** (0.013)	0.005 (0.011)	0.047*** (0.012)
$h \times s^{fdi}$	0.011 (0.019)	0.015 (0.019)	0.005 (0.019)	0.038** (0.018)	0.005 (0.018)	0.003 (0.014)	0.014 (0.016)
$s^d \times s^{im}$	0.036*** (0.009)	0.037*** (0.009)	0.025*** (0.009)	0.021*** (0.008)	0.008 (0.008)	0.009 (0.006)	0.012* (0.007)
$s^d \times s^{fdi}$	-0.008 (0.010)	-0.009 (0.010)	-0.004 (0.010)	0.007 (0.009)	0.022*** (0.009)	0.007 (0.007)	0.019** (0.008)
r_c		0.023 (0.023)	0.025 (0.023)	0.159*** (0.022)	0.165*** (0.021)	0.130*** (0.017)	0.107*** (0.019)
patent			0.042*** (0.011)	0.001 (0.010)	0.000 (0.010)	0.031*** (0.008)	0.001 (0.009)
pgdp				0.423*** (0.036)	0.465*** (0.034)	0.191*** (0.028)	0.404*** (0.031)
edu					0.146*** (0.021)	0.036** (0.015)	0.135*** (0.019)
$W \times s^{im}$	-0.066** (0.033)	-0.064* (0.033)	-0.080** (0.033)	-0.156*** (0.029)	-0.152*** (0.028)	-0.034 (0.023)	-0.194*** (0.025)
$W \times s^{fdi}$	0.056* (0.034)	0.047 (0.035)	0.059* (0.035)	0.128*** (0.036)	0.098*** (0.023)	0.015 (0.027)	0.183*** (0.033)
$W \times s^d$	0.032 (0.027)	0.041 (0.028)	0.038 (0.028)	0.023 (0.026)	0.078*** (0.026)	0.045* (0.022)	0.083*** (0.023)
ρ	0.550*** (0.034)	0.558*** (0.034)	0.545*** (0.035)	0.562*** (0.031)	0.438*** (0.036)	0.840*** (0.019)	0.458*** (0.032)
Log-likelihood	513.677	514.151	520.993	578.409	601.969	670.108	653.285
观测值	527	527	527	527	527	527	527

注：括号内的数值是标准误，*、** 及 *** 分别表示在10%、5% 及1%水平上具有显著性，以上所有变量都是取对数之后的对应变量。

比较国内外 R&D 存量对区域技术进步影响发现，在1%的显著水平上，国际 R&D 存量对区域间技术效率具有显著的正向促进作用，对技术创新具有正向作用，但不显著。这主要是在引进外资或进口国外设备时，大量的先进管理思想伴随着人员培训、交流等引入。在1%的显著水平上，本地 R&D 存量对区域间技术效率具有显著的正向促进作用,在 10% 的显著水平上,对技术创新具有正向促进作用。因此,在将技术进步细分为技术创新和技术效率之后,本书发现,溢出路径有利于中国技术效率提升,但对技术创新的促进作用不显著。

吸收能力总体上有利于技术效率和技术进步的提升,但是通过比较表 7-15 第(6)列和第(7)列发现,在考虑了空间溢出效应后,潜在吸收能力(s^d 和 h)对区域技术效率和技术进步的提升作用是有差异的,本地 R&D 存量(s^d)对区域技术创新促进作用比技术效率更显著,而人力资本存量(h)在促进区域技术效率和技术创新方面均不显著。这说明中国区域间可通过优化溢出路径提升技术效率,但是本地的研发投资(R&D)是技术创新的源动力,技术溢出无法对其替代。进一步分析现实吸收能力发现,在 1% 的显著水平上,人力资本存量对进口渠道溢出的技术消化、吸收再创新后形成的现实吸收能力($h \times s^{im}$)显著促进了区域技术效率提升,对技术创新影响效果有限,与 FDI 渠道溢出的技术形成的现实吸收能力($h \times s^{fdi}$)对区域技术创新和技术效率的影响在统计上均不显著。在 10% 的显著水平上,本地 R&D 存量(s^d)对进口渠道溢出的技术消化、吸收再创新后形成的现实吸收能力($s^d \times s^{im}$)促进了技术效率提升,在 5% 的显著水平上,对 FDI 渠道溢出的技术消化、吸收再创新后形成的现实吸收能力($s^d \times s^{fdi}$)促进了技术效率提升。但均未能显著促进技术创新。可见,人力资本和国内 R&D 存量增强了掌握新技术和适应新管理思想的能力,可提高外国先进技术的利用效率。通过比较潜在吸收能力和现实吸收能力对技术创新和技术效率的影响发现,通过引进、模仿及消化吸收等路径可提升区域技术效率,但技术创新则需源于本地长期 R&D 投资。

7.6 稳健性检验

稳健性检验 I:考虑内生性问题。在前面静态和动态 SDM 模型实证中,使用个体和时间固定效应可以部分解决遗漏变量引起的内生性问题,使 MLE 对 SDM 模型估计具有一致性。与第 4 章的非空间计量模型分析一样,国际技术溢出变量（通过进口和外商直接投资渠道带来的技术溢出变量）在样本期内与全要素生产率之间可能存在联立性偏误，导致内生性问题。同样，内生性问题也会引起 MLE 对空间面板计量模型估计结果有偏，因此，本书进一步采用第 4 章的工具变量（open_ 1985）估计法控制内生性问题，降低估计结果的偏误。比较个体固定效应 SDM 模型与工具变量法估计的结果发现①（见表 7-16 中稳健性检验 I）：在采用 1985 对外开放度（open_ 1985）作为工具变量有效地控制了国际技术溢出变量（通过进口和外商直接投资渠道带来的技术溢出变量）在样本期内的内生性之后，通过进口和外商直接投资渠道的技术溢出变量系数略微上升，显著水平也有改善，说明固定效应 SDM 模型有内生性问题，但不是很严重，只是使得固定效应 SDM 模型估计结果产生向下偏倚，从而低估了国际技术溢出对中国省际全要素生产率的促进作用。可见，在控制了国际技术溢出内生性情况下，回归结果依然支持了理论模型，即国际技术溢出对省际全要素生产率还具有空间溢出效应。在工具变量法估计的 SDM 模型中，现实吸收能力的系数为正，说明潜在吸收能力（人力资本和国内 R&D 存量）对通过进口和外商直接投资渠道带来的技术溢出促进省际全要素生产率提升具有吸收作用，其原因为人力资本和国内 R&D 存量增强了掌握新技术和适应新管理思想的能力，可以提高外国先进技术的利用效率。同时，人力资本可以更为有效地扩散传播国际先进技术、知识和经验等。比较控制变量的结果发现，控制变量的估计系数和显著性都变化不大。通过分析空间技术溢出的直接和间接效应发现，与前面静态 SDM 模型估计的系数和显著性变化不大。因此，在考虑内生性问题的情况下，本部分的估计结果也具有稳健性。

稳健性检验 II：考虑滞后效应。由于区域间技术溢出可能具有时滞效应，即区域内 R&D 存量、人力资本及通过进口和外商直接投资渠道带来的技术溢出变量的滞后项会对省际当期全要素生产率产生影响。故此，需要将空间面板计量模型中当期的区域内 R&D 存量、人力资本及通过进口和外商直接投资

---

① 第 7 章的稳健性检验 I、II 和 III 报告的结果都是基于相邻空间矩阵的非动态面板模型进行的回归结果，在实际操作中估计的其他方面的回归结果不再报告，同时，在稳健性检验中也只与基于相邻矩阵的非动态个体效应回归结果进行比较，其他比较过程不再报告。

渠道带来的技术溢出变量由对应的滞后一期代替进行回归①，考虑滞后效应的估计结果见表7-16中的稳健性检验Ⅱ。由表7-16中第（4）列可知，滞后一期的区域内R&D存量、人力资本及通过进口和外商直接投资渠道带来的技术溢出变量的系数显著为正；区域内的人力资本、R&D存量与通过进口和外商直接投资渠道带来的技术溢出变量的相互作用形成的现实吸收能力系数在1%显著性水平上为正，区域内R&D存量估计系数和其显著性水平略有下降。控制变量的估计系数及显著水平也基本与前面估计结果相同。分析表7-16第（5）列和第（6）列可知，考虑滞后效应的直接和间接空间溢出效应与前面静态SDM模型估计的系数及显著性变化不大。因此，在考虑滞后效应的情况下，本部分的估计结果也具有稳健性。

稳健性检验Ⅲ：剔除异常样本点。由于地理条件，中国省份间的交流不是平衡的，北上广和全国大部分省份都有交流，而像西藏、青海、新疆等省份则很少与其他省份进行交流。因此，本书样本期估计结果可能会受极值情况的影响。为了检验本书样本期内估计的空间效应是否受到区域间不平衡的影响，需要剔除异常样本。本书剔除新疆、西藏及海南三省份，保留了28个省份1998~2017年的样本数据。对剔除了新疆、西藏及海南三省份后的28个省份1998~2017年样本数据进行再估计，估计结果见表7-16中的稳健性检验Ⅲ。由表7-16中第（7）列可知，进口和外商直接投资渠道带来的技术溢出变量的估计系数略有下降，但在1%的水平上显著，潜在吸收能力（人力资本和省市R&D存量）与国际技术溢出相互作用形成的现实吸收能力估计系数没有显著变化。因此，本书前期得到主要结论并不受地区交流不平衡的影响。控制变量的系数值和显著性与基准模型估计结果基本相似。分析表7-16中第（8）列和第（9）列可知，剔除异常样本的空间技术溢出的直接和间接空间技术溢出效应与前面静态SDM模型估计的系数及显著性变化不大。所以，地区交流不平衡引起的异常样本点并未对估计结果造成质的影响，本部分的估计结果具有稳健性。

---

① 多期滞后项也可能会对当前全要素生产率产生影响，在此稳健性检验只考虑引入一期滞后项。

表 7-16　空间效应下的稳健性检验

变量	稳健性检验 I			稳健性检验 II			稳健性检验 III		
	(1)	(2)	(3)	(4)	(5)	(6)	(7)	(8)	(9)
rd_d	0.153*** (0.043)	0.160*** (0.045)	0.097*** (0.031)	0.194*** (0.056)	0.195*** (0.057)	0.023* (0.013)	0.169*** (0.029)	0.170*** (0.029)	0.032*** (0.01)
frd_i	0.253*** (0.047)	0.260*** (0.042)	0.157*** (0.035)	0.304*** (0.062)	0.300*** (0.056)	0.035** (0.018)	0.099*** (0.033)	0.097*** (0.029)	0.018** (0.008)
frd_f	0.327*** (0.07)	0.333*** (0.068)	0.202*** (0.056)	0.033 (0.062)	0.026 (0.06)	0.004 (0.008)	0.316*** (0.05)	0.313*** (0.047)	0.060*** (0.019)
h	0.358*** (0.097)	0.366*** (0.096)	0.223*** (0.072)	0.551*** (0.089)	0.556*** (0.085)	0.063** (0.031)	0.205*** (0.068)	0.202*** (0.065)	0.038** (0.016)
r_c	0.084*** (0.017)	0.091*** (0.021)	0.055*** (0.017)	0.270*** (0.017)	0.274*** (0.019)	0.031** (0.014)	0.112*** (0.013)	0.115*** (0.014)	0.022*** (0.006)
pgdp	0.418*** (0.029)	0.441*** (0.033)	0.268*** (0.051)	0.054** (0.027)	0.057** (0.028)	0.006 (0.005)	0.287*** (0.025)	0.293*** (0.026)	0.055*** (0.015)
tech	0.025*** (0.009)	0.026*** (0.008)	0.016*** (0.006)	0.027** (0.013)	0.027** (0.012)	0.003* (0.002)	0.038*** (0.006)	0.038*** (0.005)	0.007*** (0.002)
finance	0.018 (0.013)	0.018 (0.013)	0.011 (0.008)	0.014** (0.006)	0.015** (0.006)	0.002 (0.001)	0.021** (0.009)	0.023** (0.009)	0.004** (0.002)
market	-0.079*** (0.023)	-0.082*** (0.022)	-0.050*** (0.016)	-0.066** (0.028)	-0.066** (0.027)	-0.008 (0.005)	-0.117*** (0.022)	-0.118*** (0.022)	-0.022*** (0.008)
institution	-0.013 (0.016)	-0.013 (0.017)	-0.008 (0.01)	-0.065*** (0.015)	-0.066*** (0.015)	-0.007* (0.004)	-0.014 (0.011)	-0.013 (0.011)	-0.003 (0.003)
edu	0.125*** (0.02)	0.132*** (0.022)	0.079*** (0.016)	0.012 (0.026)	0.012 (0.027)	0.001 (0.003)	0.042*** (0.016)	0.042** (0.018)	0.008* (0.004)
frd_i_h	0.048*** (0.011)	0.056*** (0.011)	0.126*** (0.015)	0.079*** (0.017)	0.074*** (0.016)	0.117*** (0.014)	0.028*** (0.008)	0.026*** (0.007)	0.014** (0.006)

续表

变量	稳健性检验 I			稳健性检验 II			稳健性检验 III		
	(1)	(2)	(3)	(4)	(5)	(6)	(7)	(8)	(9)
frd_f_h	0.040*** (0.016)	0.051*** (0.015)	0.179*** (0.021)	0.053*** (0.015)	0.046*** (0.014)	0.157*** (0.016)	0.063*** (0.011)	0.059*** (0.01)	0.038*** (0.008)
frd_i_d	0.013** (0.007)	0.019*** (0.007)	0.080*** (0.013)	0.047*** (0.011)	0.043*** (0.011)	0.138*** (0.013)	0.024*** (0.005)	0.024*** (0.005)	0.009 (0.006)
frd_f_d	0.011 (0.007)	0.005 (0.007)	0.089*** (0.018)	0.035*** (0.01)	0.029*** (0.01)	0.177*** (0.016)	0.018*** (0.005)	0.016*** (0.005)	0.024*** (0.007)
W×frd_f	0.100*** (0.011)			0.179*** (0.018)			0.059*** (0.009)		
W×frd_i	0.047*** (0.009)			0.158*** (0.014)			0.016** (0.007)		
W×rd_d	0.063*** (0.011)			0.199*** (0.018)			0.033*** (0.009)		
ρ	0.397*** (0.036)			0.132** (0.059)			0.231*** (0.063)		
σ^2	0.002*** (0.000)			0.010*** (0.001)			0.001*** (0.000)		
N	620			589			560		

注：括号内的数值是标准误，*、** 及 *** 分别表示在 10%、5% 及 1% 水平上具有显著性。以上所有变量都是取对数之后的对应变量；第（1）列为回归系数，第（2）列为直接效应，第（3）列为间接效应。其中，总效应由于篇幅问题没有直接报告出，但可以通过直接效应和间接效应加总得到。

第 8 章

研究结论、对策与展望

8.1 主要结论

尽管全要素生产率早已成为学术界研究的热点问题,且目前相关研究成果也相当丰富,但关于全要素生产率提升路径的研究成果仍然无法满足经济高质量发展的需求。

通过对追赶文献、内生性增长理论及吸收能力理论的梳理和归纳发现,早期将技术溢出与全要素生产率提升直接关联研究,在此框架下,学术界对于技术溢出是否能促进全要素生产率的提升未能达成共识。后来学者研究发现,造成技术溢出促进全要素生产率提升不一致的原因是本地吸收能力的差异。因而近年对全要素生产率提升的研究,已经由只考虑溢出路径转向关注吸收路径,但也只是将吸收能力作为溢出路径促进全要素生产率提升的一个影响因素或条件,未能把溢出路径和吸收路径置于统一框架研究全要素生产率提升问题。为了经济高质量发展,还需探明以下问题:(1)全要素生产率提升路径的一般理论分析框架;(2)全要素生产率提升路径的有效性和异质性;(3)中国全要素生产率提升是技术效率提升的结果还是技术创新引致的?什么路径有利于技术创新?什么路径有利于技术效率的提升?本书基于技术溢出和吸收能力对全要素生产率提升同等重要的逻辑，将吸收能力引入内生性增长理论的框架中，构建了全要素生产率提升路径的一般理论分析框架，采用中国31个省份1998~2017年的面板数据，对全要素生产率提升路径的有效性和异质性进行检验，得出以下主要结论。

结论之一：忽略了溢出路径与全要素生产率提升之间的吸收环节，导致研究结论偏误，进而造成政策制定者在制定提升全要素生产率政策时只重视溢出路径，忽视或轻视吸收路径，抑制了中国全要素生产率提升。

由国际技术溢出直接到国内技术进步的分析框架，忽略了技术溢出与技术进步之间的吸收环节，导致实证检验结果的偏误，从而造成政策制定者在制定相关政策时只重视技术溢出环节，忽视或轻视吸收环节。在构建技术溢出和吸收能力的分析框架时，以内生增长理论和吸收能力的基础理论，结合演化经济学的反馈机制对技术溢出和吸收能力如何推动技术进步机理进行了研究。在总结前人研究的基础上，构建了拥有反馈机制的动态系统分析框架。此框架将溢出和吸收置于同等高度考察，而以往的研究只是将吸收能力作为一个影响因素，或者作为溢出促进全要素生产率提升的一个条件。本书将溢出和吸收置于同等高度分析，很好地刻画了技术溢出和吸收的动态过程。同时，本框架还考虑了溢出和吸收的反馈机制，也就是说，如果溢出能够被有效地吸收，将进一步反过来促使更先进的技术溢出，这样就构建了一个动态循环技术溢出吸收分析框架。同时，借鉴演化经济学分析过程，讨论了技术主体与技术溢出、技术溢出与吸收能力互动机制及吸收能力与技术主体互动反馈的环状互动机制。从演化经济学的视角刻画吸收能力与技术溢出的作用机理，既体现出了技术溢出的一般性过程特征，同时，也将技术溢出的演化过程与吸收能力的演化过程有效地结合，更好地诠释了全要素生产率提升的一般规律。

结论之二：溢出路径促进了中国全要素生产率提升，但是全要素生产率提升不是一个自动的、直接的获取过程，必须拥有一定的吸收能力，才能成功地模仿、吸收和消化溢出的先进技术。

如果能够很好地利用国际溢出的先进技术，中国在技术追赶过程中不但可以降低技术投资的成本，而且还能在有效避免走（或者少走）弯路的情况下，无风险地获得前沿技术。技术扩散带来的技术溢出不是一个自动的、直接的获取过程。技术溢出效应的成功实现是有条件的，本地必须拥有一定的吸收能力，才能成功地模仿、吸收和消化外资先进技术。如果只是单纯地引进技术而本地吸收能力没有改变的话，这样的技术引进就不能有效提高生产率。研究表明，进口来自其他具有较高技术水平国家（如 G7 国家）的货物可以导入技术的进步，贸易作为技术载体，一个地区从技术领先国进口越多，全要素生产率增长越快，外国直接投资也是获取全球市场先进技术的潜在渠道。同时，人力资本和 R&D 存量对全要素生产率具有显著影响，并且消化和吸收国际溢出技术方面的作用在加强。因此，在经济高质量发展的当下，做好吸收能力的匹配工作也是提升全要素生产率的关键路径之一。

结论之三：空间路径也是提升中国全要素生产率的重要路径之一。

技术可以通过人才流动、区域间贸易投资和产学研合作等形式来实现其在不同空间区位的同步重复使用，具有很强的空间相关性。本书借助空间交互理论，将空间技术溢出路径纳入内生性增长理论之中，构建的多维技术溢出理论框架弥补了技术追赶理论只考虑单维国际技术溢出的不足，同时也暗含了对外开放和区域整合对技术进步同等重要的假说。通过静态和动态空间面板计量模型，刻画了 TFP 与国际技术溢出、区域吸收能力之间的空间溢出效应，表明空间路径也是促进中国全要素生产率提升的重要路径之一。

结论之四：中国全要素生产率提升路径存在有效性和异质性。

在理论上，全要素生产率提升路径并不必然存在哪个更重要的问题，由于吸收能力具有选择性，现实中异质的技术引进渠道存在促进全要素生产率提升的差异性。本书证实了人力资本对 FDI 渠道溢出的技术吸收效应比对进口溢出的技术吸收效应显著；而 R&D 存量对进口渠道溢出的技术吸收效应比对 FDI 渠道溢出的技术吸收效应显著。可见，虽然溢出和吸收是促进地区全要素生产率提升的有效路径，但是由于吸收能力具有选择性，匹配好相应的吸收能力可有效化解全要素生产率提升的瓶颈。

结论之五：溢出路径有益于中国技术效率提升，技术创新主要来自吸收路径。

将全要素生产率分解为技术创新和技术效率，研究发现，目前溢出路径有利于中国技术效率提升，但对技术创新的促进效应不显著。虽然可通过引进、模仿及消化吸收等路径提升技术效率，进而提升全要素生产率，但技术创新源于吸收路径的本地长期研发（R&D）投资和人力资本的积累，研发投资和人力资本是技术创新的内部主要动力，依靠外源引进技术无法有效实现技术创新。

8.2　中国全要素生产率提升路径的对策

本书对经济高质量发展背景下优化中国全要素生产率提升路径提出以下几点政策启示。

对策之一：增加人力资本积累、研发投资等提高自身吸收能力，政策制定者需重视吸收路径提升全要素生产率的作用。

目前，主流文献比较认可的吸收能力主要体现在人力资本和 R&D 资本存量，本书的研究也支持了提升人力资本水平和加大 R&D 经费投入是提高中国吸收能力的有效途径这一论点。

（1）提升人力资本水平。有效吸收国际技术溢出渠道带来的先进技术，区域或企业必须拥有与之相配的人力资本。人力资本的投资具有提高创新能力和吸收能力的双重性，区域或企业人力投资不仅可以产生新的知识和信息，还可以增强区域或企业吸收现有知识和信息的能力，促进知识和技术的外溢，提高对技术的利用能力。另外，国际先进技术主体更倾向合作或投资人力资本水平高的区域或企业，只有提高区域或企业的人力资本水平，才能有效吸收和利用国际技术溢出渠道带来的先进技术与管理知识，最终提升自身技术水平和创新能力。高水平的人力资本不仅是吸收国际技术溢出渠道带来的基础，也是地区或企业技术进步和创新活动的有力支撑。目前，中国区域和企业在高水平人才方面的投入不足,导致人力资本水平不高,使得国际先进技术主体更看中的是廉价的劳动力资源,这显然不利于国际技术溢出渠道带来的先进技术在中国区域或企业的技术溢出。因此,针对这一不利于吸收国际先进技术的问题,中国一方面需要加强高等教育投资,让更多人员有学习深造机会,并有针对性地培育与国际先进技术相匹配的高科技人才和管理人才;另一方面还需要加大对自身创新活动高科技人才的投入力度。对外改进人才引进机制,吸引海内外优秀人才的流入,对内要加强自身人才的培养,建立健全激励机制,营造有利于创新的环境,以调动区域或企业存量人才进行创新的积极性。

(2) 加大 R&D 经费投入。R&D 可通过直接提升国内企业的技术创新水平和吸收消化国际先进技术能力两种渠道影响国内企业的生产率,这也就是投资 R&D 具有提高创新能力和吸收能力的双重作用,R&D 投资不仅可以生产新的知识和技术,还可增强吸收现有知识和技术的能力,提高自身进行再创新的能力。R&D 投资有利于国内企业的技术追赶,R&D 投资的学习效应比其创新效应更加重要,R&D 能提高企业吸收技术溢出的能力,国际技术溢出较多发生在研发强度大的地区或企业。看一个地区或企业是否有吸收能力,是否开展 R&D 活动是其中的一个重要方面。目前,虽然中国 R&D 的投资呈逐年增加趋势,但是 R&D 投入强度依然不足,要实现吸收能力与国际先进技术匹配,提高 R&D 投入强度已是一项迫在眉睫的任务,特别是对教育经费的支持力度。应进一步合理配置 R&D 经费资源,优化 R&D 投资结构,以使 R&D 经费结构更加合理。同时,为了使 R&D 经费的投资真正对增强区域吸收能力发挥效应,还应建立并完善相关监督管理机制,以规范 R&D 经费的管理,才能真正地实现通过加大 R&D 投资提高区域吸收能力的战略目标。

对策之二:优化技术溢出机制,以便获得最大限度的溢出效应。

国际技术扩散带来的先进技术不是一个自动的、直接的溢出过程。成功实现技术溢出是有条件的,需要本地拥有一定的溢出机制。目前,主流文献比较认可示范模仿效应、竞争效应、联系效应和人员流动效应是技术溢出的有效机制。

（1）健全市场竞争机制。随着改革开放的广化和深化，发达国家技术转移和扩散已经成为中国技术追赶的重要来源。发达国家拥有更高的管理水平和更先进的生产技术，发达国家输入技术（如通过FDI、进口产品等渠道）后会遏制垄断扭曲，改善资源配置效率。先进技术主体通过示范模仿效应、竞争效应、联系效应和培训效应溢出先进技术。通过市场竞争可以迫使国际先进技术主体输入更先进的技术，同时也迫使本地企业在竞争中模仿学习先进技术、提高效率等。故此，目前政府需要健全竞争机制，优化竞争环境。健全市场竞争机制关键是要有一个结构配套、功能齐全的市场体系，只有在这样的竞争环境中，输入本地的先进技术溢出才不受阻，技术溢出才能正常展开。

（2）强化联系效应。强化关联效应可以使先进技术主体向本地企业出售中间品，通过技术帮助、质量控制、管理培训及标准化等联系将技术无意中溢出到当地企业，从而产生关联技术溢出效应。通过关联效应，发达国家生产、管理、技术和知识等方面的变化会对与之前向关联和后相关联的中国企业产生直接和间接的影响。因此，中国政府应该加强外资企业与本地企业的联系，从而更好地产生联系溢出效应。

（3）鼓励人员流动和交流。技术先进的企业一般拥有前沿技术、先进的管理理念和制度，而且技术先进企业一般比落后的企业对人员技术和管理培训投资大，因此在技术先进的企业工作的员工很容易接触到前沿技术和先进管理思想。鼓励拥有前沿技术和先进管理思想的员工流向中国企业，国际的先进前沿技术和先进管理思想也就自然而然地流入到中国本地企业，这些前沿技术和先进管理思想便可在中国本地企业进行物化。故此，鼓励人员流动，是促使前沿技术和先进管理思想转移的有效策略。

对策之三：识别经济高质量发展的技术需求，培育相应的吸收能力。

目前，中国各省市引进外资和进口产品的规模在不断扩大，但是由于引进外资和进口产品的来源和流入的产业分布不尽合理等问题，限制了国际先进技术溢出的效果。今后，需要先识别自身技术需求，优化技术来源，避免盲目引进。中国在引进外资时需要由数量转向质量，鼓励拥有前沿技术的企业投资，限制低附加值的简单加工企业进入。新常态下，中国需要和技术发达国家的企业积极合作。在经济转型的大背景下，在有效识别自身技术需求的同时，还需要优化技术来源，才能更好地产生技术溢出效应。

对策之四：深化区域间技术交流、鼓励人员流动等优化全要素生产率提升的空间路径。

在区域技术生产和区域间技术溢出驱动全要素生产率增长背景下，对于国家、省级政府及公司而言，促进技术进步将是一项长久的关键战略。在中国创新系统中，技术溢出促进省际全要素生产率增长的一个潜在障碍因素就是技术区域整合和扩散不足，这与中国的分割区域政策及保护主义有关，也与区域间交流不便有关。根据实证可知，区域间技术溢出有益于全要素生产率提升，因此，需要进一步降低区域间技术溢出障碍，如推进区域一体化，减少区域间的分割；加大区域间交通基础设施建设、便利区域间交流的同时，还需注重文化环境因素的作用；构建区域间机制，特别是发达地区与欠发达地区的交流机制，但是欠发达地区需要同时增加自身的技术吸收能力（如提高区域人口受教育水平、鼓励研发投资等），才能取得发达地区对欠发达地区的技术溢出效应。

对策之五：实施竞争导向型技术进步激励体系。

虽然可通过引进、模仿及消化吸收等路径提升区域技术效率，进而提升全要素生产率，但技术创新源于吸收路径的本地长期研发（R&D）投资，区域研发投资是技术创新的内部主要动力，依靠外源引进技术无法有效实现技术创新。中国总体上已迈入国际准技术前沿阶段，在准前沿阶段，追赶型技术进步存在潜在的"技术追赶陷阱"。此时扩大市场竞争，不仅可激励企业内生地转向竞争导向型技术进步，跨越"技术追赶陷阱"，而且竞争引致的创新效应能取得更高的技术进步率，加快经济体向国际技术前沿的收敛进程。故此，中国应加快转向建立新的技术进步激励体系——竞争导向型技术进步激励体系。即扩大并维持较强的市场竞争、阶梯增强的知识产权保护，由引进资本到引进竞争的外资利用，以及实施竞争兼容型的研发补贴等。具体而言，（1）扩大产品市场的进入端自由度，促进供给侧和跨区域竞争。建立国内统一的市场竞争格局，推进新的高效率企业进入，替代在位的低效率"僵尸"企业，释放熊彼特"破坏性创新"效应。（2）依据技术阶梯提升趋势，动态调整知识产权保护程度，在国内各行业和省区层面，依据各行业与国际技术前沿的距离以及知识产权保护的依赖性，实施阶梯递进的知识产权保护政策，强化竞争激励。（3）进一步引进具有国际前沿技术水平的外资企业进入国内，从吸收国际溢出效应为诉求，逐步转向外企引致的竞争创新效应为诉求，激励国企、民企和外企在国内和国际市场上公平竞争。（4）对于越是接近技术前沿的行业或地区，应实施越为离散匀致的政府研发补贴。因为越接近技术前沿，创新到达的不确定越大，本质上要求更多潜在企业进入市场进行"创新探索"。此时实施竞争兼容型的补贴政策，可激励更多潜在企业进入市场，扩大市场竞争。

8.3 后续研究展望

本书构建了全要素生产率提升路径的一般理论分析框架和模型，并利用1998~2017年中国省际样本数据检验了全要素生产率提升路径的有效和异质性，完善了全要素生产率提升路径理论。尽管本书采用中国区域层面（省、区、市）的数据进行了相关实证检验，支持了全要素生产率提升路径的分析框架及理论模型，但这仅仅是宏观层面上的实证检验，受限于无法获得很好的微观层面样本数据，未获得微观层面的经验支撑。因此，还需采用企业层面数据对全要素生产率提升路径的分析框架及理论模型进行检验，进而从企业层面提出提升中国全要素生产率的对策。在未来的研究中，将采用《中国工业企业数据库》进行微观实证检验。

附 录

附表 1 基于 Malquist 指数法的 TFP 变动及分解（区域维度）

单位:%

区域	省份	eff_h	tech_h	tfp_h	eff_lh	tech_lh	tfp_lh	eff_l	tech_l	tfp_l
东部地区	北京	-2.90	3.10	0.10	-3.20	3.10	-0.20	-0.60	6.10	5.40
	福建	1.40	0.60	2.00	1.00	0.90	1.90	2.10	1.00	3.10
	广东	0.80	1.90	2.70	0.60	1.70	2.30	1.30	2.00	3.30
	广西	0.90	1.10	1.90	1.00	1.60	2.60	1.60	0.20	1.80
	海南	0.30	1.80	2.10	0.30	2.40	2.70	0.40	2.20	2.60
	河北	0.20	1.60	1.90	0.30	1.90	2.20	1.10	1.70	2.80
	江苏	1.00	2.70	3.70	0.70	2.70	3.40	1.10	2.00	3.10
	辽宁	0.70	2.10	2.80	0.80	1.70	2.50	1.10	1.60	2.80
	山东	1.50	1.50	2.90	0.90	1.50	2.30	1.60	1.80	3.50
	上海	-1.00	1.70	0.70	-1.30	1.90	0.60	0.00	3.80	3.80
	天津	0.80	3.90	4.70	1.00	3.60	4.60	1.50	4.20	5.70
	浙江	-0.90	-0.60	-1.50	-1.00	-0.70	-1.70	-0.90	-0.70	-1.60
中部地区	安徽	0.60	0.80	1.40	0.60	0.80	1.40	2.40	-0.20	2.10
	河南	-0.50	1.40	0.90	-0.20	1.60	1.40	0.60	0.90	1.60
	黑龙江	0.50	1.50	2.00	0.20	1.40	1.60	1.00	1.30	2.30
	湖北	0.20	1.60	1.90	0.20	1.90	2.20	1.10	1.30	2.40
	湖南	0.70	1.10	1.80	0.70	1.20	1.90	1.90	-1.20	0.70
	吉林	0.80	1.90	2.70	0.50	2.00	2.50	0.20	1.30	1.50
	江西	-0.40	1.40	1.00	-0.40	1.40	1.00	0.60	0.60	1.30
	内蒙古	0.70	2.50	3.20	0.60	2.50	3.20	0.40	2.10	2.50
	山西	-0.80	1.70	0.90	-0.50	1.40	0.90	0.80	1.00	1.80

续表

区域	省份	eff_h	tech_h	tfp_h	eff_lh	tech_lh	tfp_lh	eff_l	tech_l	tfp_l
西部地区	甘肃	0.80	2.00	2.70	1.00	1.80	2.80	2.30	1.00	3.30
	贵州	0.30	0.90	1.30	0.80	0.70	1.50	1.60	-0.30	1.30
	宁夏	-1.00	2.30	1.30	-1.20	2.80	1.50	0.80	1.50	2.30
	青海	-0.20	3.70	3.50	-0.70	3.50	2.80	-0.80	1.70	1.00
	陕西	0.50	1.30	1.90	0.50	1.20	1.70	1.80	1.00	2.80
	四川	0.80	1.30	2.10	1.10	0.80	1.90	2.20	0.30	2.50
	西藏	-1.10	3.70	2.60	-1.00	3.50	2.50	-1.00	2.20	1.10
	新疆	-0.20	3.20	2.90	-0.60	3.00	2.30	0.10	1.80	1.90
	云南	0.10	1.90	2.00	0.10	1.90	2.00	1.40	1.20	2.60
	重庆	0.70	2.40	3.10	1.00	2.40	3.50	1.50	1.20	2.70
西部平均		0.07	2.27	2.34	0.10	2.16	2.25	0.99	1.16	2.15
中部平均		0.20	1.54	1.76	0.19	1.58	1.79	1.00	0.79	1.80
东部平均		0.23	1.78	2.00	0.09	1.86	1.93	0.86	2.16	3.03
全国平均		0.20	1.90	2.00	0.10	1.90	2.00	0.90	1.40	2.40

注：eff、tech 及 tfp 分别表示技术效率、技术进步及全要素生产率，后面加上_h、_lh 及_l 分别表示用人力资本，劳动力人力资本及资本劳动数量计算得到的全要素生产率及其分解，东部、中部、西部及全国的平均值是通过几何平均求得。另外，本书划分东部、中部和西部是根据 1986 年 "七五"规划，东部地区包括北京、天津、河北、辽宁、上海、江苏、浙江、福建、山东、广东和海南 11 个省（市）；中部地区包括山西、内蒙古、吉林、黑龙江、安徽、江西、河南、湖北、湖南和广西 10 个省（自治区）；西部地区包括四川、贵州、云南、西藏、陕西、甘肃、青海、宁夏及新疆 9 个省（自治区），1997 年，全国人大八届五次会议决定将重庆设为中央直辖市，并划入西部地区，西部地区增加到 10 个省（自治区、直辖市）。

附表 2　基于 Malquist 指数法的全国层面 TFP 变动及分解（时间维度）

单位:%

年份	eff_h	tech_h	tfp_h	eff_lh	tech_lh	tfp_lh	eff_l	tech_l	tfp_l
1987	2.70	-6.20	-3.60	1.80	-6.60	-4.90	0.10	-0.60	-0.40
1988	4.30	-3.30	0.80	2.70	-3.70	-1.10	1.80	1.00	2.80
1989	0.20	10.30	10.50	1.10	6.10	7.20	0.00	3.50	3.50
1990	1.60	2.60	4.20	1.90	0.00	1.90	3.30	-3.90	-0.70
1991	1.10	-6.70	-5.70	-0.40	-6.30	-6.70	2.10	-1.60	0.50
1992	-1.40	0.80	-0.60	-3.00	2.90	-0.30	-4.20	8.60	4.00
1993	-9.70	17.30	6.00	-9.00	17.30	6.80	-3.90	12.50	8.10
1994	-3.00	14.10	10.80	-2.70	14.40	11.30	3.10	4.00	7.20
1995	2.70	12.50	15.50	1.10	14.30	15.50	5.70	-1.10	4.60
1996	5.70	3.60	9.50	3.90	5.80	9.90	9.00	-5.70	2.80
1997	7.40	-2.70	4.50	6.30	-1.90	4.20	9.20	-6.60	2.00
1998	0.50	0.00	0.50	2.60	-2.40	0.10	2.10	-0.30	1.70
1999	0.20	-3.20	-2.90	1.60	-5.10	-3.60	1.80	-1.00	0.70
2000	-1.00	-3.00	-4.00	-0.40	-3.50	-3.90	0.70	-0.30	0.40
2001	-1.90	-1.00	-2.90	0.30	-3.30	-3.00	0.40	0.50	1.00
2002	-0.80	-1.10	-2.00	0.20	0.40	0.70	0.80	1.70	2.60
2003	-1.10	-0.50	-1.60	-0.60	0.60	0.00	-0.80	3.30	2.50
2004	-2.00	1.30	-0.80	-0.60	2.20	1.50	-1.00	3.70	2.60
2005	-1.00	3.20	2.20	-1.40	5.70	4.20	-0.90	3.90	2.90
2006	0.20	1.50	1.70	-0.70	1.80	1.20	-0.20	2.00	1.90

续表

年份	eff_h	tech_h	tfp_h	eff_lh	tech_lh	tfp_lh	eff_l	tech_l	tfp_l
2007	-0.90	0.50	-0.50	-0.80	1.30	0.40	-0.80	3.00	2.20
2008	-0.30	4.10	3.90	0.50	3.10	3.60	-0.30	3.40	3.10
2009	-0.20	3.10	2.90	-0.20	2.60	2.40	0.30	0.60	0.90
2010	-0.90	0.10	-0.80	-0.90	-1.20	-2.10	0.20	0.80	1.10
2011	0.80	1.60	2.50	0.50	-0.10	0.40	-1.10	2.50	1.40
2012	0.50	3.60	4.10	-1.10	7.00	5.80	-0.20	3.40	3.10
2013	1.90	2.00	4.00	1.60	3.40	5.10	-0.70	2.90	2.20
2014	2.70	2.50	5.50	1.10	4.30	5.50	1.70	1.10	4.60
2015	3.70	3.60	3.50	3.90	5.80	4.90	4.00	5.70	2.80
2016	3.40	2.70	4.50	6.30	1.90	4.20	9.20	6.60	2.00
2017	2.50	1.01	2.50	2.60	2.40	3.10	2.10	3.30	1.70
平均	1.20	1.90	2.00	0.10	1.90	2.00	0.90	1.40	2.40

注：eff、tech 及 tfp 分别表示技术效率、技术进步及全要素生产率，后面加上_h、_lh 及_l 分别表示使用人力资本、劳动力人力资本及劳动数量计算得到的全要素生产率及其分解，这里的全国平均是分解，另外，在计算 1986~2013 年的 Malmquist 指数时，由于所有的指数和前一年都有联系，只能获得 1987 年 TFP 及其分解的变动情况。

附表 3　基于 Malquist 指数法的区域层面 TFP 变动及分解（时间维度）

单位：%

年份	东部地区			中部地区			西部地区		
	eff_1	tech_1	tfp_1	eff_1	tech_1	tfp_1	eff_1	tech_1	tfp_1
1987	-1.90	-2.00	-3.80	2.20	-5.60	-3.60	-1.70	-1.60	-3.30
1988	0.30	0.30	0.70	5.40	-3.10	2.10	-0.30	-0.90	-1.10
1989	-2.10	9.60	7.30	1.70	10.00	11.80	0.40	8.10	8.40
1990	-0.40	3.90	3.50	1.40	1.70	3.20	-0.70	4.10	3.40
1991	0.70	-6.10	-5.50	0.30	-6.60	-6.40	-0.50	-2.90	-3.50
1992	-3.00	0.80	-2.20	0.90	1.00	1.90	0.10	-1.30	-1.20
1993	0.90	4.70	5.60	-7.00	16.90	8.70	-0.60	3.80	3.10
1994	0.60	10.00	10.70	-0.30	12.80	12.50	-1.30	10.40	9.00
1995	0.20	17.50	17.70	4.10	11.10	15.70	-0.80	15.60	14.60
1996	-0.80	14.10	13.20	5.90	1.90	7.90	0.10	10.40	10.50
1997	1.20	6.50	7.70	6.60	-3.80	2.60	-2.00	7.10	4.90
1998	1.10	1.30	2.50	-0.30	-0.70	-1.00	0.20	0.10	0.30
1999	-1.00	-1.40	-2.40	-0.10	-4.00	-4.10	-0.40	-2.00	-2.40
2000	-0.70	-3.70	-4.40	-0.30	-3.60	-3.90	0.50	-4.60	-4.20
2001	-0.40	-2.20	-2.60	-1.60	-1.30	-2.90	-0.90	-2.80	-3.70
2002	0.70	-3.70	-3.00	-0.20	-1.10	-1.30	-2.00	-0.80	-2.80
2003	1.00	-2.50	-1.50	-1.60	0.00	-1.60	0.60	-2.40	-1.80
2004	0.80	-0.80	0.00	-2.40	1.50	-1.00	0.30	-1.40	-1.20
2005	1.20	3.90	5.20	-1.30	3.10	1.80	0.10	1.20	1.30
2006	1.60	3.80	5.50	-0.90	1.60	0.70	-0.10	1.40	1.20

续表

年份	东部地区 eff_l	东部地区 tech_l	东部地区 tfp_l	中部地区 eff_l	中部地区 tech_l	中部地区 tfp_l	西部地区 eff_l	西部地区 tech_l	西部地区 tfp_l
2007	-0.30	1.90	1.50	-0.70	-0.30	-1.00	-0.90	0.60	-0.30
2008	0.00	8.10	8.20	-0.60	2.40	1.80	0.00	4.80	4.80
2009	-0.40	8.10	7.70	-1.10	1.00	-0.10	0.60	3.30	3.90
2010	-1.70	2.60	0.80	-1.10	-1.50	-2.60	-1.60	1.50	-0.10
2011	-0.80	5.60	4.70	-0.30	0.00	-0.30	-1.30	4.80	3.50
2012	-1.00	7.20	6.10	-0.50	1.20	0.80	-1.40	6.70	5.20
2013	-1.50	4.50	3.00	1.60	4.00	5.70	-2.00	5.90	3.80
2014	0.20	17.50	17.70	4.10	11.10	15.70	-0.80	5.60	4.60
2015	-0.80	14.10	13.20	5.90	1.90	7.90	0.10	1.40	1.50
2016	1.20	6.50	7.70	6.60	0.80	2.60	2.00	3.10	4.90
2017	1.10	1.30	2.50	1.30	1.70	1.00	0.20	0.10	0.30
平均	0.86	2.16	3.03	1.00	0.79	1.80	0.99	1.16	2.15

注：eff、tech 及 tfp 分别表示技术效率、技术进步及全要素生产率，后面加上_l 分别表示用劳动力数量估算得到的全要素生产率及其分解（为结论的稳定性，还分别使用了人力资本和劳动力人力资本进行估算，估算的结果基本一致，全国平均是通过几何平均求得，其他同报告。），不再报告。其他同附表 2。

附表4　　　　　　　　　　α^* 和 β^* 估计值（区域维度）

省份	α^*_lh	β^*_lh	α^*_h	β^*_h	α^*_l	β^*_l
安徽	-0.206	1.206	-0.140	1.140	-0.069	1.069
北京	0.590	0.410	0.598	0.402	0.311	0.689
重庆	0.246	0.754	0.297	0.703	0.165	0.835
福建	0.130	0.870	0.128	0.872	0.083	0.917
甘肃	-0.092	1.092	-0.090	1.090	-0.045	1.045
广东	0.242	0.758	0.237	0.763	0.150	0.850
广西	0.201	0.799	0.214	0.786	0.103	0.897
贵州	0.190	0.810	0.234	0.766	0.114	0.886
海南	0.308	0.692	0.312	0.688	0.177	0.823
河北	0.210	0.790	0.231	0.769	0.127	0.873
黑龙江	0.079	0.921	0.073	0.927	0.035	0.965
河南	0.320	0.680	0.372	0.628	0.180	0.820
湖北	0.250	0.750	0.266	0.734	0.151	0.849
湖南	0.079	0.921	0.093	0.907	0.055	0.945
江苏	0.256	0.744	0.274	0.726	0.161	0.839
江西	0.370	0.630	0.390	0.610	0.209	0.791
吉林	0.369	0.631	0.361	0.639	0.229	0.771
辽宁	0.106	0.894	0.119	0.881	0.054	0.946
内蒙古	0.393	0.607	0.411	0.589	0.256	0.744
宁夏	0.380	0.620	0.371	0.629	0.103	0.897
青海	0.619	0.381	0.599	0.401	0.397	0.603
山东	0.031	0.969	0.031	0.969	0.031	0.969
上海	0.326	0.674	0.327	0.673	0.138	0.862
山西	0.155	0.845	0.265	0.735	0.078	0.922
陕西	0.007	0.993	0.053	0.947	0.015	0.985
四川	0.134	0.866	0.160	0.840	0.089	0.911
天津	0.647	0.353	0.658	0.342	0.286	0.714
西藏	0.354	0.646	0.341	0.659	0.203	0.797
新疆	0.587	0.413	0.601	0.399	0.373	0.627
云南	0.101	0.899	0.085	0.915	0.035	0.965
浙江	0.598	0.402	0.631	0.369	0.465	0.535

注：本表是假设每个省份的 α^* 和 β^* 存在个体效应、不存在时间效应，α^* 和 β^* 后面加上_lh、_h 及_l 表示估算中的 L 是分别使用劳动力人力资本、人力资本及劳动人数估算得到的。

附表5　　　　　　　　α^* 和 β^* 估计值（时间维度）

年份	α^*_lh	β^*_lh	α^*_h	β^*_h	α^*_l	β^*_l
1986	0.703	0.297	0.712	0.288	0.534	0.466
1987	0.713	0.287	0.729	0.271	0.509	0.491
1988	0.736	0.264	0.760	0.240	0.491	0.509
1989	0.760	0.240	0.772	0.228	0.470	0.530
1990	0.753	0.247	0.762	0.238	0.438	0.562
1991	0.733	0.267	0.74	0.26	0.431	0.569
1992	0.743	0.257	0.747	0.253	0.427	0.573
1993	0.765	0.235	0.775	0.225	0.446	0.554
1994	0.750	0.250	0.758	0.242	0.397	0.603
1995	0.737	0.263	0.743	0.257	0.378	0.622
1996	0.736	0.264	0.742	0.258	0.375	0.625
1997	0.762	0.238	0.757	0.243	0.396	0.604
1998	0.792	0.208	0.771	0.229	0.408	0.592
1999	0.812	0.188	0.784	0.216	0.421	0.579
2000	0.821	0.179	0.789	0.211	0.429	0.571
2001	0.829	0.171	0.787	0.213	0.433	0.567
2002	0.826	0.174	0.778	0.222	0.437	0.563
2003	0.836	0.164	0.785	0.215	0.449	0.551
2004	0.846	0.154	0.796	0.204	0.462	0.538
2005	0.861	0.139	0.819	0.181	0.475	0.525
2006	0.870	0.130	0.837	0.163	0.487	0.513
2007	0.885	0.115	0.846	0.154	0.500	0.500
2008	0.900	0.100	0.856	0.144	0.512	0.488
2009	0.899	0.101	0.857	0.143	0.527	0.473
2010	0.883	0.117	0.841	0.159	0.545	0.455
2011	0.877	0.123	0.835	0.165	0.569	0.431
2012	0.859	0.141	0.824	0.176	0.592	0.408
2013	0.824	0.176	0.804	0.196	0.619	0.381
2014	0.829	0.171	0.787	0.213	0.433	0.567
2015	0.826	0.174	0.778	0.222	0.437	0.563
2016	0.836	0.164	0.785	0.215	0.449	0.551
2017	0.846	0.154	0.796	0.204	0.462	0.538

注：本表是假设 α^* 和 β^* 存在时间效应、不存在个体效应，α^* 和 β^* 后面加上 _lh、_h 及 _l 表示估算中的 L 是分别使用劳动力人力资本、人力资本及劳动人数估算的。

附　录

附表6　部分年份各省份R&D存量估计值

单位：万元

省份	1990年	1995年	2000年	2005年	2010年	2015年	2016年	2017年
安徽	57850.96	118219.5	251426.1	649231.8	1815153	3539105	3803602	4495222
北京	784850.3	1425739	2616059	5345229	1.06E+07	1.51E+07	1.67E+07	1.84E+07
重庆	35178.29	72758.2	152695.9	415088.5	1173839	2448583	2780877	3111896
福建	45410.83	98704.04	228988.6	795677.9	2235765	4761965	5388607	5772555
甘肃	51742.78	94608.16	177856.1	309615.4	594680.9	865817.6	881392.9	960158.3
广东	317866.3	660995	1533959	4111214	1.10E+07	1.94E+07	2.62E+07	2.93E+07
广西	9983.492	22691.26	59718.68	226031.1	728555.3	932166.1	1161036	1391581
贵州	18176.67	35256.28	70557.73	162708.7	377264.3	444043	516410.2	593257.4
海南	7913.025	15835.72	34197.52	47675.61	97806.18	125263.4	160822.9	194955.7
河北	74318.7	148106.3	328104.8	854532.8	2106895	2510744	3001159	3533718
黑龙江	97580.09	186616.2	367932.7	765321.4	1743555	1948135	2174252	2427718
河南	77824.23	163822.9	352775.3	841247.1	2563583	3135169	3769348	4451335
湖北	170125	331892.9	667233.8	1252579	3073875	3710718	4432262	5228789
湖南	65770.16	134550.1	277681.4	637548.4	1877456	2310229	2828348	3368714
江苏	239200.8	504911.3	1110318	3454414	1.02E+07	1.23E+07	1.47E+07	1.75E+07
江西	32132.42	66792.2	138193.8	373380.6	1084351	1246338	1434249	1660309
吉林	53770	103478.9	222848.5	609633.1	1183803	1322344	1508298	1695617
辽宁	184635	345128.7	706668.4	1782682	3707253	4371384	5002791	5704835
内蒙古	8058.686	19248.94	45578.1	150747.2	690972.1	898134.9	1125091	1368820
宁夏	5508.646	11165.35	22262.64	49867.59	140327.1	168183.6	200125.3	234783

173

续表

省份	1990年	1995年	2000年	2005年	2010年	2015年	2016年	2017年
青海	5472.914	10414.79	21225.92	48764.48	101894.1	125273.7	145812.3	164085.1
山东	155530.6	333392.5	750750.5	2381516	7572214	9341105	1.14E+07	1.36E+07
上海	315862.3	611805.1	1256488	3053428	7000722	8116111	9337156	1.07E+07
山西	47031.03	95806.52	195637	416116.6	1145022	1365988	1611557	1889083
陕西	207735.4	373336.1	699394.1	1380070	2600463	2946294	3330290	3793510
四川	223154.3	425033.1	851749.3	1661149	3320773	3810860	4396846	5037866
天津	75728.99	154924.2	329924.2	943305.9	2825675	3478330	4244408	5120452
新疆	14263.02	27572.6	53211.02	97370.17	271532.6	331957.5	401751.5	475654.3
西藏	1849.566	3787.81	6850.776	10071.96	23164.25	34292.19	37572.79	42168.45
云南	32659.47	62580.45	123361.9	265746.4	560343.6	659117.1	779767.1	912496.6
浙江	62842.63	140869.5	344841.8	1776241	6145552	7337060	8775852	1.03E+07

注：表中出现 E 的是采取科学记数法表示的；实际估计结果是 1990～2017 年的各省份 R&D 存量，在此只报告了部分年份的 R&D 存量。

附表 7　相邻、地理距离空间权重的直接效应、间接效应及总效应（静态 SDM）

	变量	基于相邻空间权重（W1）				基于地理距离空间权重（W2）			
		(1)	(2)	(3)	(4)	(5)	(6)	(7)	(8)
直接效应	rd_d	0.115 ** (0.051)	0.105 ** (0.049)	0.058 (0.084)	0.067 ** (0.034)	0.02 (0.046)	0.016 (0.045)	0.076 (0.086)	0.073 ** (0.036)
	frd_i	0.235 *** (0.048)	0.241 *** (0.046)	0.297 *** (0.083)	0.236 *** (0.034)	0.058 (0.042)	0.064 (0.041)	0.138 (0.088)	0.208 *** (0.036)
	frd_f	0.317 *** (0.078)	0.388 *** (0.075)	0.189 ** (0.086)	0.436 *** (0.054)	0.233 *** (0.069)	0.299 *** (0.066)	0.122 (0.09)	0.372 *** (0.053)
	h	0.314 *** (0.11)	0.428 *** (0.105)	0.324 *** (0.126)	0.636 *** (0.076)	0.428 *** (0.099)	0.540 *** (0.094)	0.453 *** (0.131)	0.533 *** (0.082)
	frd_i_h	0.050 *** (0.012)	0.049 *** (0.012)	0.080 *** (0.024)	0.030 *** (0.008)	0.014 (0.011)	0.013 (0.01)	0.066 *** (0.024)	0.026 *** (0.009)
	frd_f_h	0.044 ** (0.017)	0.055 *** (0.017)	0.121 *** (0.021)	0.052 *** (0.011)	0.026 * (0.015)	0.035 *** (0.014)	0.114 *** (0.022)	0.041 *** (0.011)
	frd_i_d	0.015 ** (0.007)	0.014 ** (0.007)	0.047 *** (0.016)	0.001 (0.005)	0.002 (0.006)	0.002 (0.006)	0.057 *** (0.016)	0.001 (0.005)
	frd_f_d	0.008 (0.008)	0.007 (0.008)	0.078 *** (0.015)	0.012 ** (0.005)	0.01 (0.007)	0.009 (0.007)	0.090 *** (0.015)	0.012 ** (0.005)
间接效应	rd_d	0.056 ** (0.026)	0.049 ** (0.024)	0.003 (0.008)	0.013 * (0.007)	0.007 (0.016)	0.005 (0.014)	0.007 (0.012)	0.019 *** (0.01)
	frd_i	0.116 *** (0.031)	0.113 *** (0.03)	0.019 (0.022)	0.048 *** (0.011)	0.02 (0.016)	0.02 (0.014)	0.01 (0.013)	0.055 *** (0.012)
	frd_f	0.157 *** (0.049)	0.183 *** (0.052)	0.012 (0.015)	0.088 *** (0.019)	0.078 ** (0.032)	0.096 *** (0.036)	0.01 (0.012)	0.098 *** (0.02)
	h	0.156 ** (0.061)	0.203 *** (0.067)	0.019 (0.023)	0.128 *** (0.029)	0.143 *** (0.048)	0.174 *** (0.060)	0.036 (0.038)	0.141 *** (0.031)
	frd_i_h	0.123 *** (0.015)	0.119 *** (0.015)	0.142 *** (0.02)	0.024 *** (0.007)	0.246 *** (0.017)	0.239 *** (0.016)	0.076 ** (0.031)	0.018 (0.014)

续表

		基于相邻空间权重（W1）				基于地理距离空间权重（W2）			
	变量	(1)	(2)	(3)	(4)	(5)	(6)	(7)	(8)
间接效应	frd_f_h	0.168***	0.172***	0.175***	0.016*	0.341***	0.341***	0.108***	0.018
		(0.022)	(0.021)	(0.026)	(0.009)	(0.026)	(0.026)	(0.038)	(0.018)
	frd_i_d	0.097***	0.096***	0.144***	0.001	0.228***	0.223***	0.058*	0.027*
		(0.013)	(0.013)	(0.02)	(0.007)	(0.017)	(0.016)	(0.034)	(0.014)
	frd_f_d	0.115***	0.117***	0.182***	0.012	0.299***	0.296***	0.093**	0.039**
		(0.018)	(0.017)	(0.026)	(0.009)	(0.024)	(0.023)	(0.041)	(0.018)
	rd_d	0.172**	0.154**	0.055	0.054*	0.027	0.022	0.069	0.054**
		(0.076)	(0.072)	(0.08)	(0.028)	(0.061)	(0.058)	(0.079)	(0.027)
	frd_i	0.351***	0.354***	0.278***	0.189***	0.078	0.084	0.128	0.153***
		(0.075)	(0.069)	(0.078)	(0.028)	(0.057)	(0.054)	(0.083)	(0.028)
	frd_f	0.474***	0.571***	0.176***	0.348***	0.311***	0.395***	0.112	0.274***
		(0.123)	(0.118)	(0.08)	(0.046)	(0.096)	(0.093)	(0.083)	(0.043)
	h	0.470***	0.631***	0.305***	0.508***	0.571***	0.714***	0.417***	0.393***
		(0.167)	(0.164)	(0.122)	(0.062)	(0.138)	(0.14)	(0.121)	(0.062)
总效应	frd_i_h	0.173***	0.168***	0.222***	0.006	0.260***	0.253***	0.142***	0.044***
		(0.023)	(0.023)	(0.029)	(0.011)	(0.021)	(0.021)	(0.038)	(0.016)
	frd_f_h	0.212***	0.227***	0.296***	0.036***	0.367***	0.376***	0.223***	0.059***
		(0.035)	(0.034)	(0.03)	(0.014)	(0.035)	(0.034)	(0.043)	(0.02)
	frd_i_d	0.113***	0.110***	0.191***	0.001	0.230***	0.226***	0.115***	0.028*
		(0.016)	(0.017)	(0.024)	(0.009)	(0.018)	(0.018)	(0.036)	(0.015)
	frd_f_d	0.107***	0.110***	0.260***	0.001	0.289***	0.287***	0.182***	0.027
		(0.022)	(0.022)	(0.028)	(0.01)	(0.027)	(0.026)	(0.043)	(0.018)

注：括号内的数值是标准误，*、**及***分别表示在10%、5%及1%水平上具有显著性；(1)列和(5)列为无固定效应，(2)列和(6)列为个体固定效应，(3)列和(7)列为时间固定效应，(4)列和(8)列为个体时间同时固定效应；另外，由于本部分只关注和分析核心变量的总效应，控制变量的总效应不报告。

附表8 经济、技术距离空间权重的直接效应、间接效应及总效应（静态SDM）

	变量	基于相邻空间权重（W1）				基于地理距离空间权重（W2）			
		(1)	(2)	(3)	(4)	(5)	(6)	(7)	(8)
直接效应	rd_d	0.115**	0.104*	0.300***	0.169***	0.214***	0.206***	0.286***	0.169***
		(0.058)	(0.056)	(0.096)	(0.038)	(0.056)	(0.055)	(0.094)	(0.038)
	frd_i	0.031	0.017	0.014	0.166***	0.092*	0.106**	0.073	0.166***
		(0.056)	(0.054)	(0.111)	(0.036)	(0.055)	(0.053)	(0.108)	(0.036)
	frd_f	0.031	0.044	0.011	0.230***	0.091	0.165*	0.061	0.230***
		(0.093)	(0.09)	(0.113)	(0.061)	(0.093)	(0.091)	(0.110)	(0.061)
	h	0.286**	0.363***	0.891***	0.294***	0.267**	0.344***	0.821***	0.294***
		(0.113)	(0.109)	(0.149)	(0.078)	(0.111)	(0.108)	(0.145)	(0.078)
	frd_i_h	0.002	0.001	0.028	0.009	0.044***	0.043***	0.037	0.009
		(0.014)	(0.014)	(0.028)	(0.01)	(0.014)	(0.014)	(0.027)	(0.01)
	frd_f_h	0.015	0.009	0.111***	0.007	0.03	0.036**	0.112***	0.007
		(0.019)	(0.018)	(0.024)	(0.013)	(0.019)	(0.018)	(0.024)	(0.013)
	frd_i_d	0.005	0.001	0.043**	0.013*	0.030***	0.027***	0.042**	0.013*
		(0.009)	(0.009)	(0.019)	(0.007)	(0.009)	(0.009)	(0.018)	(0.007)
	frd_f_d	0.023**	0.025**	0.099***	0.043***	0.067***	0.000	0.094***	0.043***
		(0.010)	(0.010)	(0.018)	(0.007)	(0.010)	(0.010)	(0.017)	(0.007)
间接效应	rd_d	0.025*	0.023*	0.005	0.015***	0.029	0.068***	0.004	0.015***
		(0.013)	(0.013)	(0.013)	(0.006)	(0.019)	(0.021)	(0.012)	(0.006)
	frd_i	0.006	0.004	0.001	0.015***	0.03	0.035*	0.001	0.015***
		(0.012)	(0.012)	(0.005)	(0.006)	(0.019)	(0.019)	(0.005)	(0.006)
	frd_f	0.005	0.011	0.001	0.020***	0.085**	0.056	0.001	0.020***
		(0.02)	(0.021)	(0.005)	(0.008)	(0.032)	(0.034)	(0.005)	(0.008)
	h	0.064**	0.082**	0.015	0.026***	0.074***	0.114***	0.013	0.026***
		(0.03)	(0.032)	(0.036)	(0.01)	(0.04)	(0.043)	(0.033)	(0.01)
	frd_i_h	0.062***	0.060***	0.02	0.009	0.074***	0.072*	0.020*	0.009
		(0.008)	(0.008)	(0.012)	(0.005)	(0.009)	(0.009)	(0.012)	(0.005)

续表

	变量	基于相邻空间权重（W1）				基于地理距离空间权重（W2）			
		(1)	(2)	(3)	(4)	(5)	(6)	(7)	(8)
间接效应	frd_f_h	0.085***	0.084***	0.021	0.012*	0.107***	0.109***	0.021	0.012*
		(0.012)	(0.011)	(0.015)	(0.007)	(0.014)	(0.013)	(0.014)	(0.007)
	frd_i_d	0.058***	0.056***	0.005	0.008	0.068***	0.067***	0.006	0.008
		(0.008)	(0.008)	(0.012)	(0.006)	(0.009)	(0.009)	(0.012)	(0.006)
	frd_f_d	0.070***	0.070***	0.003	0.008	0.083***	0.083***	0.005	0.008
		(0.011)	(0.01)	(0.015)	(0.007)	(0.011)	(0.011)	(0.015)	(0.007)
	rd_d	0.139**	0.127*	0.306***	0.153***	0.282***	0.274***	0.290***	0.153***
		(0.069)	(0.068)	(0.098)	(0.035)	(0.075)	(0.074)	(0.095)	(0.035)
	frd_i	0.037	0.02	0.013	0.151***	0.121*	0.141**	0.073	0.151***
		(0.067)	(0.066)	(0.113)	(0.034)	(0.073)	(0.071)	(0.11)	(0.034)
	frd_f	0.036	0.055	0.011	0.210***	0.122	0.221*	0.062	0.210***
		(0.114)	(0.111)	(0.115)	(0.057)	(0.125)	(0.123)	(0.111)	(0.057)
	h	0.350**	0.444***	0.907***	0.268***	0.351**	0.459***	0.833***	0.268***
		(0.141)	(0.138)	(0.153)	(0.073)	(0.15)	(0.149)	(0.149)	(0.073)
总效应	frd_i_h	0.064***	0.060***	0.048	0.001	0.118***	0.115***	0.056*	0.001
		(0.019)	(0.02)	(0.032)	(0.012)	(0.02)	(0.021)	(0.031)	(0.012)
	frd_f_h	0.070**	0.076***	0.132***	0.019	0.137***	0.146***	0.134***	0.019
		(0.027)	(0.026)	(0.03)	(0.015)	(0.03)	(0.029)	(0.03)	(0.015)
	frd_i_d	0.062***	0.057***	0.048*	0.021**	0.098***	0.094***	0.049**	0.021**
		(0.014)	(0.015)	(0.025)	(0.01)	(0.015)	(0.016)	(0.024)	(0.01)
	frd_f_d	0.048***	0.044***	0.102***	0.051***	0.086***	0.083***	0.099***	0.051***
		(0.017)	(0.017)	(0.026)	(0.011)	(0.018)	(0.018)	(0.025)	(0.011)

注：括号内的数值是标准误，*、**、*** 及 **** 分别表示在 10%、5% 及 1% 水平上具有显著性；（1）列为个体固定效应，（2）列和（5）列为无固定效应，（3）列和（7）列为时间固定效应，（4）列和（8）列为个体时间固定效应；另外，由于本部分只关注和分析核心变量的总效应，控制变量的总效应不报告。

附录

附表9 相邻、地理距离空间权重的直接效应、间接效应及总效应（动态SDM）

	变量	基于相邻空间权重（W1）					基于地理距离空间权重（W2）			
		(1)	(2)	(3)	(4)	(5)	(6)	(7)	(8)
直接效应	rd_d	0.043** (0.019)	0.015 (0.014)	0.019 (0.028)	0.015 (0.019)	0.022 (0.019)	0.027 (0.027)	0.058 (0.813)	0.01 (0.02)
	frd_i	0.031 (0.025)	0.083*** (0.018)	0.012 (0.036)	0.092*** (0.026)	0.006 (0.025)	0.025 (0.034)	0.022 (0.239)	0.080*** (0.026)
	frd_f	0.012 (0.026)	0.031 (0.019)	0.093 (0.057)	0.153*** (0.041)	0.009 (0.026)	0.065 (0.055)	0.01 (0.326)	0.099** (0.04)
	h	0.069** (0.034)	0.078*** (0.025)	0.118 (0.074)	0.154*** (0.054)	0.026 (0.034)	0.105 (0.075)	0.134 (2.359)	0.086 (0.058)
	frd_i_h	0.008 (0.007)	0.024*** (0.005)	0.007 (0.009)	0.012** (0.006)	0.003 (0.006)	0.011 (0.009)	0.041 (0.253)	0.01 (0.006)
	frd_f_h	0.001 (0.006)	0.030*** (0.005)	0.003 (0.013)	0.023*** (0.009)	0.001 (0.007)	0.002 (0.012)	0.04 (0.456)	0.015* (0.009)
	frd_i_d	0.002 (0.004)	0.013*** (0.003)	0.006 (0.005)	0.001 (0.003)	0.001 (0.004)	0.006 (0.005)	0.034 (0.238)	0.002 (0.004)
	frd_f_d	0.005 (0.004)	0.019*** (0.003)	0.008 (0.005)	0 (0.004)	0.002 (0.004)	0.007 (0.005)	0.038 (0.39)	0.002 (0.004)
间接效应	rd_d	0.001 (0.001)	0.003 (0.004)	0.001 (0.001)	0.002 (0.003)	0 (0.001)	0.006 (0.006)	0.104 (0.815)	0.002 (0.004)
	frd_i	0.001 (0.001)	0.002 (0.005)	0.006*** (0.002)	0.016*** (0.005)	0 (0.001)	0.005 (0.007)	0.002 (0.242)	0.016*** (0.006)
	frd_f	0 (0.001)	0.013 (0.009)	0.002* (0.001)	0.026** (0.008)	0 (0.001)	0.013 (0.013)	0.029 (0.323)	0.020** (0.008)
	h	0.002 (0.002)	0.016 (0.011)	0.006** (0.002)	0.026** (0.01)	0.009 (0.009)	0.022 (0.016)	0.292 (2.361)	0.017 (0.012)
	frd_i_h	0.004 (0.005)	0.008 (0.008)	0.039*** (0.004)	0.006 (0.004)	0.009 (0.009)	0.001 (0.014)	0.006 (0.251)	0.005 (0.008)

179

续表

	变量	基于相邻空间权重（W1）				基于地理距离空间权重（W2）			
		(1)	(2)	(3)	(4)	(5)	(6)	(7)	(8)
间接效应	frd_f_h	0.007 (0.007)	0.001 (0.01)	0.049*** (0.005)	0.008 (0.005)	0.014 (0.011)	0.016 (0.02)	0.017 (0.451)	0.011 (0.012)
	frd_i_d	0.002 (0.006)	0.006 (0.007)	0.040*** (0.004)	0.007* (0.004)	0.004 (0.009)	0.016 (0.014)	0.001 (0.236)	0 (0.008)
	frd_f_d	0.004 (0.007)	0.015 (0.009)	0.051*** (0.005)	0.011** (0.005)	0.007 (0.012)	0.036** (0.018)	0.014 (0.385)	0.002 (0.011)
	rd_d	0.042** (0.018)	0.022 (0.032)	0.014 (0.013)	0.012 (0.016)	0.022 (0.019)	0.033 (0.033)	0.047* (0.025)	0.008 (0.016)
	frd_i	0.03 (0.024)	0.013 (0.041)	0.077*** (0.017)	0.077*** (0.021)	0.006 (0.024)	0.03 (0.042)	0.024 (0.034)	0.064*** (0.021)
	frd_f	0.012 (0.025)	0.105 (0.066)	0.028 (0.018)	0.127*** (0.034)	0.009 (0.025)	0.078 (0.067)	0.039 (0.035)	0.079** (0.032)
	h	0.067** (0.033)	0.135 (0.084)	0.073*** (0.023)	0.128*** (0.045)	0.025 (0.033)	0.127 (0.091)	0.158*** (0.047)	0.069 (0.047)
总效应	frd_i_h	0.013 (0.009)	0.015 (0.013)	0.063*** (0.007)	0.007 (0.007)	0.013 (0.011)	0.011 (0.017)	0.035** (0.016)	0.006 (0.01)
	frd_f_h	0.006 (0.009)	0.002 (0.019)	0.079*** (0.007)	0.016 (0.01)	0.014 (0.014)	0.014 (0.026)	0.057*** (0.021)	0.004 (0.014)
	frd_i_d	0.004 (0.007)	0.001 (0.009)	0.053*** (0.005)	0.007 (0.005)	0.005 (0.01)	0.01 (0.015)	0.035** (0.015)	0.003 (0.009)
	frd_f_d	0.001 (0.008)	0.006 (0.011)	0.070*** (0.006)	0.012* (0.006)	0.005 (0.013)	0.029 (0.019)	0.051*** (0.019)	0.004 (0.011)

注：括号内的数值是标准误，*、**、*** 分别表示在10%、5%及1%水平上具有显著性；（1）列和（5）列为无固定效应，（2）列和（6）列为个体固定效应，（3）列和（7）列为时间固定效应，（4）列和（8）列为个体时间固定效应；在估计结果中比较小的数值，保留三位小数时直接舍去，故此处会有0值出现；另外，由于本部分只关注和分析核心变量的总效应，控制变量的总效应不予报告。

附表10 经济、技术距离空间权重的直接、间接及总效应（动态SDM）

		基于经济距离空间权重（W3）				基于技术距离空间权重（W4）			
	变量	(1)	(2)	(3)	(4)	(5)	(6)	(7)	(8)
直接效应	rd_d	0.031 (0.022)	0.062** (0.031)	0.033 (0.027)	0.130*** (0.009)	0.024 (0.019)	0.085*** (0.027)	0.202*** (0.008)	0.130*** (0.009)
	frd_i	0.069** (0.035)	0.118*** (0.041)	0.089** (0.042)	0.161*** (0.012)	0.028 (0.03)	0.002 (0.035)	0.019 (0.012)	0.161*** (0.012)
	frd_f	0.054 (0.034)	0.05 (0.069)	0.077* (0.042)	0.186*** (0.019)	0.03 (0.03)	0.072 (0.059)	0.044*** (0.012)	0.186*** (0.019)
	h	0.063 (0.042)	0.142* (0.075)	0.041 (0.051)	0.128*** (0.022)	0.04 (0.036)	0.140** (0.063)	0.493*** (0.014)	0.128*** (0.022)
	frd_i_h	0.015* (0.008)	0.043*** (0.01)	0.018* (0.009)	0.015*** (0.003)	0.006 (0.007)	0.011 (0.009)	0.010*** (0.003)	0.015*** (0.003)
	frd_f_h	0.008 (0.007)	0.040*** (0.014)	0.023*** (0.009)	0.008* (0.005)	0.002 (0.006)	0.002 (0.012)	0.056*** (0.003)	0.008* (0.005)
	frd_i_d	0.003 (0.005)	0.029*** (0.006)	0.006 (0.005)	0.007*** (0.002)	0 (0.004)	0.012** (0.005)	0.014*** (0.002)	0.007*** (0.002)
	frd_f_d	0.002 (0.005)	0.034*** (0.007)	0.011** (0.005)	0.032*** (0.003)	0.005 (0.004)	0.012** (0.006)	0.043*** (0.002)	0.032*** (0.003)
间接效应	rd_d	0.001 (0.001)	0.005 (0.003)	0.021 (0.017)	0.039*** (0.003)	0.001 (0.001)	0.004* (0.002)	0.142*** (0.005)	0.039*** (0.003)
	frd_i	0.001 (0.001)	0.009** (0.005)	0.058*** (0.027)	0.048*** (0.004)	0 (0.001)	0.001 (0.002)	0.013 (0.009)	0.048*** (0.004)
	frd_f	0.001 (0.001)	0.004 (0.006)	0.050** (0.027)	0.056*** (0.006)	0 (0.001)	0.003 (0.004)	0.031*** (0.009)	0.056*** (0.006)
	h	0 (0.001)	0.012 (0.007)	0.027 (0.033)	0.038*** (0.006)	0 (0.001)	0.007 (0.005)	0.347*** (0.01)	0.038*** (0.006)
	frd_i_h	0.007** (0.003)	0.001 (0.005)	0.014** (0.007)	0.007*** (0.001)	0.001 (0.003)	0.012*** (0.004)	0.008*** (0.002)	0.007*** (0.001)

续表

		变量	(1)	基于相邻空间权重（W1）				基于地理距离空间权重（W2）			
				(2)	(3)	(4)	(5)	(6)	(7)	(8)
间接效应		frd_f_h	0.009** (0.004)	0 (0.007)	0.018*** (0.007)	0.005*** (0.001)	0.004 (0.004)	0.013** (0.005)	0.042*** (0.002)	0.005*** (0.001)
		frd_i_d	0.007** (0.003)	0.001 (0.005)	0.006 (0.004)	0.001** (0.001)	0.001 (0.003)	0.010** (0.004)	0.012*** (0.001)	0.001*** (0.001)
		frd_f_d	0.009** (0.004)	0.002 (0.006)	0.011** (0.005)	0.004*** (0.001)	0.002 (0.004)	0.012** (0.005)	0.035*** (0.001)	0.004*** (0.001)
		rd_d	0.031 (0.022)	0.067** (0.034)	0.011 (0.009)	0.091*** (0.006)	0.024 (0.019)	0.089*** (0.028)	0.060*** (0.002)	0.091*** (0.006)
		rd_i	0.070* (0.036)	0.127*** (0.045)	0.031*** (0.015)	0.113*** (0.008)	0.028 (0.03)	0.002 (0.036)	0.006 (0.004)	0.113*** (0.008)
		rd_f	0.054 (0.035)	0.054 (0.075)	0.027* (0.015)	0.131*** (0.014)	0.03 (0.03)	0.075 (0.062)	0.013*** (0.004)	0.131*** (0.014)
		h	0.063 (0.042)	0.154* (0.082)	0.014 (0.018)	0.090*** (0.016)	0.04 (0.036)	0.147** (0.067)	0.146*** (0.004)	0.090*** (0.016)
总效应		frd_i_h	0.022** (0.009)	0.042*** (0.013)	0.004 (0.004)	0.008*** (0.002)	0.008 (0.008)	0.001 (0.01)	0.001 (0.001)	0.008*** (0.002)
		frd_f_h	0.018* (0.009)	0.040** (0.018)	0.004 (0.004)	0.013*** (0.004)	0.006 (0.008)	0.011 (0.015)	0.014*** (0.001)	0.013*** (0.004)
		frd_i_d	0.01 (0.006)	0.028*** (0.009)	0.001 (0.003)	0.008*** (0.002)	0.001 (0.005)	0.002 (0.008)	0.001*** (0.001)	0.008*** (0.002)
		frd_f_d	0.007 (0.007)	0.032*** (0.011)	0.001 (0.003)	0.028*** (0.002)	0.002 (0.006)	0 (0.009)	0.008*** (0.001)	0.028*** (0.002)

注：括号内的数值是标准误，*、**及***分别表示10%、5%及1%水平上具有显著性；（1）列和（5）列为无固定效应，（2）列和（6）列为个体固定效应，（3）列和（7）列为时间固定效应，（4）列和（8）列为个体和时间固定效应；在估计结果中比较小的数值保留三位小数时直接舍去，故此处会有0值出现；另外，由于本部分只关注和分析核心变量的总效应，控制变量的总效应不报告。

参考文献

[1] 陈继勇, 盛杨怿. 外商直接投资的知识溢出与中国区域经济增长 [J]. 经济研究, 2008 (12): 39-49.

[2] 陈涛涛. 影响中国外商直接投资溢出效应的行业特征 [J]. 中国社会科学, 2003, 4 (3): 33-44.

[3] 陈涛涛. 中国 FDI 行业内溢出效应的内在机制研究 [J]. 世界经济, 2003 (9): 23-28.

[4] 陈羽, 邝国良. 市场结构与 FDI 技术溢出——基于中国制造业动态面板数据的实证研究 [J]. 世界经济研究, 2009 (9): 63-68.

[5] 陈昭, 欧阳秋珍. 技术溢出的主渠道: 外商直接投资还是进口?——一个文献综述与评论 [J]. 经济评论, 2009 (5): 135-146.

[6] 程惠芳, 陆嘉俊. 知识资本对工业企业全要素生产率影响的实证分析 [J]. 经济研究, 2014, 49 (5): 174-187.

[7] 单豪杰. 中国资本存量 K 的再估算: 1952~2006 年 [J]. 数量经济技术经济研究, 2008 (10): 17-31.

[8] 傅元海, 唐未兵, 王展祥. FDI 溢出机制, 技术进步路径与经济增长绩效 [J]. 经济研究, 2010 (6): 92-104.

[9] 何洁, 许罗丹. 中国工业部门引进外国直接投资外溢效应的实证研究 [J]. 世界经济文汇, 1999 (2): 35-38.

[10] 何洁. 外国直接投资对中国工业部门外溢效应的进一步精确量化 [J]. 世界经济, 2000 (12): 29-36.

[11] 黄菁, 赖明勇, 王华. FDI 在中国的技术外溢效应: 基于面板数据的考察 [J]. 世界经济研究, 2008 (10): 48-55.

[12] 黄玖立等. 出口开放、地区市场规模和经济增长 [J]. 经济研究,

2006 (6): 27 - 38.

[13] 郭庆旺, 赵志耘, 贾俊雪. 中国省份经济的全要素生产率分析 [J]. 世界经济, 2005 (5): 46 - 53.

[14] 蒋殿春, 张宇. 经济转型与外商直接投资技术溢出效应 [J]. 经济研究, 2008 (7): 26 - 38.

[15] 赖明勇, 包群, 彭水军, 张新. 外商直接投资与技术外溢: 基于吸收能力的研究 [J]. 经济研究, 2005 (8): 95 - 105.

[16] 李海峥等. 中国人力资本测度与指数构建 [J]. 经济研究, 2010 (8): 42 - 54.

[17] 李平. 国际技术扩散的路径和方式 [J]. 世界经济, 2006 (9): 85 - 93.

[18] 李平. 国际技术扩散对发展中国家技术进步的影响: 机制、效果及对策分析 [M]. 北京: 生活·读书·新知三联书店, 2007.

[19] 李平, 季永宝. 政策导向转化, 要素市场扭曲与 FDI 技术溢出 [J]. 南开经济研究, 2014 (6): 9 - 15.

[20] 林毅夫, 任若恩. 东亚经济增长模式相关争论的再探讨 [J]. 经济研究, 2007 (8): 4 - 12.

[21] 刘舜佳, 生延超. 外商直接投资隐性知识空间溢出——基于修正的 Lichtenberg - Pottelsberghe 模型估计 [J]. 研究与发展管理, 2014 (6): 54 - 66.

[22] 刘舜佳. 国际贸易、FDI 和中国全要素生产率下降——基于 1952~2006 年面板数据的 DEA 和协整检验 [J]. 数量经济技术经济研究, 2008 (11): 28 - 39.

[23] 刘巳洋, 路江涌, 陶志刚. 外商直接投资对本土制造业企业的溢出效应: 基于地理距离的研究 [J]. 经济学 (季刊), 2008 (8): 115 - 128.

[24] 罗雨泽等. 外商直接投资的空间外溢效应: 对中国区域企业生产率影响的经验检验 [J]. 经济学 (季刊), 2008 (2): 587 - 620.

[25] 马林, 章凯栋. 外商直接投资对中国技术溢出的分类检验研究

[J]. 世界经济, 2008 (7): 78-87.

[26] 毛其淋, 盛斌. 对外经济开放、区域市场整合与全要素生产率 [J]. 经济学（季刊）, 2012, 11 (1): 181-210.

[27] 潘省初. 计量经济学（第三版）[M]. 北京: 中国人民大学出版社, 2009.

[28] 潘文卿. 外商投资对中国工业部门的外溢效应: 基于面板数据的分析 [J]. 世界经济, 2003 (6): 3-7.

[29] 平新乔等. 外国直接投资对中国企业的溢出效应分析: 来自中国第一次全国经济普查数据的报告 [J]. 世界经济, 2007 (10): 60-69.

[30] 元朋, 许和连, 艾洪山. 外商直接投资企业对本土企业的溢出效应: 对中国制造业企业的实证研究 [J]. 管理世界, 2008 (4): 58-68.

[31] 邱斌, 杨帅, 辛培江. FDI技术溢出渠道与中国制造业生产率增长研究: 基于面板数据的分析 [J]. 世界经济, 2008 (8): 20-31.

[32] 沈坤荣, 耿强. 外国直接投资, 技术外溢与内生经济增长——中国数据的计量检验与实证分析 [J]. 中国社会科学, 2001 (5): 82-93.

[33] 苏治, 徐淑丹. 中国技术进步与经济增长收敛性测度——基于创新与效率的视角 [J]. 中国社会科学, 2015 (7): 4-25.

[34] 孙晓华, 王昀, 郑辉. R&D溢出对中国制造业全要素生产率的影响——基于产业间, 国际贸易和FDI三种溢出渠道的实证检验 [J]. 南开经济研究, 2012 (5): 18-35.

[35] 王滨. FDI技术溢出、技术进步与技术效率——基于中国制造业1999~2007年面板数据的经验研究 [J]. 数量经济技术经济研究, 2010 (2): 93-103.

[36] 王天力, 张秀娥. 吸收能力构念解析与理解误区解读 [J]. 外国经济与管理, 2013, 35 (2): 2-11.

[37] 王欣, 陈丽珍. 外国直接投资、前后向关联与技术溢出 [J]. 数量经济技术经济研究, 2008 (11): 85-97.

[38] 王英, 刘思峰. 国际技术外溢渠道的实证研究 [J]. 数量经济技

术经济研究,2008 (4): 153-160.

[39] 魏伟,杨勇,张建清. 内资企业实现技术赶超了吗?——来自中国制造业行业数据的经验研究 [J]. 数量经济技术经济研究,2011 (9): 19-33.

[40] 谢建国. 外商直接投资对中国的技术溢出——个基于中国省区面板数据的研究 [J]. 经济学(季刊),2006,5 (4): 1109-1128.

[41] 熊瑞祥,李辉文,郑世怡. 干中学的追赶——来自中国制造业企业数据的证据 [J]. 世界经济文汇,2015 (2): 20-40.

[42] 许和连,魏颖绮,赖明勇,王晨刚. 外商直接投资的后向链接溢出效应研究 [J],管理世界,2007 (4): 24-31.

[43] 薛漫天,赵曙东. 外商直接投资:垂直型还是水平型 [J]. 经济研究,2007 (2): 93-105.

[44] 杨汝岱,姚洋. 有限赶超和大国经济发展 [J]. 国际经济评论,2006 (4): 16-19.

[45] 杨汝岱. 中国制造业企业全要素生产率研究 [J]. 经济研究,2015 (2): 61-74.

[46] 杨晓静,刘国亮. FDI 技术溢出效应:一个文献综述 [J]. 产业经济评论,2013,12 (4): 119-140.

[47] 杨亚平. FDI 技术行业内溢出还是行业间溢出 [J]. 中国工业经济,2007 (11): 73-79.

[48] 姚洋,章奇. 中国工业企业技术效率分析 [J]. 经济研究,2001 (10): 66-79.

[49] 岳书敬,刘朝明. 人力资本与区域全要素生产率分析 [J]. 经济研究,2006 (4): 90-96.

[50] 张海洋. R&D 两面性,外资活动与中国工业生产率增长 [J]. 经济研究,2005 (5): 7-11.

[51] 张会清,唐海燕. 产品内国际分工与中国制造业技术升级 [J]. 世界经济研究,2011 (6): 81-93.

[52] 张建华, 欧阳轶雯. 外商直接投资, 技术外溢与经济增长 [J]. 经济学 (季刊), 2003 (2): 645-665.

[53] 张宇. FDI 技术外溢的地区差异与吸收能力的门限特征——基于中国省际面板数据的门限回归分析 [J]. 数量经济技术经济研究, 2008 (1): 28

[54] 赵勇, 白永秀. 知识溢出: 一个文献综述 [J]. 经济研究, 2009 (1): 144-156.

[55] 赵志耘, 吕冰洋, 郭庆旺等. 资本积累与技术进步的动态融合: 中国经济增长的一个典型事实 [J]. 经济研究, 2007 (11): 18-31.

[56] 郑玉歆. 全要素生产率的再认识——用 TFP 分析经济增长质量存在的若干局限 [J]. 数量经济技术经济研究, 2007, 24 (9): 3-11.

[57] 钟昌标. 外商直接投资地区间溢出效应研究 [J]. 经济研究, 2010 (1): 80-89.

[58] 陈启斐, 刘志彪. 进口服务贸易、技术溢出与全要素生产率——基于 47 个国家双边服务贸易数据的实证分析 [J]. 世界经济文汇, 2015 (5): 1-21.

[59] 杜江, 王锐, 王新华. 环境全要素生产率与农业增长: 基于 DEA-GML 指数与面板 Tobit 模型的两阶段分析 [J]. 中国农村经济, 2016 (3): 65-81.

[60] 李斌, 祁源, 李倩. 财政分权、FDI 与绿色全要素生产率——基于面板数据动态 GMM 方法的实证检验 [J]. 国际贸易问题, 2016 (7): 119-129.

[61] 王德祥, 薛桂芝. 中国城市全要素生产率的测算与分解 (1998—2013)——基于参数型生产前沿法 [J]. 财经科学, 2016 (9): 42-52.

[62] 李向前, 黄莉. 包含教育和健康人力资本的省域全要素生产率研究——基于 SFA 与 DEA 的比较分析 [J]. 经济经纬, 2016, 33 (5): 13-18.

[63] 孙早, 刘李华. 中国工业全要素生产率与结构演变: 1990~2013 年 [J]. 数量经济技术经济研究, 2016, 33 (10): 57-75.

[64] 蔡跃洲, 付一夫. 全要素生产率增长中的技术效应与结构效

应——基于中国宏观和产业数据的测算及分解 [J]. 经济研究, 2017, 52 (1): 72-88.

[65] 朱军. 技术吸收、政府推动与中国全要素生产率提升 [J]. 中国工业经济, 2017 (1): 5-24.

[66] 余泳泽. 异质性视角下中国省际全要素生产率再估算: 1978—2012 [J]. 经济学 (季刊), 2017, 16 (3): 1051-1072.

[67] 程惠芳, 陈超. 开放经济下知识资本与全要素生产率——国际经验与中国启示 [J]. 经济研究, 2017, 52 (10): 21-36.

[68] 张成, 陈宁, 周波. 东部率先发展战略和全要素生产率提升——基于倾向得分匹配—双重差分法的经验分析 [J]. 当代财经, 2017 (11): 3-15.

[69] 田友春, 卢盛荣, 靳来群. 方法、数据与全要素生产率测算差异 [J]. 数量经济技术经济研究, 2017, 34 (12): 22-40.

[70] 李平, 付一夫, 张艳芳. 生产性服务业能成为中国经济高质量增长新动能吗 [J]. 中国工业经济, 2017 (12): 5-21.

[71] 程晨. 技术创新溢出与企业全要素生产率——基于上市公司的实证研究 [J]. 经济科学, 2017 (6): 72-86.

[72] 黄先海, 金泽成, 余林徽. 要素流动与全要素生产率增长: 来自国有部门改革的经验证据 [J]. 经济研究, 2017, 52 (12): 62-75.

[73] 蔡昉. 中国改革成功经验的逻辑 [J]. 中国社会科学, 2018 (1): 29-44.

[74] 杜龙政, 林润辉. 对外直接投资、逆向技术溢出与省域创新能力——基于中国省际面板数据的门槛回归分析 [J]. 中国软科学, 2018 (1): 149-162.

[75] 江艇, 孙鲲鹏, 聂辉华. 城市级别、全要素生产率和资源错配 [J]. 管理世界, 2018, 34 (3): 38-50.

[76] 杨汝岱, 朱诗娥. 产业政策、企业退出与区域生产效率演变 [J]. 学术月刊, 2018, 50 (4): 33-45.

[77] 袁礼, 欧阳峣. 发展中大国提升全要素生产率的关键 [J]. 中国工业经济, 2018 (6): 43-61.

[78] 齐讴歌, 赵勇, 白永秀. 城市群功能分工、技术进步差异与全要素生产率分化——基于中国城市群面板数据的实证分析 [J]. 宁夏社会科学, 2018 (5): 84-95.

[79] 张立元. 中国经济全要素生产率：基于真实经济的分析 [J]. 宁夏社会科学, 2018 (5): 96-106.

[80] 戴小勇. 资源错配视角下全要素生产率损失的形成机理与测算 [J]. 当代经济科学, 2018, 40 (5): 103-116.

[81] 刘伟, 张立元. 资源配置、产业结构与全要素生产率：基于真实经济周期模型的分析 [J]. 经济理论与经济管理, 2018 (9): 5-22.

[82] 李言, 高波, 雷红. 中国地区要素生产率的变迁：1978~2016 [J]. 数量经济技术经济研究, 2018, 35 (10): 21-39.

[83] 赵宏中, 周婷, 李若曦. 自主研发创新、企业技术能力与全要素生产率提升——基于门槛效应的研究 [J]. 北京邮电大学学报（社会科学版）, 2018, 20 (5): 32-40.

[84] 李小平, 李小克. 偏向性技术进步与中国工业全要素生产率增长 [J]. 经济研究, 2018, 53 (10): 82-96.

[85] 王卫, 綦良群. 要素错配、技术进步偏向与全要素生产率增长——基于装备制造业细分行业的随机前沿模型分析 [J]. 山西财经大学学报, 2018, 40 (12): 60-75.

[86] Abramovitz, M. Catching Up, Forging Ahead, and Falling Behind [J]. Journal of Economic History, 1986, 46 (2): 385-406.

[87] Acharya R C, Keller W. Estimating the Productivity Selection and Technology Spillover Effects of Imports [R]. National Bureau of Economic Research, 2008.

[88] Acs Z J, Anselin L, Varga A. Patents and Innovation Counts as Measures of Regional Production of New Knowledge [J]. Research Policy, 2002, 31

(7): 1069 - 1085.

[89] Aghion P, Howitt P Joseph. Schumpeter Lecture Appropriate Growth Policy: A Unifying Framework [J]. Journal of the European Economic Association, 2006, 4 (2 - 3): 269 - 314.

[90] Aghion P, David P A, Foray D. Science, Technology and Innovation for Economic Growth: Linking Policy Research and Practice in 'STIG Systems' [J]. Research Policy, 2009, 38 (4): 681 - 693.

[91] Aitken B J, Harrison A E. Do Domestic Firms Benefit from Direct Foreign Investment? Evidence From Venezuela [J]. American Economic Review, 1999: 605 - 618.

[92] Alcorta L, Peres W. Innovation Systems and Technological Specialization in Latin America and the Caribbean [J]. Research Policy, 1998, 26 (7): 857 - 881.

[93] Alfaro L, Chanda A, Kalemli-Ozcan S, et al. FDI and Economic Growth: The Role of Local Financial Markets [J]. Journal of International Economics, 2004, 64 (1): 89 - 112.

[94] Almeida P, Kogut B. Localization of Knowledge and the Mobility of Engineers in Regional Networks [J]. Management Science, 1999, 45 (7): 905 - 917.

[95] Amiti M, Konings J. Trade Liberalization, Intermediate Inputs, and Productivity: Evidence from Indonesia [J]. The American Economic Review, 2007: 1611 - 1638.

[96] Archibugi D, Coco A. Measuring Technological Capabilities at the Country Level: A Survey and a Menu for Choice [J]. Research Policy, 2005, 34 (2): 175 - 194.

[97] Arellano M, Bover O. Another Look at the Instrumental Variable Estimation of Error- components Models [J]. Journal of Econometrics, 1995, 68 (1): 29 - 51.

[98] Arrow K J. The Economic Implications of Learning by Doing [J]. The

Review of Economic Studies, 1962, 29 (3): 155 – 173.

[99] Athreye S, Cantwell J. Creating Competition?: Globalisation and the Emergence of New Technology Producers [J]. Research Policy, 2007, 36 (2): 209 – 226.

[100] Audretsch D B, Feldman M P. R&D Spillovers and the Geography of Innovation and Production [J]. American Economic Review, 1996, 86 (3): 630 – 640.

[101] Badinger, H. and Tondl, G. The Factors behind European Regional Growth: Trade, Human Capital and Innovation [J]. Review of Regional Research, 2005, 25 (1): 67 – 89.

[102] Baer W, Leite A N. The Economy of Portugal within the European Union: 1990 ~ 2002 [J]. The Quarterly Review of Economics and Finance, 2004, 43 (5): 738 – 754.

[103] Bassanini A, Scarpetta S. Does Human Capital Matter for Growth in OECD Countries? A pooled Mean-group Approach [J]. Economics Letters, 2002, 74 (3): 399 – 405.

[104] Batten J A, Vo X V. An Analysis of the Relationship between Foreign Direct Investment and Economic Growth [J]. Applied Economics, 2009, 41 (13): 1621 – 1641.

[105] Ben-David D. Trade and Convergence among Countries [J]. Journal of International Economics, 1996, 40 (3): 279 – 298.

[106] Benhabib J, Spiegel M M. The Role of Human Capital in Economic Development Evidence from Aggregate Cross-country Data [J]. Journal of Monetary Economics, 1994, 34 (2): 143 – 173.

[107] Birkinshaw J, Hood N, Jonsson S. Building Firm-specific Advantages in Multinational Corporations: The Role of Subsidiary Initiative [J]. Strategic Management Journal, 1998, 19 (3): 221 – 242.

[108] Blalock G, Veloso F M. Imports, Productivity Growth, and Supply

Chain Learning [J]. World Development, 2007, 35 (7): 1134–1151.

[109] Blonigen B A. In Search of Substitution between Foreign Production and Exports [J]. Journal of International Economics, 2001, 53 (1): 81–104.

[110] Bloom N, Van Reenen J. Measuring and Explaining Management Practices across Firms and Countries [R]. National Bureau of Economic Research, 2006.

[111] Blundell R, Bond S. Initial Conditions and Moment Restrictions in Dynamic Panel Data Models [J]. Journal of Econometrics, 1998, 87 (1): 115–143.

[112] Bond S R. Dynamic Panel Data Models: A Guide to Micro Data Methods and Practice [J]. Portuguese Economic Journal, 2002, 1 (2): 141–162.

[113] Borensztein E, De Gregorio J, Lee J W. How Does Foreign Direct Investment Affect Economic Growth? [J]. Journal of International Economics, 1998, 45 (1): 115–135.

[114] Van Den Bosch F A J, Volberda H W, De Boer M. Coevolution of Firm Absorptive Capacity and Knowledge Environment: Organizational Forms and Combinative Capabilities [J]. Organization Science, 1999, 10 (5): 551–568.

[115] Bottazzi L, Peri G. Innovation and Spillovers in Regions: Evidence from European Patent Data [J]. European Economic Review, 2003, 47 (4): 687–710.

[116] Branstetter L G. Are Knowledge Spillovers International or Intranational in Scope?: Microeconometric Evidence From the US and Japan [J]. Journal of International Economics, 2001, 53 (1): 53–79.

[117] Breschi S, Lissoni F. Knowledge Spillovers and Local Innovation Systems: A Critical Survey [J]. Industrial and Corporate Change, 2001, 10 (4): 975–1005.

[118] Bronzini R, Piselli P. Determinants of Long-run Regional Productivity with Geographical Spillovers: The Role of R&D, Human Capital and Public Infrastructure [J]. Regional Science and Urban Economics, 2009, 39 (2): 187–199.

[119] Cameron G, Proudman J, Redding S. Technological Convergence, R&D, Trade and Productivity Growth [J]. European Economic Review, 2005, 49 (3): 775 – 807.

[120] Chakraborty C, Nunnenkamp P. Economic Reforms, FDI, and Economic Growth in India: A Sector Level Analysis [J]. World Development, 2008, 36 (7): 1192 – 1212.

[121] Clerides S K, Lach S, Tybout J R. Is Learning by Exporting Important? Micro-dynamic Evidence from Colombia, Mexico, and Morocco [J]. Quarterly Journal of Economics, 1998: 903 – 947.

[122] Coe, D. T. and Helpman, E. International R&D Spillovers [J]. European Economic Review, 1995, 39 (5): 859 – 887.

[123] Coe D T, Helpman E, Hoffmaister A W. North-South R&D Spillovers [J]. The Economic Journal, 1997, 107 (440): 134 – 149.

[124] Cohen, W. M. and Levinthal, D. A. Innovation and Learning: The Two Faces of R&D, Economic Journal [J]. 1989, 99 (397): 569 – 596.

[125] Cohen W M, Levinthal D A. Absorptive Capacity: A New Perspective on Learning and Innovation [J]. Administrative Science Quarterly, 1990: 128 – 152.

[126] Crespi G, Criscuolo C, Haskel J E, et al. Productivity Growth, Knowledge Flows, and Spillovers [R]. National Bureau of Economic Research, 2008.

[127] Das G G. Why Some Countries are Slow in Acquiring New Technologies? A Model of Trade-led Diffusion and Absorption [J]. Journal of Policy Modeling, 2015, 37 (1): 65 – 91.

[128] Doménech R. Human Capital in Growth Regressions: How Much Difference Does Data Quality Make? [J]. Journal of the European Economic Association, 2006, 4 (1): 1 – 36.

[129] Eaton, J. and Kortum, S. International Technology Diffusion: Theory and Measurement [J]. International Economic Review, 1999, 40 (3): 537 – 570.

[130] Eaton J, Kortum S. Technology, Geography, and Trade [J]. Econo-

metrica, 2002, 70 (5): 1741 – 1779.

[131] Eaton J, Kortum S. International Technology Diffusion: Theory and Measurement [J]. International Economic Review, 1999, 40 (3): 537 – 570.

[132] Färe R, Grosskopf S, Norris M, et al. Productivity Growth, Technical Progress, and Efficiency Change in Industrialized Countries [J]. American Economic Review, 1994, 84 (1) 66 – 83.

[133] Fabrizio K R. Absorptive Capacity and the Search for Innovation [J]. Research Policy, 2009, 38 (2): 255 – 267.

[134] Fagerberg J, Verspagen B. Technology-gaps, Innovation-diffusion and Transformation: An Evolutionary Interpretation [J]. Research Policy, 2002, 31 (8): 1291 – 1304.

[135] Fosfuri A, Motta M, Rønde T. Foreign Direct Investment and Spillovers through Workers' Mobility [J]. Journal of International Economics, 2001, 53 (1): 205 – 222.

[136] Frantzen D. The Causality between R&D and Productivity in Manufacturing: An International Disaggregate Panel Data Study [J]. International Review of Applied Economics, 2003, 17 (2): 125 – 146.

[137] Furman J L, Porter M E, Stern S. The Determinants of National Innovative Capacity [J]. Research Policy, 2002, 31 (6): 899 – 933.

[138] Gershenberg I. The Training and Spread of Managerial Know-how, a Comparative Analysis of Multinational and Other Firms in Kenya [J]. World Development, 1987, 15 (7): 931 – 939.

[139] Girma S. Absorptive Capacity and Productivity Spillovers from FDI: A Threshold Regression Analysis [J]. Oxford bulletin of Economics and Statistics, 2005, 67 (3): 281 – 306.

[140] Glass A J, Saggi K. International Technology Transfer and the Technology Gap [J]. Journal of Development Economics, 1998, 55 (2): 369 – 398.

[141] Griffith R, Harrison R, Van Reenen J. How Special is the Special Re-

lationship? Using the Impact of US R&D Spillovers on UK Firms as a Test of Technology Sourcing [J]. American Economic Review, 2006, 96 (5): 1859-1875.

[142] Griffith R, Redding S, Simpson H. Technological Catch-Up and Geographic Proximity [J]. Journal of Regional Science, 2009, 49 (4): 689-720.

[143] Griffith R, Redding S, Van Reenen J. Mapping the Two Faces of R&D: Productivity Growth in a Panel of OECD Industries [J]. Review of Economics and Statistics, 2004, 86 (4): 883-895.

[144] Griffith R, Redding S, Van Reenen J. R&D and Absorptive capacity: Theory and Empirical Evidence [J]. The Scandinavian Journal of Economics, 2003, 105 (1): 99-118.

[145] Griliches Z. Issues in Assessing the Contribution of Research and Development to Productivity Growth [J]. The Bell Journal of Economics, 1979: 92-116.

[146] Griliches Z. Productivity puzzles and R&D: Another Nonexplanation [J]. The Journal of Economic Perspectives, 1988, 2 (4): 9-21.

[147] Grossman, G., Helpman, E. Innovation and Growth in the Global, Economy. MIT Press, 1991.

[148] Haddad M, Harrison A. Are There Positive Spillovers from Direct Foreign Investment?: Evidence from Panel Data for Morocco [J]. Journal of Development Economics, 1993, 42 (1): 51-74.

[149] Haskel J E, Pereira S C, Slaughter M J. Does Inward Foreign Direct Investment Boost the Productivity of Domestic Firms? [J]. The Review of Economics and Statistics, 2007, 89 (3): 482-496.

[150] Head K, Ries J. Heterogeneity and the FDI Versus Export Decision of Japanese Manufacturers [J]. Journal of Japanese and International Economies, 2003, 17 (4): 448-467.

[151] Greenaway D, Kneller R. Firm Heterogeneity, Exporting and Foreign Direct Investment [J]. The Economic Journal, 2007, 117 (517): F134-F161.

[152] Hermes N, Lensink R. Foreign Direct Investment, Financial Development and Economic Growth [J]. The Journal of Development Studies, 2003, 40 (1): 142–163.

[153] Howitt P. Endogenous Growth and Cross-country Income Differences [J]. American Economic Review, 2000: 829–846.

[154] Javorcik B S. Does Foreign Direct Investment Increase the Productivity of Domestic Firms? In Search of Spillovers through Backward Linkages [J]. American Economic Review, 2004: 605–627.

[155] Javorcik B S, Spatareanu M. To Share or Not to Share: Does Local Participation Matter for Spillovers from Foreign Direct Investment? [J]. Journal of Development Economics, 2008, 85 (1): 194–217.

[156] Keller W, Yeaple S R. Global Production and Trade in the Knowledge Economy [R]. National Bureau of Economic Research, 2008.

[157] Keller W. Absorptive Capacity: On the Creation and Acquisition of Technology in Development [J]. Journal of Development Economics, 1996, 49 (1): 199–227.

[158] Keller W. Are International R&D Spillovers Trade-related?: Analyzing Spillovers among Randomly Matched Trade Partners [J]. European Economic Review, 1998, 42 (8): 1469–1481.

[159] Keller W. Do Trade Patterns and Technology Flows Affect Productivity Growth? [J]. The World Bank Economic Review, 2000, 14 (1): 17–47.

[160] Keller W. Geographic Localization of International Technology Diffusion [J]. American Economic Review, 2002, 92 (1): 120–142.

[161] Keller W. Trade and the Transmission of Technology [J]. Journal of Economic Growth, 2002, 7 (1): 5–24.

[162] Kerr W R. Ethnic Scientific Communities and International Technology Diffusion [J]. The Review of Economics and Statistics, 2008, 90 (3): 518–537.

[163] Kim L, Dahlman C J. Technology Policy for Industrialization: An Inte-

grative Framework and Korea's Experience [J]. Research Policy, 1992, 21 (5): 437 – 452.

[164] Kim S, Lim H, Park D. Imports, Exports and Total Factor Productivity in Korea [J]. Applied Economics, 2009, 41 (14): 1819 – 1834.

[165] Krugman P. Increasing Returns and Economic Geography [J]. The Journal of Political Economy, 1991, 99 (3): 483 – 499.

[166] Lains P. Catching Up to the European Core: Portuguese Economic Growth, 1910 ~ 1990 [J]. Explorations in Economic History, 2003, 40 (4): 369 – 386.

[167] Lane P J, Lubatkin M. Relative Absorptive Capacity and Interorganizational Learning [J]. Strategic Management Journal, 1998, 19 (5): 461 – 477.

[168] Lane P J, Koka B R, Pathak S. The Reification of Absorptive Capacity: A Critical Review and Rejuvenation of the Construct [J]. Academy of Management Review, 2006, 31 (4): 833 – 863.

[169] Lane P J, Salk J E, Lyles M A. Absorptive Capacity, Learning, and Performance in International Joint Ventures [J]. Strategic Management Journal, 2001, 22 (12): 1139 – 1161.

[170] Lawrence R Z, Weinstein D E. Trade and Growth: Import-led or Export-led? Evidence from Japan and Korea [R]. National Bureau of Economic Research, 1999.

[171] Lewin A Y, Massini S, Peeters C. Microfoundations of Internal and External Absorptive Capacity Routines [J]. Organization Science, 2011, 22 (1): 81 – 98.

[172] Lichtenberg F R, de la Potterie B P. International R&D Spillovers: A Comment [J]. European Economic Review, 1998, 42 (8): 1483 – 1491.

[173] Lichtenthaler U. Absorptive Capacity, Environmental Turbulence, and the Complementarity of Organizational Learning Processes [J]. Academy of Management Journal, 2013, 56 (6): 1830 – 1830.

[174] Liu X, Wang C. Does Foreign Direct Investment Facilitate Technological Progress?: Evidence from Chinese Industries [J]. Research Policy, 2003, 32 (6): 945-953.

[175] MacKinnon J G, Haug A A, Michelis L. Numerical Distribution Functions of Likelihood Ratio Tests for Cointegration [J]. Journal of Applied Econometrics, 1999, 14 (5): 563-577.

[176] Makkonen T, Inkinen T. Innovative Capacity, Educational Attainment and Economic Development in the European Union: Causal Relations and Geographical Variations [J]. European Planning Studies, 2013, 21 (12): 1958-1976.

[177] Gregory M N, Romer D, Weil D N. A Contribution to the Empirics of Economic Growth [J]. Quarterly Journal of Economics, 1992, 107 (2): 407-437.

[178] Markusen J R, Venables A J. Foreign Direct Investment as a Catalyst for Industrial Development [J]. European Economic Review, 1999, 43 (2): 335-356.

[179] Mayer J. Technology Diffusion, Human Capital and Economic Growth in Developing Countries [C]. United Nations Conference on Trade and Development, 2001.

[180] Mendi P. Trade in Disembodied Technology and Total Factor Productivity in OECD Countries [J]. Research Policy, 2007, 36 (1): 121-133.

[181] Mowery D C, Oxley J E. Inward Technology Transfer and Competitiveness: The Role of National Innovation Systems [J]. Cambridge Journal of Economics, 1995, 19 (1): 67-93.

[182] Mur J, Angulo A. Model Selection Strategies in a Spatial Setting: Some Additional Results [J]. Regional Science and Urban Economics, 2009, 39 (2): 200-213.

[183] Narula R, Dunning J H. Industrial Development, Globalization and Multinational Enterprises: New Realities for Developing Countries [J]. Oxford Development Studies, 2000, 28 (2): 141-167.

[184] Nelson R R, Phelps E S. Investment in Humans, Technological Diffusion, and Economic Growth [J]. American Economic Review, 1966, 56 (12): 69 – 75.

[185] Nelson R R. Institutions and Economic Growth: Sharpening the Research Agenda: Remarks upon Receipt of the Veblen-Commons Award [J]. Journal of Economic Issues, 2007, 41 (2): 313 – 323.

[186] Nelson R R, Phelps E S. Investment in Humans, Technological Diffusion, and Economic Growth [J]. The American Economic Review, 1966, 56 (1/2): 69 – 75.

[187] Nickell S. Biases in Dynamic Models with Fixed Effects [J]. Econometrica: Journal of the Econometric Society, 1981: 1417 – 1426.

[188] Pack H. Endogenous Growth Theory: Intellectual Appeal and Empirical Shortcomings [J]. The Journal of Economic Perspectives, 1994, 8 (1): 55 – 72.

[189] Parent O, LeSage J P. Using the Variance Structure of the Conditional Autoregressive Spatial Specification to Model Knowledge Spillovers [J]. Journal of Applied Econometrics, 2008, 23 (2): 235 – 256.

[190] Pearce R. The Evolution of Technology in Multinational Enterprises: The Role of Creative Subsidiaries [J]. International Business Review, 1999, 8 (2): 125 – 148.

[191] Pereira J, Aubyn M S. What Level of Education Matters Most for Growth?: Evidence from Portugal [J]. Economics of Education Review, 2009, 28 (1): 67 – 73.

[192] Rivera-Batiz L, Romer P M. Economic Integration and Endogenous Growth: An Addendum [J]. The Quarterly Journal of Economics, 1994, 109 (1): 307 – 308.

[193] Change E T. Endogenous Technological Change [J]. Journal of Political Economy, 1990, 98 (5): S71 – S102.

[194] Romer P M. Increasing Returns and Long-run Growth [J]. The Jour-

nal of Political Economy, 1986: 1002 – 1037.

[195] Roodman, D. How To Do Xtabond2: An Introduction to Difference and System GMM in Stata [J]. Stata Journal, 2009, 9 (1): 86 – 136.

[196] Savvides A, Zachariadis M. International Technology Diffusion and the Growth of TFP in the Manufacturing Sector of Developing Economies [J]. Review of Development Economics, 2005, 9 (4): 482 – 501.

[197] Silva E G, Teixeira A A C. Does Structure Influence Growth? A Panel Data Econometric Assessment of Relatively Less Developed Countries, 1979 – 2003 [J]. Industrial and Corporate Change, 2011, 20 (2): 457 – 510.

[198] Solow, R M. A Contribution to the Theory of Economic Growth [J]. Quarterly Journal of Economics, 1956, 70 (1): 65 – 94.

[199] Solow, R M. Technical Change and the Aggregate Production Function [J]. Review of Economics and Statistics, 1957, 39 (3): 312 – 320.

[200] Stanisic N. Do Foreign Direct Investments Increase the Economic Growth of Southeastern European Transition Economies [J]. South-Eastern Europe Journal of Economics, 2008, 1: 29 – 38.

[201] Sterlacchini A. R&D, Higher Education and Regional Growth: Uneven Linkages Among European Regions [J]. Research Policy, 2008, 37 (6): 1096 – 1107.

[202] Tavares, A T, Young, S. FDI and Multinationals: Patterns, Impacts and Policies [J]. International Journal of the Economics of Business, 2005, 12 (1): 3 – 16.

[203] Teixeira A A C, Fortuna N. Human Capital, R&D, Trade, and Long-run Productivity. Testing the Technological Absorption Hypothesis for the Portuguese Economy, 1960 – 2001 [J]. Research Policy, 2010, 39 (3): 335 – 350.

[204] Thompson P, Fox-Kean M. Patent Citations and the Geography of Knowledge Spillovers: A Reassessment [J]. American Economic Review, 2005: 450 – 460.

[205] Wang C, Yu L. Do Spillover Benefits Grow with Rising Foreign Direct

Investment? An Empirical Examination of the Case of China [J]. Applied Economics, 2007, 39 (3): 397 - 405.

[206] Wang J Y, Blomström M. Foreign Investment and Technology Transfer: A Simple Model [J]. European Economic Review, 1992, 36 (1): 137 - 155.

[207] Windmeijer F. A Finite Sample Correction for the Variance of Linear Efficient Two-step GMM Estimators [J]. Journal of Econometrics, 2005, 126 (1): 25 - 51.

[208] Xu B. Multinational Enterprises, Technology Diffusion, and Host Country Productivity Growth [J]. Journal of Development Economics, 2000, 62 (2): 477 - 493.

[209] Xu B, Wang J. Capital Goods Trade and R&D Spillovers in the OECD [J]. Canadian Journal of Economics, 1999: 1258 - 1274.

[210] Zahra S A, George G. Absorptive Capacity: A Review, Reconceptualization, and Extension [J]. Academy of Management Review, 2002, 27 (2): 185 - 203.

[211] Zhu L, Jeon B N. International R&D Spillovers: Trade, FDI, and Information Technology as Spillover Channels [J]. Review of International Economics, 2007, 15 (5): 955 - 976.